U0712047

主　编　高其才

执行主编　高成军

当代中国纠纷解决习惯法

中国政法大学出版社

2019·北京

声　明　　1. 版权所有，侵权必究。

　　　　　2. 如有缺页、倒装问题，由出版社负责退换。

图书在版编目（ＣＩＰ）数据

当代中国纠纷解决习惯法/高其才主编. —北京:中国政法大学出版社,2019.11
ISBN 978-7-5620-9341-1

Ⅰ.①当… Ⅱ.①高… Ⅲ.①习惯法—研究—中国 Ⅳ.①D920.4

中国版本图书馆 CIP 数据核字(2019)第 274618 号

出 版 者	中国政法大学出版社
地　　址	北京市海淀区西土城路 25 号
邮寄地址	北京 100088 信箱 8034 分箱　邮编 100088
网　　址	http://www.cuplpress.com（网络实名：中国政法大学出版社）
电　　话	010-58908586（编辑部）58908334（邮购部）
编辑邮箱	zhengfadch@126.com
承　　印	固安华明印业有限公司
开　　本	650mm×980mm　1/16
印　　张	16.75
字　　数	270 千字
版　　次	2019 年 11 月第 1 版
印　　次	2019 年 11 月第 1 次印刷
定　　价	56.00 元

总　序

　　习惯法是人类长期社会生活中自然形成的一种行为规范，它源于各民族生存发展的需要，对于人类法制文明意义甚大。哲人亚里士多德说过，积习所成的不成文法比成文法实际上还更有权威，所涉及的事情也更为重要。毋庸多言，在传统人类社会，习惯法内容涵盖甚广，各民族缔造了灿烂的习惯法文化。而制定法的出现只是一种渐进的成就，道德与法律的分离更是后起。

　　在古希腊文中，"ethos"（居留习性）和"nomos"（风俗律法）均有风俗之义。"nomos"乃诸神所定，且是"ethos"的准绳，不可随意更改。"ethos"（习俗）本来含义是"居留""住所"，"ethos"（习俗）就是人行为的某种"居留"和人在其中活动的"场景"（秩序），这种风俗习惯的沿袭产生伦理德行，"ethos"（习俗）也就演化为"ethikee"（伦理）。"nomos"本来仅指习俗，雅典民主政制兴起，"nomos"的涵义才扩及人定的法律。而自然（physis）与习俗（nomos）的比较，则是西方法哲学的永恒主题。

　　法律不是、起码不主要是国家制定法。直到中世纪的西方思想家仍然认为，法律本质上是传统和习惯，而不是不断进行的立法创新，而国家制定法实在是对习惯法的扰动，不可轻易为之。

　　习惯法会成为问题，源于人类社会的现代性转折以及法律现代性的相应兴起。这个历史进程肇始于国外，法脱离了古典自然法界定良善政治秩序的作用，成为保障市民社会财产权与维持市场经济均衡运转的实证法（positive law），而国家仅等同于市民社会之伦理环节。尤其是因为现代民族国家的兴起，它需要并且创生出了国家法（制定法）、固守主权者命令的实证法学、现代教育体制、学科分类体系及科层制分工等等这一整套架构来维系民族国家的运转，而这都表明现代社会的运转必须依赖法实证主义。

目光转移到中国，在古代汉语中，习惯是指在长时期里逐渐养成的、一时不容易改变的行为、倾向或社会风尚。习惯为逐渐养成而不易改变的行为和积久养成的生活方式，现在泛指一地的风俗、社会习俗、道德传统等。中国语境中的习惯含有"长期""习俗"等语意。习惯法以习惯为核心，以风尚为基础，与伦理密切相关。

传统的礼乐文明就是乡土中国的风习自发演进而来，进而由切实的情理生发出高蹈的义理。在中国法律传统的天理—国法—人情架构中，人情风习有其应有的位置。天理、国法与人情的圆融无碍是传统中国历代法典正当性所在，也是传统中国社会普通民众信奉的法意识。如何在具体问题中，妥帖地调适情理法、礼与俗，正是中国法传统思索与实践的核心问题。

而传统法律在近代的大变动引发了社会的大断裂、大冲突。百年来中国法律现代化动作多、成效少，法律始终没有完全契合中国人民的生活。时至今日，依然逃脱不了"法律自法律，社会自社会"（瞿同祖语）的尴尬。因为法律不是自动运行的机器，作为一套社会控制的行为规则体系，它需要相应的制度支撑。

现实的逻辑是，作为生活之子的习惯法的生命力异常旺盛。在当今中国社会时空条件下的法律实践当中，习惯法作为依靠某种社会权威的、具有一定程度强制性和习惯性的行为规范，实际上成为了解决当代现实问题的鲜活创造，显示了它与法律移植背景下国家制定法不同的命运。因为当代中国习惯法作为一种活的法律秩序，显示了与其所处社会的相互契合，有其独立的存在意义和独特的功能价值。

因此，我们必须认真对待习惯法。习惯法为国家制定法之母，一方面要充分认识到习惯法在秩序建构、纠纷解决、社会共识达成过程中的积极意义，充分发挥其作用；另一方面，在国家制定法中心的前提下，必须妥善处理与现行制定法有冲突的习惯法中的非良性因素，促使习惯法与制定法在现代化互动进程中逐渐融合，解决不同地区、不同民族之间的习惯法冲突问题，并使国家制定法更具有效力基础。这是国家法中心主义的习惯法研究也必须解决的重要问题之一。

从更广泛的角度认识，习惯法是中国固有法文化的重要内容，体现了中华民族的内在精神。习惯法是一种社会现象、一种社会规范，更是一种社会文化，是中国人的意识形态所创造的精神财富。作为中国文化的一个组成部分，习惯法是中国人生活的反映、实践的记录、历史的积沉、现实的表达，是中国人对生存方式、法生活的需要和愿望的表达，是中国人认识自然、思考自己、理解社会的结晶。习惯法是民族特质的体现，也是传统传承的主要方式。

我们认为，习惯法研究应以现代中国法治建设为中心，习惯法的描述与解释并重，域内习惯法与域外习惯法研究并举，当代习惯法研究与习惯法的历史研究共存，处理好乡土习惯法与城市习惯法、传统习惯法与现代习惯法、地方习惯法与全球习惯法之间的关系。以中国社会现代发展和法律现代性为主轴，一切以揭示习惯法背后特有族群的法律文化、法律意识为鹄的，进而阐发习惯法的内生性及其当代适应性。

本习惯法论丛以当代中国习惯法为研究对象，重点探讨1949年以来尤其是现实有效的当代中国社会的习惯法，旨在全面总结我国学界学者和实务专家的当代中国习惯法调查和研究成果，交流当代中国习惯法研究的心得，思考当代中国习惯法研究的推进，进一步提高当代中国习惯法研究的学术水准。

当代中国习惯法研究需要重视学术积累，进行长期调查，持续专门研究，不断拓宽研究领域。只有具有寂静的心态、宽广的视野、专注的立场、踏实的学风，当代中国习惯法的研究成果才可能越来越有学术影响力，在中国社会的理性发展中发挥积极的功能。

高其才
2010年7月2日

目录

CONTENTS

事实描述

规范分析

学理探讨

学术综述

导 言

高其才

在人类跌宕起伏的历史长河中，矛盾、冲突、纠纷、争斗一直是伴其始终的一个恒长话题。历史的铺叙展演无不证明社会的承续发展不在于有没有矛盾纠纷，亦不是要消灭矛盾纠纷，而是如何应对矛盾纠纷，如何发展出一种能很好地化解矛盾、解决纠纷、控制冲突的文化抑或制度装置，进而达到恢复社群持续友好关系的目的。而相较于单个个体的自我预设，诸如家庭、村落、社群、国家等共同体的承续发展，实赖于对团体内行动者的行为及其互动得以安顿和收束，以此架构共同体在特定时空范围内的交往理性和合作模式，进而寻求个体发展与公共福祉的双重落地。因此，对共同体内个体的行为期待，以及建立在行为期待基础上的规范期待，恰恰是人类社会从自然状态到文明接替的一个重要法则，也是区别于天命秩序、自然秩序而由人借助于自己创造的秩序解决自身秩序问题的一个主体性展示。

而看似稀松平常的纠纷及其解决，其背后可能涵摄着更为深刻的社会问题。因为，任何纠纷以及纠纷中的行动者都无法逃脱特定地理、特定空间的束缚，也离不开自己嵌套的社会以及文化，纠纷的生发难免与其背后社会结构的紧张、利益平衡的打破等相关，而纠纷的解决亦不是一个干巴巴的处理过程，它与置于这一场域中的行动者对什么是纠纷、他们需要什么样的纠纷解决、纠纷解决的前历史以及可能引致的问题是什么、纠纷解决中行动者的行动逻辑及行动策略是什么等地方性知识有关。因此，从这一意义上讲，纠纷必然是地方性的，纠纷的解决也是地方性的。

正是因为纠纷的恒长性和化解纠纷的地方性，在中华文明的绵延传承中，不同的时代、不同的文化、不同的社群基于"稳定行为期待"的目的，在共同体绵延传承及人群生活意义的创造和社群团结的感召之下，在生活中的纠纷解决中创造了种种纠纷解决习惯法以及建立在这些习惯法基础之上的知识体系和信仰体系，这构成了中国人自己的规范世界、知识世界和意义世界。在这些习惯法中，无论是初民社会的神明裁判和现有生活中的诅咒发誓，还是人们日常生活中的自忍谩骂，抑或家庭、宗族、部落、社群等小型社会的权威调解都是解决纠纷问题的种种规范构造方式，这些琳琅满目的方式恰恰说明了纠纷是恒长、普遍的，但应对纠纷的解决方式往往是多元复杂的。通过这些纠纷解决习惯法我们看到了在特定的社群中，社群成员基于共同体团结的考虑和成员关系的拿捏，在长期的历史发展过程中通过不断的积累、发展逐渐形成了一种本土化的纠纷解决方式，这些方式通过代际的文化传递和承续的重复使用，逐渐成为社群成员在出现纠纷时习以为常的一种地方性知识和解纷规范，被共同体所遵守和沿用。

通过对这些纠纷解决习惯法以及习惯法背后价值意涵的分析，我们不难看到，虽然不同社群基于不同的地理空间、不同的文化传承、不同的人群联结纽带等形成多样、复杂的规范形态，但是他们面对的问题恰恰是相似的，而对问题给出的答案亦是异曲同工的。从这一角度去看，我们所谓合法的国家制定法，也仅仅是这诸多纠纷化解规范中的一种表达，其背后的法理、背后得以被民众接受的价值何尝不要从置身其中的社会寻求滋养和根基。而且，相较于国家制定法及其司法实践，纠纷解决习惯法对纠纷的彻底解决和社群关系的恢复具有更为明显的优势，基于其广泛的群众基础和契合人们的生活逻辑和社群文化，其更有利于社群纠纷的解决和秩序的维持。

也正是因为存在民族、族群文化以及其观念、价值和思维方式等差异，规范制度的不同构造才得以产生，也影响了生活在这一文化屋檐下的个体对规范的理解和遵守。这就要求我们从文化意义的完整性方面去认识、理解不同社群的规范构造问题，进而对不同文化下的规范构造抱有一种同情式理解，这样才能在相互对话中明白对方是什么，对方为什么是这样，进而形成重叠共识。因此，这些文化多样、琳琅满目、引人入胜的习惯法恰恰为我们介入社会、了解社会提供了绝佳的机会和通道。对这种习惯法的认识，我们应该避免将纠纷仅仅视为是一个法律事实而沉入规则的一种单向度研究，而应将纠纷视为是一种社会事实更为注重从规则到事件过程的是一种拉长时空的延伸研究，关注纠纷解决习惯法的制度外观和内在构造，纠纷解决习惯法中的权力与权威，纠纷解决习惯法中的仪式与脸谱，纠纷解决习惯法中行动者的行动逻辑及行动策略，纠纷解决习惯法中的话语与博弈，纠纷解决背后的组织、群体及相互关系，等等。因此，通过对纠纷解决习惯法的研究分析，我们才能了解什么是社会生活中具现化的、实实在在的大写的人对社群内部人与人之间关系的拿捏，以及关系拿捏下的规范选择；通过对纠纷解决习惯法的研究分析，我们才能明白在他们的世界中，什么是纠纷、什么是法、什么是秩序、什么是矛盾纠纷的真正解决；通过对纠纷解决习惯法的研究分析，我们才能避免从规范到规范的泛泛而谈，而能从事件及其事件的解决过程的流动脉络中了解纠纷解决背后的义理逻辑，以及纠纷解决中习惯法的产生、运行及完善；通过对纠纷解决习惯法的研究分析，我们也才能为习惯法进入国家官方的司法场域寻找一种突破点和缝隙。也正因为如此，我们才能明白社会生活中的人如何通过特定的规范构造，将系争的纠纷事实纳入以习惯法为解决途径的纠纷化解场域，进而按照其规范程式及相关制度操守得以解决；才能理解为什么这种习惯法通过其规范构造和文化义理得以在所在社群的纠纷解决场域中行动自我。

更进一步讲，从纠纷认识法、从纠纷理解法何尝不是我们对法这一维护社会秩序的规范装置加以理解的一个很好的切入点、观察点。通过纠纷我们可以了解社会单元中的行动者及其行动逻辑和利益关切；通过纠纷我们可以了解纠纷发生后游走于纠纷解决场域中的各种权威及其权威背后的社会结构及权力关系；通过纠纷我们也可以了解化解纠纷的规范程式以及社群及其行动者对规范的解释和再解释。因此，纠纷是理解法、认识法、研究法的一个很好的钥匙。

矛盾纠纷是恒长、普遍的，矛盾纠纷也是地方性的，对矛盾纠纷的解决也要面对地方。因此，纠纷的解决建构了秩序，也建构了法，无论这种法是地方性的还是国家性的。

事实描述

纠纷解决中的自忍
——以湖北林村一起宅基地纠纷为对象

吕　川 *

一、引言

纠纷解决一直是法学领域中的重要论题，中国法学界对此有丰富的研究成果。其中最主流者莫过于国家官方裁判，亦即司法问题。其次，学者对多元纠纷解决（ADR）也倾注了大量的研究。在多元纠纷解决机制研究中，第三方调解因其充分体现中国特色且又为官方所留意并被与制度所吸纳而于近些年成为理论与实务界的热点。除此以外，法制史与习惯法学者还关注神明裁判、决斗等传统的纠纷解决机制，试图钩沉其价值意蕴。但对于作为日常生活中最常见的平息纠纷手段的自忍，学界罕见讨论。

正如毛泽东主席在《矛盾论》中所说："矛盾存在于一切事物的发展过程中。"[1]这表明矛盾无处不在、无时不有。在日常生活中，纠纷与碰撞极为常见。然并非所有的矛盾最后都会发展到纠纷的程度。这是因为"忍让"在人际交往中发挥了重要的作用。析言之，这里面包含了"忍"与"让"两个方面。前者意味着对不能改

* 作者简介：吕川，清华大学法学院博士研究生。

遵循学术惯例，本文中的部分地名、人名进行了化名处理，特此说明。

[1]《毛泽东选集》（第1卷），人民出版社1991年版，第305页。

变现状而无可奈何的接受，而后者则包含了某种理解与体谅的因素。如果说忍受是"古往今来受冤屈者最常见的回应，还是许多文化为化解冲突所提倡的生活态度"，[1]因此它是平息冲突的最常见的方式。那么，也可以说，正是忍受使得许多潜在的冲突得以消解。所以，从事件的发展过程角度看，自忍包含两个层次：第一个层次是纠纷显现前的忍受，这种忍受往往抑制了冲突的爆发。第二个层次是纠纷显现之后，当事人出于某些考量而忍受，从而使得此次的冲突告一段落。前者更多地涉及心理方面的因素，而后者则是纠纷解决研究的内容。

本文所要讨论的是作为纠纷解决方式的自忍。尽管自忍者看起来放弃了利益、权利等主张，或者说放弃了救济。但从功能主义的视角看，正是这种放弃使得此前激烈的冲突与碰撞得以消失，使得秩序得以恢复。[2]在"走向权利的时代"和"为权利而斗争"的普法宣传下，放弃主张可能难以为学界所接受，故而鲜有人研究自忍，在以"纠纷解决"为标题的研究著作中我们很难看到对自忍有专节的分析。但从习惯法的角度看，自忍既然是国人处理纠纷最常用的一种方法，那么它必然有合理性。更不用说，这种习惯法反映了中国人的意义世界，因而值得细究。美国法律学者布莱克在《正义的纯粹社会学》中指出，导致忍受发生的社会条件包括：社会地位低、亲密关系、文化相近与关系相近、异质性原子化社会。"只有在社会生活的两极分化场域中，所有这些条件才可能同时起作用。"[3]徐昕在《论私力救济》中给自忍下了定义，他侧重强调人们选择自忍

---

〔1〕 徐昕：《论私力救济》，中国政法大学出版社 2005 年版，第 124 页。

〔2〕 这种自忍的典型代表是韩信。司马迁记载："淮阴屠中少年有侮信者，曰'若虽长大，好带刀剑，中情怯尔'。众辱之曰'信能死，刺我；不能死，出我袴下'。于是信孰视之，俛出袴下，蒲伏，一市人皆笑信，以为怯。"淮阴少年欲辱韩信而挑起衅端，此时冲突已经爆发，韩信自忍其辱而使得纠纷平息。究其原因，众人认为韩信胆小怕事，双方力量对比悬殊。真实原因是韩信自己在衣锦还乡时交代了，"方辱我时，我宁不能杀之邪？杀之无名，故忍而就于此"。可见，韩信选择自忍的根本原因在于他有宏图大志，不愿为此纠纷而断送前途。此事见《史记·淮阴侯列传》。

〔3〕 〔美〕唐纳德·布莱克：《正义的纯粹社会学》，徐昕、田璐译，浙江人民出版社 2009 年版，第 90~92 页。

的利益考量。[1]他们的研究能够为我们思考自忍提供更宽的视角，其不足之处在于缺乏细致描述，特别是在具体案例中展现当事人决定采取自忍行动的考量。在这样的背景之下，本文将以具体的个案作为对象，分析当事人在面对纠纷时如何一步步地走向了自忍这一纠纷解决习惯法方案，以此观照中国人的日常生活逻辑与意义世界。

二、纠纷的发生

这是一件关于宅基地的纠纷，事情发生在湖北北部的林村。[2]在简述事件前，有必要先介绍林村的情况。鄂北地形以丘陵为主，森林覆盖率较高。由于山丘海拔皆不及百米，山上被松树覆盖，近些年占山建房的情况多有发生。鄂北水资源比较丰富，林村大大小小池塘便有 9 个。村庄在世纪之交以前是一个大生产队，乡民围绕一座马蹄形的小山聚居。世纪之交以来，村民逐渐搬迁至村庄西面一条自北而南的山岭，山上原本林木稀疏，主要用来开荒种菜，故村民称其为"跑马岗"。老村庄与"跑马岗"之间是一条"冲"，它在丘陵地带很常见，往往由层层梯田填充。此山岭上一直有一条从乡镇通往各个乡村的道路，直到 2006 年由于"村村通"工程才建成水泥路。在 2000 年至 2010 年之间，这条"跑马岗"的北段东西两边已经建满了房子。[3]在这个过程中，伴随着全国打工经济的兴起，很多村民已经搬迁到县城或镇上，村庄很多农田或被抛荒，或改种不太需要耗时耗力的经济作物。截至调研时，该自然村尚有 30 户人家，除却常年在外的人，住家人口大概有 60 人。同时，由于林村为行政村的中心村，村委会、村小学以及卫生所都位于"跑马岗"上。

---

〔1〕 徐昕：《论私力救济》，中国政法大学出版社 2005 年版，第 124 页。

〔2〕 笔者于 2019 年 2 月 2 日至 2019 年 2 月 20 日、2019 年 4 月 2 日至 2019 年 4 月 7 日两次调研林村。由于调研时双方纠纷尚有升级的可能，为避免矛盾扩大，笔者只重点访谈了自忍的一方当事人，并未访谈另一方当事人。

〔3〕 北段更受欢迎，一方面是因为中段为村委会、村小学和卫生所占据，而南段地势转低；另一方面则是由于北段是从镇上至林村的入口，也是林村与其他自然村的分界点，故往来人口较密集。

同时，"跑马岗"近些年吸引了柏村等其他自然村的一些人口过来建房定居。林村是个杂姓村庄，该村以王、齐两姓为多，各有7户。其他姓氏主要包括姚姓、李姓、陈姓、罗姓等，他们大概每姓只有两三户。

本文讨论的宅基地纠纷就发生在"跑马岗"的北段。2004年，齐中方在北段西面建房的时候，在未经齐国平同意的情况下侵占了后者位于"冲"梯田上的农地。齐国平发现后当即制止齐中方继续建房。后双方在当时下脚工人在场的情况下达成了一个口头合意：由于北段山岭东边部分是齐中方的承包山，以后齐国平建房亦可占用。且当即决定在齐中方房子北边留三间房的空间给齐国平将来作宅基地用。下脚两年后，齐中方的楼房顺利建起来。齐中方家里有4个孩子，两个女儿都已经出嫁，大儿子今年38岁尚未结婚，三年前已经在隔壁镇上买了商品房。小儿子今年24岁，正是到了谈婚论嫁的年龄，年前为结婚做准备买了新车。齐国平一家与其母、其弟本共居"跑马岗"下段，在2008年的时候在山冈最北端建了3间2层的楼房，当时其弟齐国章21岁，他们一家对外宣称房子属其弟，为准备结婚而建。下段的老房子卖给了村小学。[1]齐国平夫妻二人常年在外打工，其子亦常年在外求学，故他们只有过年的时候才回家。在齐中方建好房子之后，北段的新房逐渐增多起来，齐国平三间房地基的北面也被姚姓人家建好了房子。北段人来人往，后来只剩下齐国平的宅基地一处空缺，通过街谈巷议，村民也都知道此处原委，故两家虽无白纸黑字的证据材料，但大家也都知道那一处空地齐国平是要建房子的。2018年冬天，村主任给尚在北京打工的齐国平打电话，问他是否还要在空地处建房，因为村里面对"跑马岗"有一个总体规划，现在有一处"豁牙子"总归是不好看。齐国平当即就表示来年开春就建房。

2018年腊月，齐国平返乡过年当天下午即到齐中方家，意思是

---

〔1〕据笔者调查，以前林村宅基地使用比较随意。村民建房只需要跟村委会打一声招呼，只要不侵占他人的承包地、山、开荒地，基本上没有人阻挠。近两年，宅基地使用比较严格，一般是村民看好了地方还要经过村委会的批准，村委会同意后再去镇上土管所申请，待土管所工作人员实地调查清楚之后方能拿到批件，拿到批件后才能建房。

让他们把空地的杂物收一收，开春他就要建房了。结果齐中方当即表示空地他要用来为自己建养老房，不会让齐国平建房子。他甚至说："要么你就把我占你农地的墙角给挖了，你要建房除非我死了。"[1]二人当即不欢而散。齐国平于农历腊月二十五晚上去找了齐中方的大哥齐中道。当时齐中道说"自己一家人，有问题自己处理，别人还等着看我们的笑话呢"[2]后来，齐国平也找了村主任和书记，二人都表示继续去做齐中方的工作。此外，齐国平还让村主任转达愿意让半间房给齐中方家建车库，但对方没有同意。后来，齐国平又表示愿意让一间房的空间给他，但对方同样没有应允。农历腊月二十七，齐国平又找了齐中道，此时齐中道说"没有办法，他们以后要建房养老"[3]村主任也表示，齐中方一家是铁了心不让步了。据村主任讲，齐中方对他说"当时就是我建房子的时候占用了他家的田，当时我们就达成了一个口头协议，说以后这边让他建三间房，现在这么多年过去了，我完全可以说不存在这个协议"[4]据齐国平的伯父介绍，在腊月间，他也去找过齐中道，对方给的回复也很"惹人生气"。

农历正月十六，齐国平的母亲姚心兰去镇上请一个有名的算命先生给算命，回来之后就决定此事再不纠结，完全放弃建房。农历正月十八，齐国平等乘火车北上的时候，其母给他打电话，说村主任前来告知对方的态度有所松动愿意与其大哥再行商量，事情或有转机。齐国平当时也放弃了，说此事作罢，对方还是会反悔的。果然，第二天齐中方否认了此可能性。至此，齐国平及其一家彻底放弃了主张并决定另选住址。

三、寻求第三方支持

在此纠纷中，齐国平一家是利益受损方，而在寻求纠纷解决中处在主动方。但齐中方一家只要不松口，其就不能开始打地基。在

[1] 2019 年 4 月 5 日齐国平访谈录。
[2] 2019 年 4 月 5 日齐国平访谈录。
[3] 2019 年 4 月 5 日齐国平访谈录。
[4] 2019 年 4 月 3 日姚大富访谈录。

纠纷爆发之后，齐国平方很快便寻求村委会的帮助。同时，他认为齐中道是齐中方之兄，为他们门上的"族长"，所以也曾专门寻求过他的支持。

（一）村干部

在 2006 年取消农业税后，干群矛盾在全国都得到了缓解。由于林村没有其他产业资源，村干部与村民发生关系只基于外来资源，主要是国家政策福利输入的情形，所以，村干部与村民之间大体上并没有紧张关系。[1]但也正因为此，村干部的权威很难在村民日常生活中得到展示。

据齐国平说，在 2018 年腊月，齐中方先找到村主任说明自己将拒绝齐国平建房。然后，村主任给后者打了电话。村里面找过齐中方两次，但都一无所获。村主任对笔者说："齐中方就讲，当时齐国平第一次去他家让他们把东西搬一搬的语气很强硬，这让他们很不舒服。所以他家一下子就拒绝了，并声称'除非我死了'。"村主任的调解工作都是背对背式的，从未把二人聚在一起调解，他认为那样只会激化矛盾。村主任并没有完全地支持齐国平的请求，至少在他看来，2004 年的口头协议是有很多瑕疵的。"的确，当时他们有矛盾的时候也没有找个第三方，也没有找村里面的人出面，所以现在很难办，没有什么证据。"

齐国平并不认可村主任的说法，当时达成协议的时候旁边是有人证的，这几个人当时正在帮助齐中方打地基。这其中包括齐国平的伯父，是一名老工匠。当年，他和齐中方为此还打过一架，因为齐中方要越过当时已经协议好的边界。在场者还有一位王姓匠人，不过姚心兰认为"现在找别人出来作证，不会有人愿意的，谁都不愿意得罪人"。[2]对于齐中方声称因态度不好而拒绝齐国平的请求，齐国平更是不赞同。他回忆说，当时并没有说话不得体的地方，他认为"对方这完全是随便找了一个借口"。[3]他对村主任并不信任，

---

[1] 当然，这种表面和谐的干群关系其实也内含紧张，其主要原因是村民怀疑村干部在分配资源时存在贪腐和不公正的行为。

[2] 2019 年 4 月 4 日姚心兰访谈录。

[3] 2019 年 4 月 5 日齐国平访谈录。

认为村主任没有尽心尽力地维护自己的合理诉求。这其中一个主要的原因是齐中方的一个堂侄在背后作梗,此人48岁,离异带着10岁的女儿跟着老父母一起过,年轻的时候是有名的小流氓。而村主任上台前跟他一起干过偷鸡摸狗的事情,所以现在他手上有村主任的把柄,这使得村主任不敢尽力调解。

其实,村主任跟齐国平家也是沾亲带故的,姚心兰与村主任同姓,两家还在"共情"〔1〕。齐国平之子齐文认为,从感情上讲,村主任并不是不想帮我们。另一方面,从个人政绩来看,由于他家尚未有自己的房子,所以他们是登记在册的"贫困户",而中共中央和国务院已经专门下达《关于打赢脱贫攻坚战三年行动的指导意见》,提出"确保到2020年贫困地区和贫困群众同全国一道进入全面小康社会,为实施乡村振兴战略打好基础"。在这样的压力下,村主任没有理由不积极解决齐国平的住房问题。为此,他还专门建议过他们到镇上买房,也建议过让他在马蹄形老村庄北面山冈上建房,他说那里以后会专门用来提供宅基地。不过,齐国平拒绝了村主任的建议。齐国平之子齐文年22岁,在武汉某高校学习法学。他告诉笔者:

> 正月十六我跟我爸找过村主任,我当时就向他提出:你们能不能解决这个问题?你们如果解决不了,我也不怪你,我就去找那些能解决问题的人。村主任当时就说,我们不能解决的话,究竟谁能解决?我当时直接说,你们解决不了,我就向上级请求解决。村主任当时就无话。我也跟主任说了,把宅基地让给他们也行,只要他们能办下来房产证,我一句话都不说,肯定让。〔2〕

---

〔1〕 共情首先是礼节上的规范,共情者是相对方的座上宾,在喜事、丧事等方面要随礼。因而它是衡量两家关系密切程度的一个重要标准。五服之内的亲戚自然有礼节上的往来,而五服之外的人如果想要维持亲密关系,则可以通过共情传达出来。齐国平之母与村主任虽为同姓,但实际上已经出了五服,共情是两家保持密切关系的重要手段。林村的"共情"是金耀基所说的"制度化的规范"。参见金耀基:"人际关系中人情之分析",载杨国枢编:《中国人的心理》,中国人民大学出版社2012年版,第79页。

〔2〕 2019年4月7日齐文访谈录。

从齐文的言辞中我们可以看出来，他在思考这个问题的时候与其父及其祖母的想法是有些不同的。法学训练给他带来了法律意识，所以，他对村主任的问话既包含请求也包含"威胁"。并且，他在思考此纠纷时基本上无视了两个家庭之间的亲密关系。而同时，以这种语言沟通也隐含着另一层意思——齐国平一家对村主任主持公道不再抱有希望。

村主任并非是对当年的协议有所怀疑，他仅仅通过询问几个当时的见证者即可察知。面对齐中方的强硬态度，村主任颇感尴尬。作为村民自治组织的领导干部，他的权威并没有被尊重。我们无法证实齐国平的怀疑，即主任是否因被别人抓住了把柄而丧失了中立性不得而知。但就纠纷双方而言，村主任刚上任半年，且他的口碑本就不算良好，显然已经不具有超然德行，而仅凭政治上的权威他无法使村民服气。况且，对村主任个人而言，解决纠纷固然是他的工作内容之一，但他并不负有化解矛盾的法律义务和政治任务。或许帮齐国平解决住房问题是更重要的任务，而住房不一定要建在齐中方隔壁。在这样的心态下，他反客为主，提出希望齐国平一家能够配合他工作，或在城镇买房，或另选地址。据村民王和煦讲，村里把"跑马岗"中段村委会所在房子周边的杂草修除工作交给姚心兰，这样其实是变相给他们家福利。而正是这个"福利"使得他们家在这次纠纷中很难对村主任提出硬性要求，正所谓"拿人家的手软"。这个事实得到了齐文的确认，但他不认为因此就会"手软"，他们家是贫困户，这个工作也没有多少钱，所以他依然敢于提出自己的质疑。但从乡村社会的规则来看，村主任确实从福利分配中获得了主动权。

（二）"族长"

费孝通在《乡土中国》中讨论了乡土社会的权力结构。其指出，在乡村社会，除了同意权力与横暴权力外，还存在一种教化的权力，他称之为"长老统治"。它强调的是在文化传统稳定的社会中，年长者所具有的教化后辈、传递文化规范的权力。[1]

---

〔1〕　参见费孝通：《乡土中国·乡土重建》，群言出版社 2016 年版，第 72~77 页。

　　林村是一个杂姓村庄，不存在一个"老祖宗"式的长老。齐国平与齐中方为同姓，查阅族谱会发现，他们是同姓两个支门上的人，齐中方为第十八世，齐国平为第二十世，但因为两家都非大宗之后，目前无法追踪两家最近的共同祖先。以族谱所记，我们能追到最确定的一世祖为明朝洪武二年（1369年）从麻城迁至县城，距今已经有650余年。故虽为同姓，但在宗法关系上并不很密切。且两门都是因为水库移民而迁到林村来的，齐中方家于1959年迁来，齐国平家于1965年至此地。据姚心兰说，两门本来是两兄弟，二人不和分别开宗，故有二门。齐中道75岁，为齐中方大哥，齐国平认为他是对方家族的"族长"，应当在此事情上能行使教化权力。第一次找齐中道时，他所以说"自己一家人，有问题自己处理，别人还等着看我们的笑话呢"，是因为林村在1981年因为责任田的分配发生过内讧，当时王姓聚集了众人要与齐国平家族械斗，"兄弟阋于墙，外御其侮"，齐姓两家结盟。两家也因这一"想象的共同体"而拉近了距离。在齐国平看来，齐中道这个"族长"兼具两种身份，其一是齐中方家的老大，是他们支门上的"族长"，另一种身份则基于林村诸齐氏共同体的认同，所以在某种程度上他把齐中道看作是两支门的共同"族长"。

　　等到齐国平第二次登门拜访齐中道时，对方摆出一副无可奈何的姿态，甚至已经全然站在了齐中方一方，认为他们确实以后要建房养老。农历正月十七，齐国平伯父亦亲自登门，齐中道以齐中方家有两个儿子以后要住房为由拒绝他。至此，寻求"族长"主持公道的行动也失败了。齐国平看到，在农历腊月二十六的晚上，对方家族的人在齐中方家里吃晚饭，他认为应该是在当时即已经统一了口径。

　　分析来看，两个外迁过来的支门关系本来就比较疏远。在有"外侮"的情况下尚能够联合起来共同抵御，然而，在日常生活中，两家尽管相比没有亲属关系的外姓邻居要亲切——他们"共情"，但应当指出的是，这种"共情"属于两个家族之间的"公情"，而非因私人关系发展出来的"私情"。但"阋于墙"的情况也很容易出现。齐中道从来就不是林村齐氏的"族长"，他是齐中方的大哥。此外，他对其弟的影响也是值得怀疑的。故希望他能够主持公道，大概也是定位不够清楚。林村依旧留存着聚族而居的遗风，但大家族只有在重大的事情（比如结婚与丧葬）上才会团结在一起，整个社会是以核心家庭为基本单位构成的，是"各家顾各家"的状态。按照费孝通先生的理论，林村是一个处在社会变迁洪流中的村庄，不存在一个稳定的文化传统，长老统治正日渐式微。

至此，齐国平寻求与对方达成合意、寻找作为同意权力代表的村主任和作为长老权力代表的齐中道等一系列行动全部归于失败。我们将在后文中解释，这些失败的行动并不构成齐国平一家放弃主张的原因，它们充其量只是构成自忍的条件与铺垫。

四、自忍的出现

在齐国平的行动无效之后，他看上去已经没有什么办法，然这并不意味着他只能任由对方摆布。他认为，现在对方也不可能在空地开展任何建设活动。齐中方曾经抢在今年春节前拖了一车沙和几包水泥，但在农历正月十八准备动土开工时，齐国平的妻子及其弟媳二人在村主任的见证下与对方理论了一番，她们要求齐中方的建筑不能占齐国平的农田，村主任也要求他必须先到土管所申请审批。结果农历正月二十二，齐中方把沙和水泥卖给了第三人。后来姚心兰用网把她的农地围了起来，此事方告一段落。总体来看，齐国平方最终没有达到目的，并且在整个纠纷中处在不利的位置。齐中方虽然"保住"了他房子北面的空地，但他已然无法利用这块土地建造车库。同时，两家人甚至两个家族在此事件中都结下了仇怨。看起来，整件纠纷中似乎没有赢家。从损失的角度衡量，齐国平显然是受损更大的一方，他也是以自忍平息冲突的一方。据齐国平的说法，"是可忍，孰不可忍"，他完全可以搏命式地与齐中方暴力解决问题，可是他毕竟没有这样做，其中的原因有两方面。

（一）迷信

林村巫风颇盛，这是中国南方文化神秘性的体现。巫术、禁忌繁多，算命更是当地人内心获得慰藉的一种方式。当地人在大事上往往会先去找算命先生算一算是否合宜，对于兴土木之事，他们更加慎重。

姚心兰说，齐国平属鼠，老鼠这个动物最为弱小，而且"人人喊打"，所以，在其人生各个阶段都要格外注意，凡事不能无忌。他如若要建房子都会有很多讲究，否则会违反某种"神明规则"，即便房屋顺利建成，到时候人住进去也不会"清吉"。[1]系争之地以前请人看过，只要建房时把临近马路的一端封死，而把大门朝向东面就没有问题。在纠纷产生时，他们考虑过把房子往东边挪到"冲"里面的农地上，这样虽然不好看，但好歹也不占用他人的土地。但咨询过算命先生之后，他们被告知不可。[2]

最具决定性的事实是，在农历正月十六早上，姚心兰去镇上找算命先生，她告诉我：

> 算命先生说不能争，我们运气太差了，即使搞赢了也不利于家庭。后来我走的时候他还专门赶出来追着跟我说让我小心，千万不要起争论冲突，这样是绝对不会有好处的。这次即使争赢了，迟早也会出人命。[3]

这件事情在整个纠纷进程中几乎具有决定性的意义，这也是齐国平一家放弃与齐中方直接冲突甚至暴力冲突的根本原因。但齐国平一家并没有把这方面的原因透露给村主任和对方，因为一旦被对方得知底牌，己方的议价能力必然会受到影响。而且，如果告诉村主任房子到时候坐西朝东背对马路，村主任一定不会支持他。

算命先生对姚心兰所说的话很容易理解：系争之地与齐中方家相邻，两家在建房之初便产生激烈的争端。齐国平即使凭借外在的力量最终取胜，两家之间的嫌隙必然越来越大，而且在日常生活中摩擦必定在所难免，故两家有很大的可能爆发更大的冲突。《周易·讼》也清楚地告诉我们，为什么即便诉者有理胜诉而终究有凶事之

---

[1] 这种讲究并不只对齐国平有效，林村的人建房都要请人堪舆，明察风水。这是中国人"卜居"传统的孑遗。对齐国平来说，各方面的要求更严一些，因为适合他居住的位置更少。

[2] 据姚心兰解释，这是"枪打出头鸟"的意思。

[3] 2019 年 4 月 4 日姚心兰访谈录。

道理（中吉终凶）。《象传》已经说得很清楚——"以讼受服，亦不足敬也"。争讼与不利后果之间存在着本质上的必然关系，因此，争讼将不利于家人的传统观念的加强。姚心兰说：

> 有些事情就是不可不信，这样的例子太多了……我们这里的讲究多着呢，像婚礼上不能碎碗，你看现在那些做家政的把瓷碗都换成了金属碗。还有，平常家里香油更是泼不得的……[1]

"不可不信"代表了齐国平一家对封建迷信的态度，如果说他们此前为获得公道而寻求第三人无果是使他不得不容忍的条件，那么封建迷信则是他们最终主动选择自忍的根本原因。

（二）人情

"人情"是中国传统的一个核心语汇，早至战国时代便已为儒家思孟学派所重视。在现代学者中，金耀基最早把人情概括为中国社会生活的一个关键术语。[2]人际关系的冲突是对人情往来的打击，当事人之间的感情会因此产生裂缝。在本文所描述的宅基地纠纷中，如果说神意是决定齐国平方决定自忍的关键显性原因，那么出于人情的考量则是他们放弃主张的隐性原因。

表面看来，冲突双方为齐国平与齐中方两家，两家为同族，且在历史上有过联盟关系。从村庄的关系结构来看，两家关系属于同姓族亲。[3]在村庄的日常往来中，两家人一直在"共情"。林村人尽皆知的宅基地纠纷已经使得两家的关系降至冰点，短期内似乎没有恢复的可能。在对方触碰建房这样的人生大事与核心利益后，齐国平并没有基于双方人情关系就放弃主张，在他看来，既然族亲的人能够对后辈如此不仁，那么双方就算撕破脸，老死不相往来也要斗一斗。所以说，决定他自忍的人情因素不在这里，而是前文所讲

---

[1] 2019年4月4日姚心兰访谈录。
[2] 参见金耀基："人际关系中人情之分析"，载杨国枢编：《中国人的心理》，中国人民大学出版社2012年版，第60~61页。
[3] 关于村庄社会关系结构的典型分析，参见［美］阎云翔：《礼物的流动：一个村庄中的互惠原则与社会网络》，李放春、刘瑜译，上海人民出版社2017年版，第107~131页。

到的系争之地北面的邻居——姚家河一家。

姚心兰从未明说这个因素。倒是齐国平自己与其子齐文对笔者说过，这是他们放弃与齐中方争地的另一个重要原因。姚心兰与姚家河之父为堂兄妹，按照鄂北的风俗，女子出嫁后，她与堂兄弟之间的社会关系自然中断，双方没有礼节来往的习惯法要求。[1]当然，双方约定也可以通过"共情"来培养私人关系。齐国平与姚家河两家通过礼节维持着私人关系，在齐文和姚家女儿的升学宴、齐文叔叔婚礼等宴请上，姚家河一家都随礼且赴宴。姚家河经营了一家小商店，齐国平家凡是能够在商店获得的商品都尽量照顾姚家的生意。逢年过节，两家人经常走动，互相请客吃饭。在纠纷爆发之前，姚家在空地上围了一小块地用来养鸡，并且还开辟了一条从姚家后门出来的小道。齐文告诉笔者：

> 前年我妹妹周岁的时候，他们家因为我们安排座位的问题有很大意见，导致双方家庭出现了一些矛盾，今年过年，我家有三次叫他们来我家吃饭姚家河他都不过来。从利益上说，那个地正好在他们房子的左手边，现在有一片空地，他们开辟了一小块种菜养鸡，如果以后那边建了房子，一方面把他们堵住了，另一方面他们也就没有地方种菜养鸡了。我奶奶试探过他们，他们也不是很愿意我们在那儿建房，所以左邻右舍都不愿意，这房子建起来了住着也没什么意思，所以我们也真不想在那儿建房子了。[2]

姚家的态度很关键，他们暗地里的反对让姚心兰多少有些难受。齐中方之妻对外宣称"整条山冈上的人都不愿意你们家在这里建房"，她还举例说，南边与她家间隔好几家的王小永也私下让她反对齐国平。这很容易让齐国平家深思：王家反对不足为奇，毕竟齐、王两家算是"世仇"，但姚家是否也私下找过齐中方让他们拒绝齐国平的建房主张？维持私人之间的关系本不容易，对方因为排座次的

---

〔1〕 这与儒家对宗法关系的划定是一致的，尽管他们存在血缘关系，但却不存在宗法意义上的亲属关系。

〔2〕 2019 年 4 月 7 日齐文访谈录。

事情有些看法，旧矛盾还未消除。到时候又因为坚持建房而与姚家产生新的怨怼，显然这样得不偿失。

说得更具体些，支撑着齐国平一家最终自忍的人情因素的核心亦可被称为"脸面"，特别是其道德性含义——脸。[1]在"共情"的关系中，齐、姚两家以走动、互惠、互助、送礼等行为来表达这一独特的私人感情。任何一方没有做好或者说行动不符合"共情"的规范都可能会产生"丢脸"的耻感。也正是这个原因，姚家不能直接对齐国平表达不愿意他临近建房的意愿。因为两家"共情"的基础建立在姚心兰与姚家河之父二人堂兄妹的亲情之上，姚心兰更是不愿意公开讲明姚家态度是他们选择自忍的关键原因。

通过这部分的分析可知，构成齐国平方自忍的决定性因素包括显性与隐性两个方面，二者对林村民众而言有着相对独立的逻辑与意义。由于此事件中的神明以一种道德箴言式的告诫发布其意旨，且以村民日常理性能够很容易把握，故对村民而言这是可以言说的，它构成了齐国平自忍的"说法"。另一方面，齐国平与姚家河两家是一种通过"共情"习惯法来维持的一种相对的、亲密的私人关系，两家的交往需符合"脸面"的社会规范要求，任何一方对其违反都会产生羞耻感，这部分却是不可言说的。可以想见的是，可言说与不可言说的两种要素在事件中互相加强，正是在这两种因素的互构中，齐国平最终选择了忍受。

五、结语

尽管自忍可能是社会个体、团体遇到纠纷最常见的解决方式，但它在法学研究中、特别是关于纠纷解决的主题探讨中是失语的。其原因一方面在于，既然自忍能使纠纷平息下来而不扩大，其影响力自然也会随之减小。另一方面，在转型时期的中国社会（"走向权

---

〔1〕 阎云翔的研究给本文提供了启发，他赞同胡先缙与金耀基对脸面两种含义的划分，认为脸面包含着社会的与道德的两面。前者强调的是个人积累的在群体中的地位与声望，即"面子"。后者强调的是一个人的羞耻感，它充当了一种道德约束，即"脸"。参见［美］阎云翔：《礼物的流动：一个村庄中的互惠原则与社会网络》，李放春、刘瑜译，上海人民出版社2017年版，第147~148页。

利的时代"），自忍没有（也不可能）被提倡。从纠纷解决习惯法的角度看，自忍反映了当事人所处的社会环境与其所秉持的世界观。布莱克对自忍产生的社会条件的分析能够为学者提供思考问题的视角，但由于自忍的规范性相对于其他习惯法更为灵活（比如说婚姻或丧葬习惯法，它有一系列固定的程式与原则），而决定是否要自忍、因何自忍等问题必将直面在事件中的当事人，故对自忍的模型化处理极可能收获不到研究者想要的结果。本文通过对林村一起宅基地纠纷的讨论看到，布莱克理论的解释力在具体案例面前值得怀疑，徐昕所强调的当事人力量之对比更是完全无法解释齐国平一家为什么直到最后才放弃主张。

分析本文当事人的自忍，能够为我们提供若干启发。其一，要注重整体性分析。布莱克与徐昕的分析都失之简单，他们都假定纠纷双方是原子化的个人。而林村的案例却反映出了一副全然不同的景观，"跑马岗"上很多看上去与双方无关的人都参与到纠纷之中。姚家河一家更是对齐国平方自忍起到了决定性的作用，这样的事实证明，原子式的对立双方模型的解释力有限。其二，应当具体分析社会条件与行动者的心理。在本文案例中，村庄的社会结构与治理秩序迫使齐国平寻找第三人主持公道无果，这当然影响了自忍当事人的最终决定，但更应该看到的是，林村对封建迷信与人情诸文化网络的坚守才是决定自忍发生的原因。作为研究者，讨论自忍要格外注意在事件过程中揭开逐步导向忍受的因素并权衡其轻重主次。其三，还应当看到自忍可能具有的正面价值。自忍的最大特点是一方忍受了不利后果，这就意味着双方并没有"撕破脸"。通过宅基地纠纷，齐国平与齐中方两家在未来必然会如同仇雠，但他们并未完全撕破脸面。而且，对自忍当事人而言，他们的忍受其实内含"展示冤抑"的意思，这对两家人在村庄中的道德评价会有影响。乡土社会是一个熟人社会，是"生于斯、长于斯、老于斯"的社会，两家在未来必定还会有交集，亦有希望在某一个事件中达成和解。

自忍不仅是纠纷解决习惯法中的重要方式，它还具有鲜明的文化意义。有趣的是，儒家思想特别强调要培育"不忍"之心，它是一种体现并扩充恻隐之心的心态。依照孟子所言，此不忍之心即是仁之端也。实际上，能忍的人被视为是心狠而无情之人，《诗·桑柔》所说"维彼忍心，是复是顾"，诗人控诉当时昏君对那些心狠之人加官晋爵。当然，需要注意的是，这里的"忍心"是指向他人的，对他人不利行为与事件的容忍。其实，中国忍文化还体现在民间小传统对自忍的强调。俗语说百忍成金，"心字头上一把刀"，自忍即自律，对其善加引导可以指向德行——"义"。不忍与自忍的指向性不同，正如董仲舒所说的"以仁安人，以义正我"，[1]他们共同成就了中国文化中的仁义之道。在推进法治与德治相结合的社会治理进程中，法学界应当对纠纷解决中的自忍加以研究，探明其源流，通过具体的案例提炼当事人自忍的行为模式，对自忍的边界加以注意，为自忍发挥积极作用寻找条件。

---

〔1〕《春秋繁露·仁义法》。

一起债务纠纷的解决

陈富华 *

一、引言

我父母借钱给多年的老邻居，没有办法收回，我们先是双方协商还款，最后在没有解决的情况下，邀请居委会调解，居委会仍然没有解决，又请了法庭庭长调解，最终选择了起诉。起诉只是一种威慑手段，使双方回到谈判桌上，解决问题。在一个低头不见抬头见的地方，协商才是纠纷解决的最好方式。

二、借钱不还的王六爷

2009 年，我家的土地和房屋被当地的一家煤矿强制征用，获补偿款 40 万余元。借钱者顿时络绎不绝，大有踏破门槛之势。在我们村里面，欠钱的老赖不少，大家都明白一个道理，借钱容易，要钱难。我赤贫了几辈子的父母当然不敢把钱借人，当时我家需要新修住房，加之我考取大学，父母亲以此为理由，拒绝了上门借钱的亲朋好友。但是我善良的父母亲在未与我们兄弟姐妹商量的情况下，借了 4 万块钱给我家的邻居——王某五。王某五，1950 年生人，从我爷爷辈开始便与我家比邻而居。和我家沾点亲戚关系，但是并不

＊ 作者简介：陈富华，清华大学法学院经济法学硕士。

太亲。我家兄弟姐妹尊称其为——王六爷。我父母概不借钱，之所以对王六爷破例，主要在于以下原因：

1. 还款期限短

我的父母和他约定，借款在我家修建房子时，立即归还。借钱之时离我家修建新房不足 3 个月。

2. 还款有保障

他家的土地和房子也在煤矿征用范围之内，只是价钱还在协商当中，按常理，还款能力是有保障的。这笔所借钱款，由王六爷借来给他儿子买大型运输车辆，一旦开始运营，应也不缺钱。

3. 王六爷和我家关系亲近

王六爷是我家多年老邻居，又是长辈，我父母比较信任他。前面提到，借钱的事，我父母并未告知我们，两个老人私下把钱借给王六爷，没有要求对方开具任何书面凭证。借钱后 3 个月，我家开始修房子，还款条件成就，我父母登门要钱，王某五无钱可还。我家兄弟姐妹也才得知父母借款之事。我们要求王某五补写一份欠条，鉴于他家当时房屋和土地还没有赔偿，双方协商，达成一致：顺延还款期限 1 年，且分期付款，在 9 月份我去大学报到时，先行还款 1 万元，作为我的学费。

这里详细解释一下补写欠条的过程。首先还有一个事实需要明确，王某五为给儿子买车，除了向我家借钱，还分别向两个侄子，王某明和王某权借款 2 万余元。所有的借款和还款事实均以口头达成。现在各方都要求他补写欠条。

2009 年 8 月下旬的一天，各方当事人在我家集会，进行欠条补写。由于王某五不会写字，欠条由我书写，写好后，向王某五和其子王某友宣读，确认无误后，由王某五和其子王某友签字按手印。欠条名为还款协议，由我草拟。主要内容如下：

1. 王某五和王某友共同担负此债。

2. 欠款须在 2010 年 9 月归还，2009 年 9 月须先归还陈某军（我父亲）1 万元。

3. 王某五和王某友以住房为抵押，若届期未还款，则房子归债权人所有。

为保证此条实现，王某五将宅基地使用证交陈某军保管。

王某五和王某友在确认内容后，很痛快地签了字，按了手印。当事各方沾亲带故，关系一向良好，故能很快达成谅解。

2009 年 9 月，王某五答应归还我家 1 万元的日期届至。然王某五表示没有钱，他带我和我的父亲去其子王某友处取钱。他声称，已经让王某友准备好钱款。然而，到王某友住处，父子之间产生纠纷，还款出现问题。原来，王某友和另一女子姘居（下面将该女子称为甲女），两人既是情人又是合伙人，各出 14 万购车，共同经营，由王某友负责驾驶。在王某五、王某友、甲女之间，存在着债权债务关系：王某五将借来的钱再借给王某友和甲女。值得注意的是，王某五在向各方借钱的过程中，是以父子两人的名义借的，并得到了其子王某友的同意。

回到讨债的场景中，王某五是王某友和甲女的债权人，他们协商好在 9 月份由王某友和甲女先拿出 1 万元归还王某五，王某五再把这钱归还给我家。王某友一句话不说，王某五坚决不还欠条。于是，还款 1 万的协议在一片争吵声中流产。现在回忆这个案子，我们可以梳理一下：设王某五为 A，王某友为 B，王某五的三个债权人，陈某军为 C、王某明为 D、王某权为 E。A 和 B 为共同债务人向 C、D、E 分别借款 4 万元、2 万元、3 万元，B 和甲女各出 14 万买车合伙运输。A 用借来的 9 万加上自己的 5 万，借给了 B 和甲女。

最终的结果是，王某五和儿子王某友反目，甲女则认为王某五给她设了圈套，大家不欢而散，而答应归还我家的 1 万块钱，也没有着落。

三、父与子的连带责任

经历了这一番要钱的过程，我父亲开始对王六爷产生了怀疑，和其他几个债权人一样，我父亲是基于对王六爷的信任才借钱给他，为此，王六爷也发了狠，他的这个儿子让他伤透了心。他去找了阿戛镇法庭庭长蒋必红。让蒋庭长做见证人，然后把王某友和甲女共同经营的大车扣了下来，以此迫使对方还款。经过多次协商，未能达成一致，车辆闲置了一个多月，最终双方让步，王某友答应还款，王某五让其将车开走。然而，王某友将车开走后，并没有好好经营，而是将车私自卖掉，携车款消失无踪。王六爷气急败坏，他的各个债权人也是气急败坏，眼看一年的还款期限届至，债务人和债权人都无计可施。三家债权人在一起协商，一起到王六爷家要债，王某权和王某明很气愤，而我父亲则早就气愤过了。对王六爷的信任彻底丧失，对王某友的为人彻底失望，他们一起去王六爷家要一个交代，但是王六爷是拿不出钱的，大家能有什么办法？王六爷最终表示，等土地和房屋赔款一下来，就马上还。大家毕竟还是留点颜面，事情也只能暂且搁置。

我的二哥在城里找到了王某友的踪迹，扣了车在原地等着。不想有人来调解，自称车主。原来，王某友只是替他人开车，这个车确实是别人的，只好归还人家。王某友再一次失踪了，9万元的连带债务，只能由王六爷承担。

四、我选择宽容

约定的还款期限届至，王某友杳无踪影，王六爷还是没有钱。他家的房子和煤矿经营方在价格上始终无法达成一致。如此一来，王六爷的还款保证没有了，债权人着急，以前顾忌着邻里亲情，不愿意撕破脸面，让人看笑话，现在什么都顾不上。王某明、王家权、陈某军三个债权人再一次聚在一起，商讨对策。方法也无非是起诉和不起诉两种。

不起诉的话，还得继续讨债，但是得有新办法，王某明和王某权提出不还钱就按合同办事，把他家房子占了，以房抵债。关键问题来了，占房子势必要把王六爷和他的妻子赶出家门，这会引起很大的纠纷，做起来很困难，影响也很坏。再一个，即使占了房子，怎么样把房子变成钱？农村的房子根本没有人买，何况是在矿区的拆迁房。他们又提出，可不可以直接占了房子，然后直接和矿方商谈拆迁补偿，用补偿费还债。但是，矿方未必会答应这样做。

起诉的话需要由我全权代理。但是，起诉面临着这些问题：

1. 法庭与我们距离遥远

阿戛法庭位于阿戛镇最偏远的地方，从我们村去阿戛法庭，有两条路可供选择。一是从村里先坐车到城里，然后再从城里换车，全程耗时 4 个小时左右；第二条大约需要 2 个半小时。不管选择哪一条路，都耗时、耗钱、耗力，三个债权人都说要起诉，但是真正付诸实践的一个都没有。

2. 起诉未必有结果

在王六爷没有获得土地赔偿款之前，他是没钱的，即便是胜诉了，也改变不了王六爷没钱的事实，强制执行他的房子，农村的房子也不值钱，而且作为他生活居住的房子，法院必须保留。

3. 起诉可能激怒王六爷

现在王六爷是答应还款的，一旦进入诉讼程序，撕破脸面，如果死活不还钱，我们也没有应对的办法。

4. 起诉需要一个过程

法庭离我们很远，最快也要几个月才能走完整个程序。

最后，大家商量出来结果就是：先不起诉，继续讨要，但是不要放弃起诉的途径。这样可以用起诉迫使王六爷还款，继续做王六爷的工作，晓之以理，动之以情。劝他想办法，赶快还款。同时，准备好起诉书，一旦王六爷不承认还款，不给一个答复，就去起诉。

正是基于以上种种考虑，我的父亲在王六爷再一次不能还款的时候放弃了起诉，选择了宽容。

五、蒋庭长的担保

按照商量好的计划，三家债权人到王六爷家讨债，并邀请阿戛法庭庭长来做调解人和见证人。经过协商，双方就还款达成一致：

1. 还款期限顺延一年。
2. 王某五要保证按时还款。
3. 若逾期未还，其抵押的房子归三个债权人所有。

蒋庭长替王某五写了还款保证书，还款保证书详细列明以上条件，由王某五签字捺印。为体现蒋庭长在其中的监督调解作用，蒋庭长在还款保证书上签了字。

蒋庭长此次的调解，应该是在法庭之外，以个人身份进行的。他的身份提供了一种权威，他的担保，在几个债权人的心里具有非同寻常的含义：一则，其代表了公家对他们债权的认可，不用担心王某五抵赖；二则，在蒋庭长的监督之下，王某五会尽力还款。对他们来说，蒋庭长的"担保"起到了与起诉相同的作用。

严谨的法律人不难从这个还款保证中找出与《中华人民共和国担保法》相抵牾之处：比如，此案中的不动产抵押担保，没有登记，应不生效力；比如，不得在借款时约定若债务人还款不能时，所抵押的不动产直接归债权人所有。

六、村委会的调解

在蒋庭长的调解下，纷争暂时得以止息。然而，匆匆一年过去了，王某五的土地和房屋赔款仍未见动静，三家债权人轮流上门，争吵不断升级。

矿上没有找王某五谈赔偿，六爷也似乎忘了那天和我谈话的内容。还款期限已过，任何的调解对几个债权人来说都已经不会起作用了，是该采取手段了。和矿方交易也要讲究策略，我们先去找了村委会，邀请村委会委员王红刚（此处系化名）、村民小组长候福海（此处系化名）前来调解。我们先向两位政府的人（在村民眼里，村委代表着政府）说明了整个欠债的情况。并且，当着村委的面要表个态，如果王某五再不还钱，就按合约约定的，房子归我们，我们再把房子给矿方。欠债还钱在农村就是一条法律，有时候，债权人甚至会召集整个家族的人到债务人家去要钱，债务人如果还要抵赖，债权人可以把他家的牛、马、猪、羊牵走抵债。按说，王某五既然承诺不还钱就以房抵债，我们的这种做法是合情合理的。

听说了情况以后，王红刚和候福海就到王某五家里，嘱咐王某五还钱，并告知王某五，再不还钱就要搬出去，三家债权人和矿方协调赔偿，赔偿费先还三家债权人，若有剩余，则归还王某五。

七、我选择起诉

2013 年 8 月的一天，我来到了阿戛法庭。向法庭提交了诉状，当时在法庭接待我的有两个人，蒋庭长不在。拿到我的诉状，年长的审判员看了之后说问题不大，起诉以后，适用简易程序，判决下来以后，你们向法庭申请，我们去把他家房子执行了，旁边的书记员欲言又止。

诉状中包括两个诉讼请求：一是要求王某五还款；二是按约定把王某五的房子判归我们。严谨的法律人在这里又该难以忍受了。第一个请求得到支持殆无疑义，第二个请求基本不合法，通常来说，在法律上无法得到支持。

法庭收了诉状，不出所料，第二个诉讼请求不合法，阿戛法庭唯一的书记员把诉状退给我，要我按格式进行修改。我把诉状重写了一遍，去掉了第二个诉讼请求。再把新诉状递交法庭，但未交诉讼费。我打算找到蒋庭长，让他出面处理此事。因为本案此前由他调解，我们基于对其信任，而重新与王某五达成协议，此时，王某五再次违约，蒋庭长负有一定责任。

我第二次去到法庭，交了诉讼费，要求排期开庭。法庭让我回家等待通知。王某五此时态度软化了，亲自到我家致歉，要求撤销起诉，并一起到矿方说明情况。达成以下协议：

1. 尽快与矿方协商土地赔偿问题。
2. 矿方在赔偿时，先将赔款偿付陈某军的债务，剩余再给王某五，还款后，陈某军将宅基地使用证归还王某五，王某五将其给矿方。
3. 陈某军撤诉。

我起诉的目的达到了，王某五将择日与矿方谈判，矿方也答应先将赔款偿付我家债务，我向阿戛法庭申请撤诉。

八、他的土地赔偿款先给我

2013 年 12 月某夜，矿方、债权人、王某五、王某友坐在一起，商谈赔款和还债事宜，在签字的紧要关头，王某友谎称上厕所，趁夜逃跑。各个债权人持械四处寻找，未果。一个星期后，王某五找到王某友，三方再次坐到一起，我监督王某友在赔款协议上签了字，矿方点出4万元，先交给了我，然后又各自点出王某明、王某权的份额。我确认钱款无误后，将土地宅基地使用证交王某五，王某五又交矿方。至此，一桩拖延4年之久的债务纠纷总算完结。

九、事后勿相见

事情了结，纠纷终于止息。然而，王某五父子反目，王某权、王某明与王某五的家族之情也告破裂，我家与王某五几十年的邻里关系也不复存在。现在大家是两相厌弃，能不见面就不见面，见面也只是点头示意，无话可说。虽说低头不见抬头见，但是在长久的纷争中，大家心里的怨气一时难以平息。

在这个纠纷里面，我们参考了法律。但是，在本案中，若全盘遵照法律的规定行事，恐怕无法迫使王某五还债。

在纠纷之初，面对王某五的延期，我们顾忌到邻里乡情，一再选择宽容。直至最后忍无可忍，告上法庭。王某五虽然表面不在乎，然而当我们真正递交诉讼状，缴纳诉讼费以后，他开始感到害怕，最后妥协，迅速展开与矿方的谈判，最终经历了与王某友的几番争斗，总算拿到了欠款。

在一个低头不见抬头见的村子里，我们并不想闹到"事后勿相见"的境地，法律是迫不得已的选择，所以，我们一开始都是选择自行协商，在王某五一而再、再而三地拖延还款的情况下，我们仍然选择宽容。直到王某五和王某友的名誉破产，大家撕破脸面，我们彻底对他们父子失去信任，才选择起诉。从法律上来讲，起诉也并不能使我们并未登记的抵押产生效力，但是，在王某五的眼里，以房抵押是签在合同里的，即便是法院不判，我们占了他的房屋也是合理的。以他对法律的了解，法院是会把房子执行给我们的。起诉的实质作用是威慑。在此威慑之下，我们才能再次坐到一起协商，最后解决了问题。

虽然我们最后撤诉了，但始终走到了对簿公堂这一步，以往的情分不在了。大家虽不至于再闹情绪，但也都希望事后勿再相见。

基层社会中的纠纷解决规范
——以河南洛镇一起摆摊纠纷为对象

李亚冬*

一、引言

中国的集镇不只是农村的物质交换的中心场所，同时也是信息交换、人情往来的场所。不同于村庄内部或血缘内部人与人之间相互熟悉的关系，集镇上做生意的人们更多时候在与差序格局中处于水波边缘的人打交道，他们彼此有联系，但缺乏紧密的利益基础和人情基础。

集镇秩序以自发的习惯秩序为主，规范乡镇和农村的经济生活和日常生活。乡镇派出所、税务所、市场监督管理所等县政府职能部门的派出机关代表国家权力的在场。作为市场、政府权力和乡村社会相交汇的场域，集镇具有复杂的包容性，集镇纠纷的发生和解决集中体现了基层民众对习惯法和国家法两个不同规范体系的理解。

本文旨在描述一起摆摊纠纷始末。主要通过访谈和观察的田野调查方法对这一纠纷的背景、纠纷的发生、纠纷解决的过程进行事实描述。[1]在描述过程中，以摆摊纠纷为引，初步呈现不同关系在

* 作者简介：李亚冬，清华大学法学院博士研究生。

〔1〕 遵循学术惯例，本文中的部分地名、人名进行了化名处理，特此说明。调查时间：2017 年 4 月 30 日至 2017 年 5 月 6 日，并于 2017 年 7 月 28 日对事件进展进行了电话追踪。调查地点：河南省洛镇。另外，由于调研时双方关系紧张，为避免研究者的介入使矛盾扩大，本文重点访谈了一方当事人以及纠纷中的部分中间人。

基层社会的纠纷解决中是如何各自发挥作用的，又是如何交织在一起并相安并存的。

纠纷发生在河南洛镇。河南汝县下辖 3 个基层集镇，存在内容丰富的集镇习惯法。其中，调整商户和摊贩关系的摆摊习惯法是集镇市场秩序维持的重要规范。摆摊习惯法有着清晰的内容、形成于特定的发展背景、存在清晰的运行机制及相应的自助救济的措施，具有自发性、规范性、实效性、稳定性的特点。

摆摊规范的形成背景反映了中国的现代化变迁对集镇市场的影响和对基层政府的要求。在市场的影响方面，城镇化带来了要素流动，外来省市的商户进入集镇经营商业。同时，新一代农民工在城市习得经营知识，从而在返乡创业时为集镇带来了新型经营方式，扩大了经营范围，进而使得商业空间发生一定程度的转移和分化。在基层政府的要求方面，自上而下的美丽乡镇评选对基层政府的人员晋升和基层财政投入有重要影响，据此可能获得的利益驱动着基层政府整顿街道秩序，形成了"禁止在路中央摆摊"的政策，但道路和"马路牙子"由镇民集资修建，水泥地坪由各家自建，镇民享有对自家门前地坪、"马路牙子"乃至道路的习惯权利。

基于如上背景，汝县的集镇自发形成了"在私人门口摆固定摊，就应该给人家交钱"的习惯法，规定着商户和摊贩之间相对等的权利义务关系，形成了双方利益最大化的合作机制。规范的运行有着清楚的内容：合意的形成、履行、变更、解除以及自助的救济措施。[1]生活在其中的人们均自觉遵守。

然而，现实中发生了一桩罕见的纠纷，摊贩试图通过不轨手段利用国家权力打破内生的摆摊习惯法。在纠纷的解决过程中，双方充分创造、调动了可资利用的习惯法和国家法资源。

---

〔1〕 本文以纠纷为核心，侧重过程的描述，呈现人情关系、利益关系和国家刑事司法程序在纠纷解决中的作用和关系。另有一文对摆摊习惯法进行了细致的规范分析，并将本文所谈的纠纷作为案例进行了初步介绍。参见李亚冬："集镇摆摊的民事习惯规范——以河南省洛镇为例"，载高其才主编：《当代中国的习惯法世界》，中国政法大学出版社2018 年版，第 155～178 页。

二、摆摊纠纷的发生

在经济最为活跃的洛镇，商铺的买卖价格和租赁金额都较高，且出于便利的考虑，更多的非镇民选择了摆固定摊的方式参与到集镇的商业活动中。纠纷发生的地点是生意最为繁荣的街中心西北位置，即杨家中心超市门前的商业空间。

这一商业空间之前的使用者是习惯法适用的例外情形，但在经过了过渡时期后，四位摊贩中的一位主动履行了给付义务，意味着摆摊习惯法正式进入适用时期，此时纠纷发生。

（一）例外时期

杨家中心超市 2015 年开业经营，该营业场所曾是中国农业银行在洛镇的办公场所，后经正式的拍卖流程，该块地的使用权和地上建筑物的所有权由外乡人老丁竞拍取得。竞拍成功后，老丁对房屋进行了大幅的改造，后被一名湖南籍外来商户郭科租用，开设了洛街上最大的服装商场，5 年间，郭科在此结婚生子。在经营场所被郭科用于经营服装生意时，郭科的外来身份是摆摊习惯法适用的例外条件，因而不敢也确实没有向四位肉贩主张摊位费。[1]

后来，洛镇上来了更多的服装生意竞争对手，郭科转移至其他乡镇，此时，老丁想要售卖这块土地的土地使用权和地上建筑物的所有权。经协商并支付相应对价，镇民杨文妮和张和平夫妇从老丁手中获得了相应权利，并租赁给姐姐杨文娟开立杨家中心超市。杨文娟出生于镇上，后嫁到距离镇较远的外村，在妹妹的帮助下回到镇上开超市。

（二）过渡时期

杨家中心超市开始营业的第一年，杨家自负资金和人力修整了门前的水泥地坪。为便于记忆和计算，摆摊习惯法的适用时间一般是以年为单位，由于杨家中心超市从年中开始营业，出于计算的不

---

〔1〕 摆摊规范适用的四个例外条件分别是：公家门口、人情关系、外来商户和流动摊贩。参见李亚冬："集镇摆摊的民事习惯规范——以河南省洛镇为例"，载高其才主编：《当代中国的习惯法世界》，中国政法大学出版社 2018 年版，第 155～178 页。

便，杨文娟尚未向四位肉贩主张摊位费。四位肉贩在出摊时用三轮车、货架、商品等持续占用杨家门前的水泥地坪和"马路牙子"，并利用杨家整洁的卫生环境。

（三）正式适用时期

经营半年后，杨家中心超市即将度过第一个春节。在春节前一个月，四位肉贩中的其中一位董宇村主动找到同村人董治中（曾任村干部，同时也是杨文娟丈夫郑书国的朋友）作为中间人，托董治中从中磋商，希望与杨文娟建立稳定的"商户-摊贩"关系，并先给付 100 元作为定金给杨文娟，如果春节后继续在该摊位卖肉，再给付 900 元，如果不再在此卖肉，则不再占用摊位，100 元定金也不再返还。[1]董治中将董宇村的意思告诉了杨文娟，杨文娟对一年 1000 元，分两次给付的价格表示同意。董治中将杨文娟的同意转告了董宇村，双方合意达成。不日，董宇村拿给杨文娟 100 元，杨文娟收下。

此后，杨文娟向另外三位肉贩胡赖臣、谭新、谭兰主张等额的费用，然而，另外的三位肉贩却一直推迟"下集把钱拿给你"。[2]这意味着四位肉贩在意思表示上承认"商户-摊贩"关系，向杨文娟承诺了对摆摊习惯的遵守，却在行为上享受摊贩权利的同时，拒绝履行摊贩义务。纠纷就此发生。

三、摆摊纠纷的解决规范

伴随着事态的发展，纠纷逐渐升级。最初是一方实施了习惯法范围内的自助措施，纠纷看似得到了解决，另一方在繁忙的春节过后却"倒打一耙"，使纠纷升级。纠纷的反转原因是大学生运用法学知识将"违法者"身份重塑为"被冤枉者"身份，为在国家刑事程序中弱势的己方带来了新的生机，而纠纷的落定是弱势一方通过人情关系介入纠纷，催化纠纷进入尾声。在最后阶段，纠纷当事人综合考虑了各方的面子，不再申诉，纠纷平息。

在看似解决、升级、反转、落定和平息五个不同的纠纷解决阶

---

〔1〕 董治中访谈录。
〔2〕 杨文娟访谈录。

段，不同的因素（如利益、刑事司法程序、法律知识、人情、面子等）在不同的情境下影响着纠纷解决的走向。纠纷双方在这一过程中寻求可资利用的手段在纠纷的角斗场中较量，并在较量中达到了相对均衡的格局。尽管从总体来看，被动应对纠纷的一方是不利的，但每一位参与到纠纷解决中的人也都知道，应当到此为止了，不可再进一步了。

（一）纠纷看似解决：习惯法的自助

在纠纷发生的初始阶段，杨文娟曾实施言辞的自助措施，用半开玩笑半正式的口吻主张："都说了几次了，再不给下集就不用在这儿出喽！"言辞的自助失败后，杨文娟采取了排除使用的自助措施。

在一个逢集日清晨，几位肉贩尚未到，杨文娟将拖货所用的小推车放置在肉贩摊位处，意在排除肉贩使用摊位，此行为态度更为明确，希望能使摊贩履行给付义务，或者解除摆摊合意。肉贩来到摊位处，发现摊位被他人占了，便知是杨文娟所为，由于即将开集，肉贩不想失去这一天的生意，更不想离开这个最为繁荣的地点。事实上，其他商户与摊贩都形成了合意，摊位各有主人，没有其他好位置可供摆摊了。于是，肉贩们分别给付了杨文娟 1000 元，履行了摊贩义务，作为下一年在此摆摊的对价。在其中一名给付了 1000 元后，杨文娟立刻买了他价值 400 元的肉，表示照顾他们的生意。[1]

在初始阶段，杨文娟首先采取了摆摊习惯法中的救济措施，即言辞自助，失败后才选择在一个关键的时间点采取行为自助，并获得了短暂的成功。春节愈来愈近，集镇的贸易越来越繁荣，肉贩生意越来越好。杨文娟和四位肉贩彼此相处融洽，纠纷似乎已经平息。但平静的背后，却酝酿着一场风暴。接下来纠纷的升级过于意外，以至于杨文娟以及集镇上的其他商户和摊贩们都未曾预料到。

（二）纠纷升级：国家法的介入

繁忙的春节过去，四位肉贩已经做完了一年中最重要时间段的生意。四个肉贩向派出所举报，声明杨文娟向他们敲诈勒索了共计 4000 元，派出所立案。

---

[1] 杨文娟访谈录。

1. 派出所：预谋的突然拘留

立案约 3 个月后，2017 年 4 月 25 日，派出所所长谭辉带着另外两名警员来到杨家中心超市，将杨文娟带至县公安局，并在审讯约 1 小时后做出了刑事拘留的决定。审讯的过程相对简单。警员问："你收了他们钱没有？"杨文娟说："收了。但是街上都是这样的，而且最初是老董托人找我主动给的。"杨文娟回忆起审讯的细节，警员没有把"但是"后面的话记在本子上。在获得了杨文娟承认收钱、要钱的口供后，警员拿着材料出去了，大概过了一个小时，警员拿着盖着印章的材料，将杨文娟带离公安局，到医院体检，而后投入拘留所。[1]

在警察将杨文娟带走时，杨文娟和丈夫郑书国都没有意识到问题的严重性，以为派出所只是需要当面初步了解情况，不至于什么都还没问就被带到县里的公安局。杨文娟迟迟未归，郑书国前去派出所打听，才知道问题没有那么简单。于是给杨文娟的弟弟杨文正打电话，杨文正的妻子田静英曾经在市公安局工作过，很快便通过关系得知对杨文娟的拘留决定已被盖上印章，很难从中介入了。即使是明显的错案，让公安撤销立案也不可能，只能等到下一个阶段（即检察院审查起诉阶段）才有可能通过关系发挥影响。[2]

郑书国早年做过村干部，对基层处理问题的方式有一定的了解。根据他的分析，派出所的行为存在疑点。为什么派出所做出了明显有悖于常理的行为，且拘留程序存在瑕疵？有悖于常理之处在于，公安机关在接到案件后应当首先了解情况，判断案件是民事还是刑事、是否属于管辖范围。在基层乡土社会中，更是以无讼为常态，力求将纠纷解决在基层，为此甚至会将刑事案件作为民事案件处理，以避免启动刑事程序。派出所所长是本地人，不可能不熟悉摆摊习惯法，却将民事纠纷转化为刑事案件处理。瑕疵之处在于，未经侦查，突然直接带走杨文娟，在县公安局开展简短的审讯后，临时拿

---

〔1〕 杨文娟访谈录。
〔2〕 郑书国访谈录。

到拘留证，这一系列行为太仓促了。[1]

基于怀疑，郑书国与当时的中间人董治中联系，拜托他向董宇村了解情况。根据董治中的转述，董宇村是被迫入伙的，为首的是胡赖臣，鼓动了谭新、谭兰，而后又鼓动董宇村。董宇村最初不想加入他们，但迫于三人的压力不得不加入。董宇村在四人团伙中处于边缘，他也不理解为什么胡赖臣如此有信心能够整垮杨家。郑书国的分析是，派出所所长谭辉收了胡赖臣和另外两人的好处。[2]这样的分析很难直接求证，但或可通过事实侧面印证：其一是董治中的证词。董治中认为，肉贩们太狠了，想一下子整垮杨文娟。为了表示对杨文娟的支持，他书写了一份证词，证明董宇村是主动找他，要"托你面子给老板商量一下"，请他牵线与杨文娟建立摆摊关系。[3]其二，在纠纷解决的最后阶段，在杨文娟被取保候审后，派出所所长谭辉就被调离。这一结果让杨家人倾向于相信郑书国的分析。

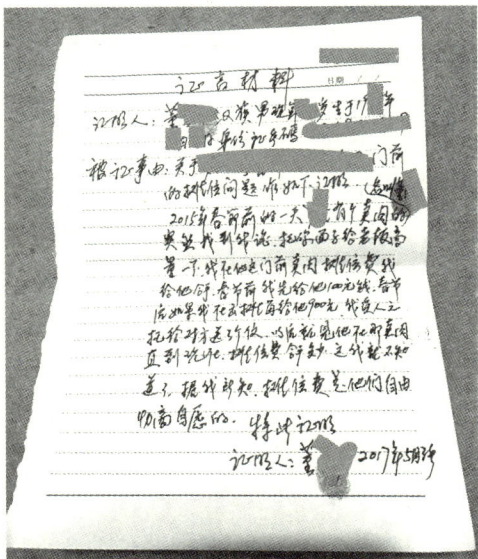

图1　董治中证言材料

---

[1]　郑书国访谈录。
[2]　郑书国访谈录。
[3]　董治中访谈录及证言材料。

2. 杨文娟：疏忽和面子

笔者很诧异杨文娟为什么在被警员带走时没有反抗，为什么郑书国当时没能及时联系弟媳田静英。根据杨文娟夫妇的叙述，有两个原因比较重要。其一是田静英曾经在立案初期得到镇派出所某位警员的消息，并将此消息告诉了杨文娟夫妇。杨文娟夫妇对此有心理准备。其二是她觉得自己没错，整个集镇上都是如此，要抓她的话，那么其他商户便也都有罪了。因此，当派出所的警员们拿着手铐走到她面前，问她是要自己走还是警员带着走时，杨文娟夫妇觉得大概就是去谈个话，了解基本情况，不会有大的影响。更重要的是，她是个要面子的人，与其哭闹一番在众人面前丢脸，不如昂首挺胸跟他们走，表示自己是清白的，不怕走这一趟。[1]

杨家的分析不无道理，肉贩们与派出所所长存在联系，决定了立案，而杨家在其中处于弱势地位。

（三）纠纷反转："被冤枉者"的道义立场

刑事司法的机器一旦启动，就很难停下来了。杨文娟已身陷囹圄，境况不容乐观。

1. 民间权威：协商无力

杨文娟的妹夫张和平曾是镇边某村的村委会主任，具有一定的权威，得知此事后，他做了两件事，第一是代表杨家找派出所所长谭辉，希望谭辉从中协商，做几位肉贩的思想工作，看能否通过退还所收的钱，避免官司继续下去。谭辉表示四位肉贩不愿意，而后便不再露面，只让警员接待。[2]

2. 律师：草草应付

张和平做的第二件事是，在寻求和解的同时，联系了自己的律师妹夫王池进行咨询，王池建议聘请律师，遂推荐了贾伟律师。贾伟让郑书国到市里的律所，办理了委托程序，并询问了情况，就让郑书国回去了。郑书国回忆说，感觉贾伟瞧不起自己，也不肯好好

---

[1] 杨文娟访谈录。
[2] 张和平访谈录。

解释，而且也从来没有到纠纷现场搜集证据，因而是不靠谱的。[1]
贾伟后来在见郑昆雅时，则抱怨自己的解释郑书国听不懂。[2]

3. 大学生：法律知识和人情关系

此时，郑书国在外读大学的女儿郑昆雅感觉到了家中的危机，在对父亲追根问底了解情况后，立刻赶回家中。她找了相关法律法规，咨询了几位法学院的朋友，有了一些信心。更让她信心倍增的是，其中一位师兄的好友就在市里的法院做法官。

根据法律知识，郑昆雅了解到母亲很有可能是被诬告的，派出所的行为存在瑕疵。基于这个判断，她做了四件事：

首先，重塑杨文娟的身份，即母亲是被冤枉的，以诬告陷害的名义告四位肉贩，并在澄清母亲清白后主张国家赔偿。这一"被冤枉者"身份给了父亲及其他亲人莫大的安慰和勇气，之前他们仍旧很害怕公安机关，担心杨文娟是不是真的违法了，而且即使没有违法，是被诬告了，面对强大的国家权力，也不知如何申冤。主张诬告陷害和国家赔偿不仅赋予了他们道义立场，也为他们提供了具体的法律策略。道义的立场激励他们要争这口"气"，不能平白无故地被欺负，而法律策略为他们"争这口气"提供了有力的支持。郑昆雅的法学知识让杨家人信心大增。

其次，调整寻求和解的态度，让张和平停止协商，转变为强硬的、拒绝归还给付的态度。此举也立刻产生了积极作用。之前张和平恳求四位肉贩和解的姿态让四位肉贩认为他们在这场纠纷中处于优势地位，是稳赢的，因此想要充分利用优势，不遗余力地把杨文娟彻底整垮。此时，张和平硬气起来，不再寻求和解，四位肉贩不免有些紧张，怀疑杨家已经找到了他们的把柄和对付他们的办法，转而让谭辉主动找张和平，表达愿意和解的意思。[3]

再次，代替父亲去面见律师，与律师贾伟分析案情，要求律师向县公安局和检察院提起启动立案监督的请求。此举并不顺利，根

---

〔1〕 郑书国访谈录。
〔2〕 贾伟访谈录。
〔3〕 张和平访谈录。

据律师贾伟的解释，立案监督虽然写在法律条文中，但在现实中却很难实施。可能的途径是，等到审查起诉阶段，通过提交律师意见的方式做无罪辩护。不过，在得知杨文正与县领导有些关系后，贾伟对郑昆雅表示，通过杨文正的关系事情会更好解决。

最后，和舅舅杨文正沟通，以如果进入司法程序，母亲万一被判刑会对她的前程有较大影响为由，力促舅舅通过关系推翻立案，实在不行也一定要把此案结束在审查起诉程序。根据郑昆雅自己的理解，她坚决捍卫母亲清白的表态只是加强了杨家的道义立场，避免杨正文过度责备杨文娟或过分夸大对杨文娟一家的恩情。在推动纠纷解决的意义上，其影响是有限的。而她以自己的前途为理由也并没有把舅舅拉到她的立场，反而欠了舅舅一个大人情。她事后分析，舅舅的能力有限，在这场纠纷解决中也有自己的考虑，不可能为了她的前途不惜代价地向县领导主张母亲的清白。[1]

在此阶段起到关键作用的是郑昆雅基于法学知识对母亲行为作出没有违法的判断，并据此树立起来了"被冤枉者"身份所天然具有的道义优势，结合告四位肉贩诬告陷害、要求公安机关进行国家赔偿的法律手段，为处于担忧、紧张中的杨家带来了希望。

郑昆雅对法律和人情的态度是复杂的。一方面，她相信母亲没有违法，要求律师在审查起诉之前就向公安或检察院主张立案监督的做法体现了一个了解法学知识的大学生对法律运行的理想化想象。另一方面，她以自己前途为由向舅舅施压，希望舅舅能够运用人脉的做法也体现了她相信人情关系的影响。郑昆雅的目的是为母亲彻底洗清嫌疑，并最大限度地将不利情势转变为有利情势，为了这个目的，她同时利用了法学知识和人情关系。

（四）纠纷落定：人情的催化

郑昆雅的法学知识微妙地改变了纠纷双方的情势。派出所所长谭辉对张和平反常的态度有些疑惑。他主动联系张和平，表示只要郑书国代杨文娟把钱退了，就愿意和解。

---

[1] 郑昆雅访谈录。

1. 县领导："这种事情你们都办！"

几乎是在同一时间段内，通过关系运作，杨文正与汝县的县级主要领导联系上了，谈了杨文娟的事情。某位县级领导听毕当场就训斥公安局长："这种事情你们都办！"而后，杨文正与司法机关的领导们做了进一步的交流。[1]根据司法机关人员的指点，杨文正告诉郑书国，现在需要获得肉贩们的谅解书，而后公安走流程把案子送到检察院。送到检察院之后，就不必到法院了。

2. 郑昆雅：一定要获得谅解

在谭辉的主持下，谭新和谭兰在收到1000元后，写了谅解书。胡赖臣是曾经的主谋，第一次没有签字，但经过沟通后，也签了谅解书。董宇村却体现了顽固的一面，他年纪最大，是最初按照摆摊习惯法和杨文娟建立合意并履行了的，也是迫于压力入伙四位肉贩的，然而现在却囿于面子，不肯签谅解书。郑书国找了曾经具有影响力的民间权威去劝说，但其顽固依旧。郑书国一度绝望，因为如果有一人不签，就没办法为杨文娟办理取保候审，而此时似乎没有人能说动董宇村了，郑书国都要放弃了，而一旦放弃，杨文娟便将进入审判程序，杨文正之前的关系运作也前功尽弃。此时郑昆雅坚定地要求郑书国用尽一切办法得到董宇村的谅解，一次不行，就多次拜访。在郑书国又经历了几次碰壁后，董宇村终于签了谅解书。[2]

3. 县检察院：不起诉决定书

杨文娟的取保候审申请顺利被批准，她保持着极好的精神状态回到了家，完全没有受苦的样子。邻居见到杨文娟回来问起近日去了哪，杨文娟开玩笑回答，"去局子里旅游了一趟"。但实际上，她并未解开心结，私下问女儿，还可以告肉贩诬告陷害么？还可以提起国家赔偿么？

3个月后，杨文娟收到了县检察院的不起诉决定书。县检察院的不起诉决定书中并无事实查明部分，而是直接认可了县公安局对杨文娟涉嫌敲诈勒索罪的定性，同时由于犯罪情节轻微，具有坦

---

〔1〕　杨文正访谈录。
〔2〕　郑昆雅访谈录。

白、得到被害人谅解的情节，不需要判处刑罚/可以免除刑罚，决定不起诉。[1]

无可否认，此阶段的主力是杨文正。杨文正通过与县领导的人情关系，催化了刑事司法程序的运行。案件在被送到检察院之前，就引起了检察院领导的关注，这为此后案件的进展奠定了基础。郑昆雅清楚地明白，如果仅仅利用法律工具，而没有舅舅杨文正的关系，母亲的结果很难预测，尽管有市中院的关系，但郑昆雅觉得这层关系还是有些远，能否发挥作用尚不可知。而且，即使能够澄清母亲清白，也需要投入很多时间、精力和金钱。

对郑昆雅而言，不起诉决定书意味着她无法对母亲的问题做出肯定的回答。在当前阶段，郑昆雅虽认为清白无辜依旧重要，但她也没有十分的把握能够力克强大的阻碍申诉成功，更不可能不考虑更强有力的约束——面子。

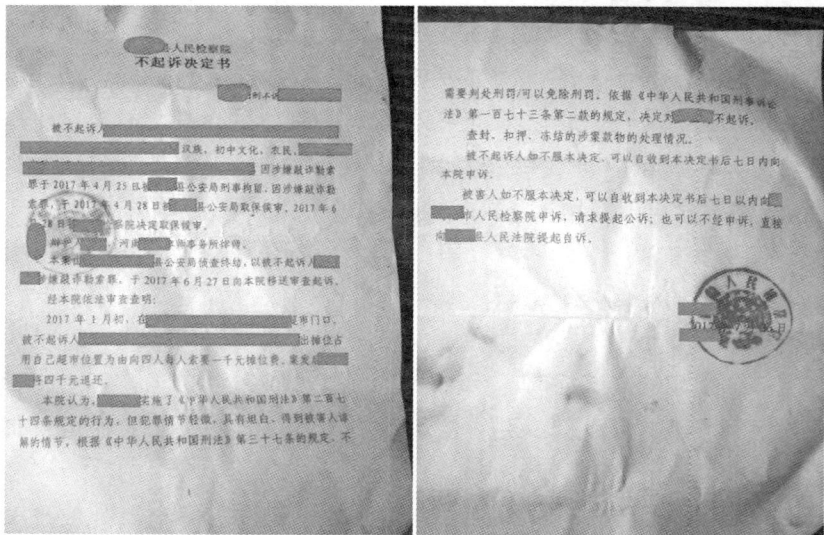

图 2　杨文娟被不起诉决定书

---

[1]　杨文娟收到的县检察院作出的不起诉决定书。

（五）纠纷平息：各方的面子

1. 县司法机关的面子

县领导的观点代表着国家法，"这种事情你们都办！"表明了这个纠纷不应该进入法律程序，是派出所警员们的错误行为所致。但国家司法机关的权威不容置疑，检察院遂做出了不起诉的决定。此举非常巧妙，不仅以模糊的法律文书维护了司法体系整体的威严，也消除了杨文娟将来提起诬告陷害和国家赔偿的可能性。出于更谨慎的考虑，县里将派出所所长谭辉迅速调离洛镇。

2. 杨文正的面子

尽管不起诉决定书上写着，杨文娟仍旧可以向县公安局申诉，但杨文正表示，"就这样吧，到此为止，既然已经回来了，就是有委屈，也不要再追究了"。杨文正还责备姐姐杨文娟做事不讲方法。郑书国认为，负责县域房地产开发的杨文正与政府官员有较多接触。杨文正已经花费了不少精力，和县级领导建立了关系，尽管县领导也认为这个案子根本就不该办，但毕竟已经进入了司法程序，他们作为普通民众，能力有限。县领导给了杨文正很大的面子才得到当前的处理结果，如果自家再提起申诉，杨文正就会被认为没有做好杨文娟一家的工作，是得寸进尺，给县领导难看了。正是如此，杨文正才会强烈反对申诉，并让在公安系统内的田静英通过专业知识劝说杨文娟一家，避免杨家伤害了县领导给杨文正的面子。[1]

3. 杨文娟的面子

杨文娟放弃申诉的原因更为复杂，她一方面要维护和弟弟杨文正的关系，另一方面也有自己面子的考虑。尽管曾经资助杨文正读大学和结婚买房，但她认为帮助家庭中的男孩是大家庭中女孩的基本义务。此次灾祸是在弟弟杨文正的帮助下才得以迅速被取保候审的，她已经亏欠了弟弟，不便再给弟弟惹麻烦。尤其是在杨文正的责备、田静英的劝说下，不放弃申诉就是要和弟弟翻脸了。而且，尽管女儿郑昆雅多次向父亲母亲解释法律的运作，现在的结果不是最好的结果，但相比于女儿那些纸面上的法学知识，杨文娟、郑书

---

〔1〕 郑书国、郑昆雅访谈录。

国夫妇更倾向于相信杨文正的关系能够给他们带来的保护。在杨文正的劝说下，他们认为，既然已经从"局子"里出来，就安全了，有罪无罪没有那么重要了。而且，有杨文正在，再出问题，他也会管着。如果坚持申诉，反而破坏与杨文正的关系，并失去杨文正的保护，那么结果就很难说了。[1]

更重要的是，不管自己莫名受了什么苦、被加了什么罪，周围邻居看到她精神十足地在家待着，就会认为她没错，这比不起诉决定书上写了什么要重要得多。

杨文娟的判断是准确的，借买东西为由来看她是否垮掉了的街坊邻居们在见到精神头很好的杨文娟后便不再传播她被整垮了的谣言。而除了四位肉贩，尚有邵氏夫妇在杨家中心超市门口摆摊卖火烧，他们一如既往地履行摆摊习惯法规定的义务，享受摆摊习惯法赋予的权利。甚至当郑书国主动问邵哥"怎看，他们的钱已经还回去了，你这边要不我拿给你？"时邵哥连连拒绝，"不要不要，你们留着，这是应该的"。[2]尽管知道四位肉贩告杨文娟，并确实取回了钱，但邵哥依旧选择遵守摆摊习惯法。

纠纷平息，没有其他商户和摊贩受到影响。集镇复归平静，仿佛什么也没改变，只是杨文娟与四位肉贩再也不相互照顾对方的生意，四位肉贩也不再将三轮车停在杨家中心超市的水泥地坪上了。

四、结语

到此为止，本文关于摆摊纠纷的发生和解决过程已经描述完毕。从中我们可以看到纠纷双方如何调动资源，使纠纷升级或平息。从他们的活动中我们可以探悉双方情势的变化。这些变化被划分为五个阶段，分别由不同的因素主导。

总体而言，纠纷的挑起者胡赖臣，同时也是习惯法的违反者，以利益关系为纽带，结伙另外三位肉贩，拉拢派出所所长谭辉，在充分享受了习惯法赋予的权利后，拒绝履行习惯法规定的义务，利

---

〔1〕 杨文娟访谈录。
〔2〕 郑书国访谈录。

用国家法破坏习惯法生发的习惯秩序。

纠纷的被动应对者杨文娟一方，以血缘关系为纽带，在血缘关系上延伸出去，通过业缘人情关系（杨文正基于房产开发工作与县级领导建立的人情关系、田静英基于公安系统内的工作延伸的人情关系）、学缘人情关系（郑昆雅基于学业建立起来与法学院朋友和法院法官的关系）、志缘人情关系（郑书国基于书法的志趣爱好与董治中建立起来的人情关系），结合民间权威的信息了解对方情况、利用法律知识将"违法者"身份重塑为"被冤枉者"身份以获得希望、遵照体制内部提示开展获得谅解的行动，最终扭转了纠纷中的弱势地位，阻止了司法机器的运行。

法律知识有力地团结了人心、影响了人情的发挥效果。人情关系在刑事司法的空间内发挥作用，催化了纠纷在国家刑事法律框架内的快速解决。如果没有郑昆雅的法律知识，杨文娟一家将失去道义的支持，背负"违法者"、做了坏事的名声，被指点、议论，没有面子再在集镇上继续生活。而如果没有杨文正的人情关系发挥作用，这一纠纷的结果很难预料。但杨文正的人情关系也并非灵丹妙药，不能即刻终止已启动的刑事司法程序，而只能在有限的范围内改变纠纷的走向，催化纠纷的解决，将纠纷阻止在审查起诉阶段。事实上，摆摊习惯法在这一过程中是以隐性的方式得到了刑事司法的认可，如县领导说的"这种事情你们都办"、取保候审迅速被批准、所长谭辉被迅速调离等。可以想见，如果确实违反了刑法，杨文正的关系能够发挥作用的空间就很小了。

当代中国处于城镇化建设的进程中，在集镇这个边缘熟人关系的基层社会里，民间权威已经失位，但这并不意味着乡土秩序中的血缘、人情和面子的衰落。相反，从洛镇的摆摊纠纷来看，基于利益纽带结成的短暂团伙很快分裂，基于血缘和人情关系结成的紧密共同体绝地逢生。洛镇"商户-摊贩"的摆摊习惯法依旧，检察院的最终处理结果只是为习惯法适用的多个例外又添加了一个例外而已。

附：人物身份列表

杨文娟：杨家中心超市的女主人；

郑书国：杨文娟的丈夫，杨家中心超市的男主人；

郑昆雅：郑书国杨文娟夫妇的女儿，在读大学生；

胡赖臣：肉贩1，联合另外三位肉贩状告杨文娟的主谋；

谭新：肉贩2，状告杨文娟的四位肉贩之一；

谭兰：肉贩3，状告杨文娟的四位肉贩之一；

董宇村：肉贩4，最初主动找杨文娟建立摆摊关系的肉贩，状告杨文娟的四位肉贩之一；

谭辉：洛镇派出所所长，杨文娟被取保候审后被调离洛镇；

杨文正：杨文娟的弟弟，在房地产公司工作，负责某县的房产开发；

田静英：杨文正的妻子，杨文娟的弟媳，曾在市公安局工作；

张和平：杨文娟的妹夫，曾任洛镇附近村的村主任；

贾伟：张和平妹夫的同事，杨文娟的辩护律师；

董治中：董宇村同村人，郑书国的朋友，是董宇村和杨文娟形成摆摊合意的中间人。

"三治融合"与当代乡村社会纠纷解决
——以浙江桐乡丰收村一起房屋征收款分配纠纷为例

池建华 *

一、引言

人，自出生始，便不是一个完全独立的个体，而是"社会"中的一员。简言之，社会是"处于特定区域和时期、享有共同文化并以物质生产活动为基础的人类生活的共同体"。[1]"人类生活"意味着人类有人情往来、利益交换，矛盾纠纷便也不可避免。作为社会控制的不正常事件或者状态，纠纷需要以一定的方式解决，法律、道德或者宗教各有其用。随着人类社会的发展，人们不断追求纠纷的及时、公正解决，对于刑事案件、重大民事纠纷等纠纷类型来说，法治已然成为纠纷公正解决的一种主要途径，而对于一般性的民事

* 作者简介：池建华，法学博士，清华大学中国农村研究院助理研究员，清华大学公共管理学院博士后研究人员。

基金来源：研究阐释党的十九大精神国家社科基金专项课题"健全自治、法治、德治相结合的乡村治理体系研究"（18VSJ064）；清华大学中国农村研究院 2019 年度重点研究课题"'三治结合'的乡村治理机制案例研究"（CIRS2019-4）。

遵循学术惯例，本文中的部分地名、人名进行了化名处理，特此说明。感谢桐乡农业农村局为调研提供的大力支持。感谢调研团队成员田一岑、刘献阳、刘贤春、马成勇对调研做出的贡献。

〔1〕 高其才：《法理学》（第 3 版），清华大学出版社 2015 年版，第 373 页。

纠纷来说，国家法和非国家法在很多情况下共同发挥作用。正如中华人民共和国第十二届全国人民代表大会第五次会议于 2017 年 3 月 15 日通过的《中华人民共和国民法总则》第 10 条规定："处理民事纠纷，应当依照法律；法律没有规定的，可以适用习惯，但是不得违背公序良俗。"法律由国家制定或认可，具有国家意志性，此处的"习惯"已经成为国家法意义上的国家"习惯法"。[1]而非国家法意义上的"习惯法"也依然在纠纷解决中发挥着重要作用，此处的"习惯法"是"独立于国家制定法之外，依据某种社会权威和社会组织，具有一定的强制性的行为规范的总和"。[2]按照调整对象的不同，习惯法可以被划分为民事习惯法、刑事习惯法、纠纷解决习惯法等。这些习惯法类型在乡村社会体现得较为明显，并在乡村社会秩序维持中发挥着关键作用。

乡村社会的稳定、运行和发展，离不开包含纠纷解决在内的乡村治理，而乡村治理是包含治理主体、治理规范、治理实践的系统性、综合性工程。习近平总书记在党的十九大报告中明确提出："加强农村基层基础工作，健全自治、法治、德治相结合的乡村治理体系。"[3]自治、法治、德治相结合，强调的是"三治融合"，而非简单的三者相加，这是乡村治理机制建构的新方向。实际上，早在 2013 年 5 月，浙江桐乡就开始积极探索"德治、法治、自治""三治合一"的社会治理模式。2014 年底，按照党的十八届三中、四中全会提出的推进依法治国、创新社会治理的有关要求，桐乡将三者的排列顺序调整为"法治、德治、自治"。2017 年 10 月 18 日，根据党的十九大报告提出的新要求，桐乡也随之将三者排列顺序最终确定为"自治、法治、德治"。通过多年的探索和实践，桐乡当地逐渐形成了"大事一起干、好坏大家判、事事有人管"的乡村治理新格局。乡村治理需要在实践中探索，也要在实践中检验，纠纷解决便

---

〔1〕 参见王聪、陈吉栋："论习惯法与事实上习惯的区分"，载《上海政法学院学报（法治论丛）》2017 年第 6 期。

〔2〕 高其才：《中国习惯法论》（第 3 版），社会科学文献出版社 2018 年版，第 3 页。

〔3〕 习近平：《决胜全面建成小康社会 夺取新时代中国特色社会主义伟大胜利》，人民出版社 2017 年版，第 41 页。

是展现"三治融合"的直观生动证明材料。在"三治融合"框架之下，当地是如何具体运用当地纠纷解决习惯法解决矛盾纠纷的，这是一个需要实地调研、深入分析的论题，这有助于自治、法治、德治相结合的乡村治理体系的进一步健全。基于此研究目的，2019年1月16日至1月20日，笔者与调研团队成员一起去桐乡进行实地调研，重点调查了"三治融合"最早的具体实践地——高桥街道丰收村——的乡村治理发展情况。本文以在调研过程中搜集到的一起房屋征收款分配纠纷为考察对象，分析"三治融合"与当代乡村社会纠纷解决习惯法的关系。

二、合同缺失导致纠纷的产生

传统农业乡村社会，矛盾纠纷虽然也会涉及财产类纠纷，但数额一般较低，更多的纠纷与家庭内部人身关系、乡村社会人际关系直接相关。而随着经济社会的不断发展，工业化快速推进，建设用地增多，农村土地、房屋征收征迁类纠纷随之增多，并且涉及的数额一般也较大。同时，民众对财产利益的划分更加重视，容易导致纠纷的产生，且很可能会延续很长时间，严重影响乡村社会的稳定与和谐。社会转型时期，民众的交往方式也在发生着潜在的变化。例如，法治思维和法治方式逐渐成为民众纠纷解决的一种可选择渠道，这既可能有利于矛盾纠纷的尽快解决，也可能会造成矛盾纠纷的搁置和累积，"乡情中的利益"[1]愈加明显。本文述及的房屋征收款分配纠纷就是这样一种情况，在双方陈述"事实"与法律的冲突之下，纠纷的解决处理陷入了一种困境，迟迟找不到突破口。

本纠纷当事人张修为和李香琴皆为桐乡高桥街道丰收村人，张修为与李香琴及其丈夫相识数十年，在纠纷发生之前关系较为和谐融洽。张修为主要从事理发生意，李香琴及其丈夫在北桥镇（现在已经合并到高桥街道）镇驻地有一沿街房产。大约15年前（2003年左右），张修为与李香琴的丈夫就北桥镇房屋达成一交易行为，其后张修为一直用该房屋经营理发生意，但当时并没有签订相关合同，

---

〔1〕 参见栗峥："转型社会中乡土纠纷的变迁"，载《学习与探索》2012年第12期。

只是支付价款 3.8 万元，在很长一段时期内双方并没有因房屋交易行为产生相关纠纷。纠纷产生的直接导火索是该处房屋在 2018 年 3 月份被当地以平安项目的名义征收，根据征收办法，对该房屋补偿 91 万多元。李香琴主张该房屋产权现在仍然是属于其本人所有，并有土地使用权证作为凭证，宣称十几年前的交易行为的性质是租赁，故征收款应当全部属于她所有。由于建房时间较早，李香琴现在持有的只是土地使用权证，并没有房屋所有权证。而张修为主张当时的交易行为是买卖，虽然确实没有签订相关买卖合同，但已经支付价款，该房屋产权现在应当属于其本人所有，故征收款应当归其所有。这时，双方矛盾纠纷便产生了。

如今的事实是，张修为一直在此房屋中经营理发生意，之前与李香琴也一直相安无事，并有来往。在确定被征收后，年过八旬的李香琴参与进来，以土地使用权证为凭据，主张该房屋属于其所有，房屋征收补偿款也应当属于其所有。李香琴的另一个理由是十几年前，李香琴的丈夫患有老年痴呆症，当年支付的 3.8 万元属于租赁性质。而李香琴的丈夫已经去世，生前也没有针对当时的交易再定合同，因此，对于当年二人交易的真实情况，现在已经无法考证详查。此外，李香琴的几个儿子态度也比较坚决、强硬，表示当年他们也不知道具体情况，他们父亲当时年纪已经很大了，表达也不清楚，并且认为如果是买卖，当年总会有合同留存。

高桥街道征迁办公室在做征收摸底时，登记的房屋所有人是张修为，但在去产权部门查询后发现现在确属李香琴所有。现在双方产生了纠纷，街道征迁办公室的意见是：双方有纠纷，说明该房屋产权不明晰，不能贸然支付补偿款；如果双方无法达成协议，该房屋暂不征收，待明确产权归属后再支付补偿款。张修为与李香琴之间就房屋征收款分配产生了纠纷，事实有待进一步查明。表面上看，对于李香琴一方来说，法律与事实之间没有冲突，她有获得该补偿款的法律依据；但对于张修为一方来说，他主张该房屋属于其所有，并长期使用，故补偿款应当归其所有，但张修为却没有土地使用权证，更没有当年的买卖交易合同。张李双方的纠纷就这样因事实与法律的冲突而产生了。矛盾纠纷不可避免，接下来的一般程序就是

通过诉讼、调解等方式处理和解决纠纷，以恢复和谐、稳定的社会秩序

三、法律服务团的咨询

桐乡较早开展自治、法治、德治相结合的乡村治理实践，特别是在党的十九大之后，由于得到中央的肯定，桐乡当地积极健全、完善乡村治理体系。如今，桐乡坚持以党建为引领、以人民为中心、以善治为目标、以预防为基点，已经形成了"一约两会三团"的载体，即村规民约（社区公约）、百姓议事会、乡贤参事会和百事服务团、法律服务团、道德评判团。在房屋征收款分配纠纷的解决过程中，村民委员会、法律服务团、道德评判团发挥了主要作用，村规民约也起到了作为社会规范的引导作用。当代村规民约，既包含要求村民遵循法律法规的内容，也包含弘扬良善风俗、传承习惯法的内容。[1]丰收村在党的十九大召开后又制定了一个包含"自治篇""法治篇""德治篇"的村规民约。其中，"法治篇"的内容是："党纪国法不能忘，多学善思要宣讲。村民富裕千条路，勤劳生财方可长。酒后驾车违法纪，邪教赌博要严打。帮困解忧应互助，村强家富树榜样。"此处首先重点考察法律服务团的作用。

在推进全面依法治国的进程中，在法治国家、法治社会一体建设的目标之下，"法律下乡"或者"嵌入式法治"[2]已成必然。"法治国下的村民自治以共同体转型为前提"，[3]只是这一转型需要经历一个不断调适的过程。在很长一段时间内，乡村社会的法律服务一直没有专门性的组织，而在桐乡，法律服务本来也只是百事服务团的一个功能。2013年6月，"三治合一"在丰收村试点时，百事服务团和道德评判团得以建立。2014年，法律服务从百事服务团中

---

[1] 参见池建华："从村规民约看乡土社会规范的多元性"，载《学术交流》2017年第5期。

[2] 陈寒非："嵌入式法治：基于自组织的乡村治理"，载《中国农业大学学报（社会科学版）》2019年第1期。

[3] 王丽惠："乡规民约与村治：研究范式的综述与反思"，载《湘潭大学学报（哲学社会科学版）》2017年第3期。

剥离，桐乡在全市范围内成立了县、镇、村三级法律服务团。在功能方面，百事服务团以基层服务型党组织建设为抓手，以志愿服务为基础，依托村便民服务中心，整合各类服务资源，公开发放《服务联系卡》，为辖区群众免费或低成本提供个性化服务项目，切实提升基层党组织的精准服务和社区 96345 便民服务功能。而法律服务团则是专门以法律服务咨询、矛盾纠纷化解、困难群众维权、法治宣传教育为重点，着力做好基层法律服务工作，积极完善"以事前防范和事中控制为主、事后补救为辅"的法律风险、社会稳定风险化解机制，努力推动形成办事依法、遇事找法、解决问题用法、化解矛盾靠法的良好法治环境，在法治轨道上推动各项工作。丰收村的法律服务团由律师事务所、检察院、司法所和派出所等单位工作人员等 5 人组成，每月 15 日和 30 日进村提供专业法律咨询、代写简易法律文书等服务。同时，开展法制宣传与送法服务。

双方纠纷产生之后，张修为主动找到村民委员会负责调解、治安等事项的村民委员会委员王飞，告知缘由，并希望村委会出面帮助解决。村民向村民委员会反映矛盾纠纷问题，首先体现了村民委员会这一法定自治组织在乡村治理中的重要作用。张修为表示，在征迁之前，关于纠纷涉及的房屋，李香琴并没有直接找过他，而是在房屋确定要被征收之后，找到他，并告知该房屋现在仍然属于李香琴所有，之前并没有卖给他，所以，征收款也应当全部归李香琴所有。但是，张修为主张该房屋属于其所有，并长期占有使用。

在得知张修为与李香琴的纠纷后，王飞去李香琴家、张修为家、张修为理发店、街道征迁办公室等处，多次了解纠纷涉及的交易情况。同时，王飞也向村里人问询过十几年前双方交易的情况。因为张修为当时是理发师，村里人都和他有接触，村里人表示基本都知道当时的交易情况，但对于是买卖还是租赁，因为没有具体的合同文书，村里人只是凭常识认为双方是买卖。

在初步了解了双方及村里人的意见和看法后，王飞和村委会其他成员一起多次去双方家里、理发店里进行协商调解，但效果不佳，双方仍然坚持各自意见，互不相让。僵持不下的状态大约持续了一个多月左右时间。目前，基本事实应该算是比较清楚的：李香琴是目前法律意义上的房屋所有权人，但张修为的买卖行为得到了其他村民的认可并事实上长期占有。事实基本清楚，法律依据也比较充分，但是纠纷却无法得到进一步的解决。王飞表示："如果不处理好、不调解好，可能导致他们之间的关系变得更复杂，甚至导致邻里关系、一些村民的关系会变得矛盾更激烈。"[1]的确如此，"熟人社会"这个乡村社会典型特征虽然可能随着经济发展、社会转型而发生变化，但从根本上说这依然是村民之间交往的常态，"半熟人社会"或者"陌生人社会"在某些方面可能体现得较为明显，但在长期聚居的环境下，乡村社会人与人之间的关系依然是紧密的。"乡土社会的封闭性与不流动性注定了社会关系的长期性。"[2]在一定范围内，"好事不出门，坏事传千里"的现象还是依然存在的。张李两家的纠纷如果任其拖延下去，矛盾纠纷积累的后果可能较为严重，因此亟须找到解决之道。

为了更快、更有效地解决张李两家的纠纷，村委会首先引入了法律服务团。王飞认为："这种事情的处理是他们法律工作者的专长，他们的话也更能让双方信服，比自己三番两次上门做工作更见成效。"[3]2018年4月15日，王飞把双方当事人约到村文化礼堂，并邀请法律服务团的律师来做法律方面的咨询。在聆听了双方的意见、了解了相关事实后，律师从法律、诉讼角度向双方表达了自己的法律意见。关于张修为的要求，律师明确告知张修为，如果要坚持打官司的话，他败诉的概率很高，从法律角度很可能不会支持他的诉讼请求。虽然张修为声称该房屋属于其所有，但是没有任何强有力的证据，既没有房产证，也没有土地使用权证；当时的交易也没有签署过合同，而且那时候又是直接给现金，转账记录和转账说明也提供不了。但现在有一点对张修为比较有利：村里人大多数人是知悉当时的交易的，但多是间接地了解。不过，如果张修为真的要去法院起诉、打官司的话，这一点也不能作为证据提交给法院。

---

〔1〕 王飞访谈录，2019年1月20日丰收村。

〔2〕 应星：《"气"与抗争政治：当代中国乡村社会稳定问题研究》，社会科学文献出版社2011年版，第33页。

〔3〕 王飞访谈录，2019年1月20日丰收村。

关于李香琴方面，律师首先根据土地使用权证这一直接证明材料肯定了李香琴方面的权益，但是另一方面，又告知李香琴，从过去十几年的事实来看，该房屋确属张修为在占有、使用，且正常支付水电费用、相关修缮费用，李香琴在过去也没有直接明确提出相关诉求，因此，张修为所说的买卖交易在很大程度上是存在的，否则张修为不会长期使用。据王飞走访了解，在北桥镇，类似张修为这种不办理产权过户的商户还有很多，十几年前的房屋买卖交易，主要以自己使用为主，当时没有人以投资为目的而去购买房屋。但是，随着经济社会发展，城市化程度提高，房屋的价值得到了非常大的提升。根据法律，这些房屋购买者无法获得征收补偿款，但在当时的征迁过程中，事实上也有出卖者不主动参与争夺补偿款，而是购买者主动拿出补偿款的一部分给卖家的情况。在街道征迁办公室做摸底时，该房屋登记所有人是张修为，也在一定程度上表明其是按照当时的使用者登记的，事实上的房屋所有权人李香琴当时也没有主张相关权利。

在律师向双方当事人表明各自利害关系后，双方当事人对律师的法律意见基本表示赞同，这为下一步的纠纷解决奠定了良好的基础。双方当事人知悉自己的请求是否会得到法律上的支持，并明确利弊，这里首先体现了法治的保障功能，是通过法律服务团这一组织载体具体体现出来的，因此，是"三治融合"的一个体现。综合来看，该征收款分配纠纷的产生，在很大程度上是由法治文化、法律意识的欠缺造成的，在乡村治理领域，我们有必要继续强化"法治"，这有利于"全社会理性精神、规则意识、契约意识的确立"。[1]这是乡村社会继续发展的重要保障。

四、村民委员会与道德评判团的调解

调解是乡村社会纠纷解决的主要方式，因为"农村地区的纠纷多发生在家庭成员、邻居、村人之间，多为'家长里短'式的细故

---

〔1〕 参见蒋传光："十九大报告对中国特色社会主义法治理论的发展与创新"，载《上海政法学院学报（法治论丛）》2018 年第 3 期。

之事，运用调解方式既解决了问题，又节约成本，亦不伤和气"。〔1〕在访谈中，王飞也认为，乡村社会的纠纷并不重大，关键是去调解、去说服。

最关键地就是"说"，任何矛盾，你只要愿意去跟他说，站在他的角度跟他去多沟通一下，就是只要他愿意把他的心里话说出来，其实都可以化解。因为邻里之间没有那种重大的矛盾，没有深仇大恨，其实都是一些琐事，都是"口气之争"。〔2〕

除了调解这种直接方式，村规民约、民情习惯等社会规范也可为纠纷的顺利解决营造良好的社会氛围、提供相应的规范保障。村规民约在乡村社会纠纷解决过程中发挥积极作用，与村规民约的地位和内容有直接关联。村规民约（社区公约）是根据法律、法规和相关政策，适应村（居）民自治要求，由村（居）民共同遵守的行为规范，是基层群众进行自我管理、自我教育、自我服务的重要形式，具有汇集民意、聚集民智、化解民忧、维护民利的独特作用，是推进依法治村、村民自治的有效载体。作为乡村社会秩序维护的重要社会规范，村规民约的制定和实施也有利于乡村矛盾纠纷的解决。村规民约发挥积极作用，"大多时候所依赖的是村庄内部的舆论压力或社区的强制力"，〔3〕其规范作用更直接，其社会作用更持久。2017年5月9日，经丰收村村民会议表决通过的《丰收村村规民约》是村民共同遵守的社会规范。其中，明确规定："坚持法治、德治、自治相结合。"〔4〕第三章专门规定了"邻里关系"，要求"坚持互尊互爱、互帮互助、互让互谅，共建和谐融洽的邻里关系"。第五章"平安建设"对于矛盾纠纷解决也提出了明确要求："提倡用协

---

〔1〕 高其才："试论农村习惯法与国家制定法的关系"，载《现代法学》2008年第3期。

〔2〕 王飞访谈录，2019年1月20日丰收村。

〔3〕 陈寒非、高其才："乡规民约在乡村治理中的积极作用实证研究"，载《清华法学》2018年第1期。

〔4〕《丰收村村规民约》的表决通过时间早于党的十九大召开，故其中的表述与党的十九大报告有些差异。在党的十九大召开之前，桐乡当地在自治、法治、德治的表述顺序上是"法治、德治、自治"。

商办法解决各种矛盾纠纷，协商不成功的，可申请到村、镇（街道）调委会调解，也可依法向人民法院起诉。依法理性表达利益诉求，倡导合理合法信访，不得闹事滋事、扰乱社会秩序。"张修为在与李香琴发生纠纷后，主动到村委会寻求调解，这是符合村规民约要求的。在党的十九大召开后，丰收村又根据需要制定了一个简化版的村规民约，分"自治篇""法治篇""德治篇"三部分。这种表达简洁、朗朗上口的形式也有利于村规民约的宣传，进而有利于化解村内矛盾纠纷。关于"法治篇"，前文已经述及。关于"自治篇"，其内容是："爱国爱家心向党，村民自治要提倡。村中大事共商量，乡贤群策来帮忙。租房租地有规章，拆违措施必须强。护林治水优环境，乡村振兴美名扬。"这里就增加了"租房租地有规章"的内容，针对的是当前乡村社会此类事务较为频繁发生的实际情况。关于"德治篇"，其内容是："诚实守信丰收人，文明友善最应当。妇孺老幼相互帮，家庭和谐子孙强。婚丧嫁娶从简办，邻里互助热心肠。是非曲直大家判，喜看农村新气象。""是非曲直大家判"，即是发挥村民共同体的道德认识，判断纠纷的是与非。在丰收村，德治的一个重要体现是道德评判团。

针对该纠纷，在法律服务团介入纠纷解决之后，接下来的就主要由村民委员会和道德评判团继续介入，进一步做调解工作，这是自治、德治的具体体现，当然，道德评判团本身也是自治的组织载体，只是其组成和运行强调道德的功能。自治除了通过村民委员会这一法定自治组织参与纠纷解决之外，百姓议事会和乡贤参事会这两个组织在有些情况下也会参与到纠纷的解决之中。[1]本文中的王飞既是村委会成员，专门负责综治、调解等工作，又是百姓议事会成员，还是道德评判团的成员。

"三团"中的道德评判团在张李两家纠纷解决中发挥了关键作用。道德评判团以法律法规、社会公德和村规民约、社区公约、市民公约为准则，有效发挥道德评议和社会舆论的力量来革除陋习，褒扬真善美、鞭挞假恶丑，促进文明和谐社会风尚的形成。根据

---

〔1〕 在本纠纷解决过程中，百姓议事会和乡贤参事会并没有直接参与。

《关于深化村规民约（社区公约）、百姓议事会、乡贤参事会和百事服务团、法律服务团、道德评判团工作的实施方案》，道德评判团的职责也包含纠纷调处："参与调处各类矛盾纠纷，积极化解社会矛盾。"各村社全覆盖，可以与百姓议事会整合组建。各村社全面建立了光荣榜和曝光台。道德评判团经常性地开展道德评议活动，协调人由村社党组织书记担任，联络人由一名村社干部担任。成员由村社两委班子成员、三小组长代表、党员代表、道德模范代表、乡贤或村民骨干代表等组成，人数为 10 人~15 人。道德评判团成员名单进行公示。道德评判团志愿义务参与乡村公共事务，村委会没有给予专门补助。正如丰收村村党支部书记周治所说："如果村委会给他们发放多少钱，他们下去做工作、做调解的说服力、公信力就会大打折扣。老百姓认为你们拿着村里的工资就为村里面说话，效果肯定会大打折扣。但如果他们没有拿工资下去做工作，这个时候，他们的效果完全不一样。"[1]乡村社会的运行有时自有其逻辑。

在法律服务团的律师介入后，丰收村的道德评判团成员继续参与到张李两家纠纷的解决之中。王飞在向村党组织和村民委员会汇报后，提出由道德评判团的成员徐明月、沈淑兰和他一起去给双方当事人做工作，进行后续调处。徐明月、沈淑兰、王飞都是道德评判团的成员，其中徐明月更是被评为"最美高桥人"，也是"感动高桥十大孝敬人物"，他服侍丈母娘长达十几年，也是村里公认的道德模范。徐明月和双方当事人同属于一个村民小组，和双方都很熟悉，并且，其年龄和李香琴相仿。以朋友的身份，徐明月可以向李香琴传达村里人对这件事的看法，更能被李香琴接受。他们几人先去张修为家，首先表明基本态度，这起纠纷之所以会产生并久拖不决，主要是因为十几年前双方交易时，双方没有签订相关合同，也没有遵循相关法律程序办理房屋所有权变更，这一点张修为自己需要知悉和明确。如今，纠纷已经产生，张修为也不能过于坚决，因为李香琴的丈夫已经去世，当时的交易实际情况现在已经无法还原。因此，张修为需要反思自己的行为。经过劝说，张修为一方终于松

---

[1] 周治访谈录，2019 年 1 月 20 日丰收村。

口，表态补偿款总共 90 多万元，自己可以拿 70 多万元，李香琴可以拿 20 多万元。张修为的这种态度转变，意味着纠纷有解决的可能，但也需要继续与李香琴一方协商。

李香琴在听取法律服务团的意见后，态度却一直较为强硬，认为既然纠纷已经闹得全村尽知，那么自己一定会坚持到底，绝不松口，所有的补偿款都应当属于她，这不只是钱的问题，更是面子问题。确实如此，乡村社会纠纷起初一般都不是很严重，但是因为很容易被其他村民知悉，所以经常会演变成争面子、争脸面问题。"人情世故和礼尚往来构建的社会关系是普通乡民在乡土社会安身立命最重要的资源，而现代法治追求的经济理性与之存在巨大的鸿沟。"[1] 带着张修为方做出的让步和妥协，王飞和道德评判团的成员一起找到李香琴，但其态度还是比较坚决。王飞向李香琴表示，张修为同意只拿 70 万元，其余的都可以给她。但李香琴还是强调，房屋征收补偿款应当都属于她所有，张修为方一分钱也不会拿到，并且再一次拿出土地使用权证，表明这是她获得补偿款的最重要证据。

为了进一步详细地了解当年交易情况，王飞也专门询问了村里年纪与李香琴丈夫相仿的村民，经过核实得知一个信息，当时李香琴丈夫应当是直接卖给张修为的，并非租赁。并且，3.8 万元的价款也不是一开始就定好的，最初就是 3 万元。但李香琴丈夫回去告知李香琴后，李香琴表示卖得太便宜了，一定让李香琴的丈夫再去向张修为索要，后来张修为才又支付了 8000 元。更为关键的一点是，王飞了解到，当时李香琴丈夫再次去要钱时，曾经把这件事告诉过他的朋友。经过对方了解，王飞基本可以确认：当时，张修为与李香琴丈夫很可能是买卖交易而非租赁，只是当时没有签订相关合同，也没有去土地、房屋等相关部门办理手续。

此时，纠纷处理似乎又陷入了困境，亟须找到一个突破口。一般来说，处于熟人社会中的乡村民众都不愿意去法院起诉，特别是对于被告来说，这是极其丢脸面的事情，对于纠纷的彻底解决可能

----

〔1〕 池建华："乡土司法中的法、理、情"，载《西北工业大学学报（社会科学版）》2017 年第 4 期。

有时候会适得其反。而对于一些在法律上可能有明确依据，但在事实层面有瑕疵的原告来说，这也不是一件光彩的事。并且，中国乡土社会也有"一代官司三代仇"的谚语，"打官司"基本上意味着社会关系、人情往来的决裂。基于此，王飞再次向双方表明，调解处理是当前最好的解决途径。王飞对张修为说：

这样的话，现在从道德角度全部站在你这边的，说得好听点，就是你站在了道德的制高点，大家都可以说这房子是你的。但从法律角度上说，你很可能一分钱都没有。如果你们闹到最后，真的要走法律途径的话，你是一分钱都没有的，你最多可能能拿到一点租金，也没几万块钱的。[1]

王飞对李香琴说：

可能从法律角度上，全部站你这里，但是呢，这个事情不是说，你想说什么就是什么，不是说你自己能自圆其说的，所有的村民都看着的。你有三个儿子，还有一个孙子也是党员。闹到最后这种都是很丢人的事情。[2]

王飞认为这件事从法律上看似能够解决，但对于双方实际上都不是最好的结果，很可能导致双方以后不再来往。王飞首先从道德层面劝说两家不要直接走司法途径，还是应当尽量协商调解。

在向双方表明立场后，王飞及其他道德评判团成员继续做工作，说服双方坐下来协商。道德评判团成员告知张修为，补偿款全部给他在现在看来是不可能的事情，而在具体数额方面，张修为是否可以再做一些让步。关于李香琴方面，因为其态度依然较为强硬，需要与其熟悉（特别是私人关系比较好）的人再去协商。道德评判团再次通过徐明月这个与李香琴私人关系较好的朋友向李香琴明确表达：如果再继续"闹下去"，村里人会议论，可能看不起她，甚至会

---

〔1〕 王飞访谈录，2019年1月20日丰收村。
〔2〕 王飞访谈录，2019年1月20日丰收村。

影响全家在村里的形象；为了争夺这点钱，可能会影响到他们家人的生活。这是发挥道德舆论的影响力，因为在王飞看来，李香琴是有法律依据的，但在道德上可能存在可供商榷之处。

　　道德评判团和村委会成员就是这样继续不断劝说调解，这样大约又持续了近两个月，双方当事人终于同意坐下来协商双方的数额分配问题，这也表明纠纷终于有了最终解决的可能性。关于数额分配，王飞表示也是先经过多次协商的。最后一次，在村会议室（村委会办公地）进行，参加者有双方当事人、法律服务团（包括律师）、道德评判团、街道拆迁办公室工作人员、李香琴的儿子。参加会议人员最终起草了一个调解协议：91 万元房屋征收补偿款，张修为和李香琴方各得 45 万元，余下的 1 万多元当作红包也给李香琴方。实际上，这种分配背后也是乡村治理的智慧所在，1 万多一点看似不多，但却是一个"象征性的符号"。最初在谈具体数额的时候，王飞介绍："为了公平起见，双方各得一半，从任何方面说两方都不亏欠谁，双方都有自己的责任，既然有责任就不分责任大小了，因为这种具体很难划分的，那就一刀切，一半一个。"[1]从形式上看，这种对半划分是公平的，但李香琴一方表示不同意。据王飞介绍，李香琴的意思大致是，这房子本来就是她的，如果她接受一半，好像是她来讹诈张修为一样，现在所有的村民都在看她，可能会说她在利用这个事来骗张修为，认为她现在反悔了、来讹诈了。对于中国人来说，面子"便成了一件和个人自尊密切关联的事情"[2]的确如此，乡村社会的纠纷解决需要考虑的不仅仅是公平，也不是完全依靠法律，还必须考虑双方当事人所处的情境。这个时候，解决纠纷的决定者似乎成了张修为一方。王飞和其他会议人员在综合考虑之后，向张修为表示："不管怎么说，这个房子对你们双方来说都是增值了，拆得掉就是好事情，拆不掉的话双方都没有收益。你当时才 38 000 元买的，现在能拿到 45 万元，按现在房子的增值速度，

---

　　〔1〕　王飞访谈录，2019 年 1 月 20 日丰收村。
　　〔2〕　黄光国："人情与面子：中国人的权力游戏"，载黄光国等：《面子：中国人的权力游戏》，中国人民大学出版社 2004 年版，第 20 页。

十倍也差不多了。而且，你们以前关系也挺好的，你跟李香琴的老公在买卖的时候都是朋友，那你把零头的1万多元当成包个红包给他好了。"[1]最终，张修为接受了这个方案，表示大家都是一个村的，抬头不见低头见，以后还得继续相处。

在德治方面，各地乡村治理实践已经采取了比较有效的形式，取得了很好的社会效果。丰收村道德评判团在纠纷解决中的作用是关键的，因其成员与双方当事人相熟，首先拉近了距离，其次乡村社会的纠纷本身就不复杂，更重要的是倾听和协商。本来，道德评判团的一个功能是共同对村民的行为进行道德评价，重点在"评"和"判"，并敢于将不道德的行为以"红黑榜"的形式进行曝光。但是，曝光并不是结果，只是一种手段，最终还是要在全村形成崇德向善的良好风气。在本次纠纷的解决过程中，王飞最初和村党支部书记商量如何解决纠纷时，曾经提议直接由道德评判团来评判孰是孰非，并直接曝光。但是他们考虑到曝光可能反而不利于纠纷的解决，甚至会激化矛盾。乡村社会纠纷解决需要耐心，需要在聊天中不断劝说。正如王飞所说：

道德评判团跟李香琴说，以朋友的身份去劝可能更好劝一点。这样的话给她一点压力，做了几天工作之后，她态度一天比一天、一次比一次好。我们上门做工作做了好几次，我去她家里去了好几次。一个是人去多了，关系也慢慢近了，一个是你经常去，他们也会觉得难为情。也确实难为情，为了我这个事情经常这么跑。虽然我们去不是说做工作，就说来跟你们聊聊天，其实他们也知道我们是去做工作的。我就跟他聊聊天，最近你们怎么样？身体还好吗？这个事情你们想怎么样？确实聊多了，他们心里自己也有打算，等我慢慢掌握他们自己心里打算之后呢，调解工作就更好做了，包括张修为的心理底线是什么？他其实对分一半是能接受的。[2]

自治、法治、德治相结合，意味着乡村治理不能单独依靠某一

---

[1]　王飞访谈录，2019年1月20日丰收村。
[2]　王飞访谈录，2019年1月20日丰收村。

方面的治理资源，而是需要互相补充、综合为治。[1]经历了3个多月漫长的调解、协商，张李两家的纠纷得到了比较圆满的解决。原本，两家关系就很融洽，十几年前张修为与李香琴的丈夫本就是好朋友。经过调解，双方关系又和好，李香琴也会再去张修为理发店理发，村庄又恢复了往日的平静与和谐！

五、结语

房屋征收款分配纠纷的最终解决，是自治、法治、德治"三治融合"的生动体现。自治是乡村治理的基础，村民自己的事、自己内部产生的纠纷，在很大程度上还需要依靠自己解决。与村"两委"组成人员不同，道德评判团的成员是没有报酬补贴的，道德评判团的成员是普通的农民，更是生活在乡村这个共同体中的一员。他们熟悉乡村社会的纠纷解决习惯法，懂得乡土社会纠纷解决之道。本纠纷的解决，离不开村民委员会、道德评判团等自治组织的支持，离不开王飞、徐明月、沈淑兰等人的具体参与。法治是乡村治理的保障，推进全面依法治国，要求法治国家、法治社会一体建设，丰收村法律服务团的建立和运行就是具体体现。在这一纠纷中，律师参与其中，为双方当事人讲解其中的法律问题，从法律层面解释了他们双方的预期，使当事人明白了去法院提起诉讼可能得到的结果。在综合考虑法律结果和自身情况后，双方当事人会选择坐下来接受调解，这本身就是法治保障功能的体现。乡村社会的纠纷解决，需要法治的保障，更需要乡土智慧与乡土逻辑。健全自治、法治、德治相结合的乡村治理体系，需要根据乡村社会运行内在逻辑，体悟乡民的所思所想、所感所为。

---

〔1〕 参见高其才："健全自治法治德治相结合的乡村治理体系"，载《光明日报》2019年2月26日。

作为私力救济方式的谩骂

——以浙江慈溪蒋村为对象

高其才*

一、引言

蒋村位于浙江省慈溪市东北部，现与另一村合并而成一新的村民委员会。蒋村地处杭州湾冲积平原，形成了以花卉、丝瓜络、蔬菜为主，以多种经济作物和水产养殖为辅的农业生产结构和家用电器、金属制品、电子仪表三大支柱产业。

在社会发展中，蒋村逐渐形成了公共生活习惯法、民事习惯法、处罚与纠纷解决习惯法等内容全面的习惯法，调整村民之间的相互关系。

其中，作为私力救济方式的谩骂，虽然在解决纠纷时较少运用，但是在蒋村仍然不时出现。关于谩骂，《现代汉语词典》释为"用轻慢、嘲笑的态度骂"。[1]在日常生活中，蒋村村民之间在出现某种争执时，一方有时会采用谩骂形式，通过这一比较特殊的解纷方

* 本文系国家社科基金重大专项课题"健全自治、法治、德治相结合的乡村治理体系研究"（批准号 18VSJ064，首席专家：高其才）的阶段性成果。

遵循学术惯例，本文中的部分地名、人名进行了化名处理，特此说明。

〔1〕 中国社会科学院语言研究所词典编辑室编：《现代汉语词典》（第 5 版），商务印书馆 2005 年版，第 916 页。《史记·韩信卢绾列传》载："四人谒，上谩骂曰：'竖子能为将乎？'"

式处理双方的纠纷。

本文根据田野调查的观察和访问，以蒋村为对象，对作为私力解决方式的谩骂进行初步的探讨，描述谩骂的条件，总结谩骂的功能，试图从习惯法视角对私力解决方式的谩骂进行规范性探讨，[1]以求教于各位学界同仁。

二、谩骂的条件

在蒋村，作为私力救济方式的谩骂是有一定条件的，习惯法所确认的谩骂的条件涉及谩骂的主体、谩骂的对象、谩骂的时机、谩骂的内容、谩骂的方式等方面。

1. 谩骂的主体

在蒋村人看来，实施谩骂者多为凶悍的村民，以女性为主。这类人许多为不讲道理者，普遍具有自私、霸道的特点，也喜欢占小便宜，在村中的名声不是太好。如事例 1 中的王姓村妇。

事例 1

2017 年 3 月，70 多岁的王姓村妇因为家族财产的处理，侄子辈无法满足其不当要求而谩骂侄子们。她在侄子们房屋前来回走动，边走边大声不指名道姓地谩骂。王姓村妇这样连续骂了十来天。

在这一财产处理中，侄子们完全没有过错，王姓村妇完全是为了多得利益，更多地占侄子们的好处。在侄子们不予理睬后，王姓村妇便开始谩骂，试图令侄子们屈服，达到按自己意思办的目的。

当然，有一些正派的村民也会实施谩骂。这类村民往往是在忍无可忍的情况下采用谩骂方式，显现出了维护自己利益、避免自己利益进一步受到损害的特点。

观察蒋村的实践，实施谩骂者通常为家庭中的某一个体，基本上没有全家上阵一起骂的。因骂动手时，则往往全家人共同参与。

---

〔1〕 习惯法可以从国家法与非国家法两个角度进行认识。非国家法意义的习惯法是独立于国家制定法之外，依据某种社会权威和社会组织，具有一定的强制性的行为规范的总和。参见高其才：《中国习惯法论》（第 3 版），社会科学文献出版社 2018 年版，第 3 页。

2. 谩骂的对象

按照蒋村人的理解，谩骂的对象不能为自家人，即妻子骂丈夫、父母骂子女之类不能被视为谩骂，而仅仅为家庭内部的吵骂。

社会意义上的谩骂，是指针对家庭以外的人的骂，包括同一家族的族人、同村的邻居等，也包括租住房屋的外地人。

谩骂时，有部分为指名道姓的骂，大部分为含沙射影的骂，需要听到者根据内容、情境具体理解和知晓被谩骂的对象。

3. 谩骂的时机

蒋村人认为，谩骂不是任何时候都可以进行的，需要满足一定的时机要求。除了有些为完全无缘无故而进行谩骂之外，通常为利益受到损害时、情况紧急时等。（如事例 2）

事例 2

2016 年 4 月，50 多岁的林姓村妇因为对将自己女儿介绍给其表侄子但没有全面、客观地告诉其侄子品行、经济情况使结婚后因其表侄子诈骗被判刑而离婚的徐姓妯娌有意见，就在自己家中对着隔壁的徐姓妯娌家大骂徐姓妯娌。林姓村妇连续谩骂多日。

蒋村村民议论时，对这一事例中林姓村妇的谩骂行为普遍持肯定态度，认为其妯娌确实不像话，为了自己的表侄子能够结婚竟然可以这样隐瞒事实来坑害自己丈夫的侄女。60 岁的蒋村妇田丽娥的看法就有一定的代表性："阿竹（徐姓村妇的名字）这样做是弗对的，被人骂也是活该啊。人家年轻小姑娘的一辈子给你弄坏了，以后怎么办。怪不得阿蕾（林姓村妇的名字）介生气。这被骂怪不得别人的。"[1]

此外，在蒋村，还有一种谩骂是由于没有明确证据，仅仅怀疑某人、某家做了某事而出现的。实施谩骂者无真凭实据，但又进行了自我认为的合理推理，于是在某一场合进行谩骂，警告嫌疑人。

---

〔1〕 田丽娥访谈录，2018 年 2 月 14 日。

4. 谩骂的内容

在蒋村，谩骂的内容五花八门，除了一些如事例3曾姓村妇这样是骂对方不讲理之外，大部分谩骂的内容均为指责对方忘恩负义、心狠手辣、欺软怕硬、不知好歹之类。

事例3

2017年农历腊月二十，50多岁的曾姓村妇去同村开厂的邹姓邻居家讨要到期的10万元借款。邹姓邻居说："你们家有钱，这点钱也来讨。"曾姓村妇非常生气。回家的路上就大骂邹姓邻居"缺德、不讲理"，一路走一路骂，令许多蒋村村民听到。

在这一事例中，曾姓村妇的谩骂内容主要针对邹姓邻居来借款时低三下四、被催还钱时趾高气扬的状况，强调其态度之恶、人品极差。

蒋村人的谩骂，有的着重两家的历史渊源，强调自己过去对对方之好，抱怨对方数典忘祖、忘恩负义；有的突出对方行为之劣、想法之毒，竭力贬低对方的所作所为；有的高举正义大旗，大力鞭挞对方的不义之举。

关于具体的内容，许多谩骂者往往极尽添油加醋、捕风捉影、张冠李戴、颠三倒四、颠倒黑白之能，极力丑化对方。

5. 谩骂的方式

观察蒋村的实践，谩骂的具体方式形形色色、多种多样。既有直接地破口大骂，也有间接地高声乱骂；既有指名道姓式的骂，也有指桑骂槐式的骂，还有含沙射影式的骂；既有当面的骂，也有背后的骂；既有长时间连续的骂，也有短时间的骂；既有自己独自骂，也有见人搭讪着骂。

这种谩骂类似于缺席审判，对方一般不敢露面、不愿露面、不屑露面，缺乏直接的交锋，没有对方的辩驳，仅仅是谩骂者一方的高声叫嚷。谩骂者试图掌握主动权，兴起舆论谴责。

三、谩骂的功能

从蒋村的实践观察所知，作为私力救济方式的谩骂在解纷过程中具有发泄功能、诋毁功能、威慑功能、控制功能、引发功能等。

1. 发泄功能

在蒋村，谩骂具有明显的发泄不满的功能。实施谩骂者借谩骂出气、解恨，如事例 4 中冯姓村妇所为。

事例 4

由于前面一排的邻居盖房影响了自己家的采光，与对方交涉无效后，40 多岁的冯姓村妇就于 2015 年 6 月 15 日起不指名地朝向该邻居方向大骂。冯姓村妇一天骂几次，连续骂了十多天。

针对冯姓村妇的谩骂行为，65 岁的蒋村村民姜国明的理解是发泄一下："骂是出出气，她骂一骂是心里舒服一点。虽然讲解决不了问题，别人不会改变的，房子就那样了。不过，她上一说，骂一骂，让别人知道她家的态度，这样也算是个胜利，面子把（当地土话，"要"意）回来一点。"[1]

面对纠纷或者潜在的冲突，谩骂者通过谩骂中的发泄化解心中的怨气，努力自我消解纠纷或者潜在的冲突，恢复到原来的境况，恢复社会秩序。

2. 诋毁功能

在谩骂者的意识中，谩骂能够让全村乃至更多人知道对方的所作所为，搞臭、弄倒对方，败坏对方的名声，使社会评价降低，从而使对方抬不起头来，无法与自己作对、抗争，进而避免使显或隐的纠纷、冲突的发生。

特别是对那些隐性的纠纷、冲突，这种诋毁所起的作用呈现得更为突出。隐性的纠纷、冲突为双方所感知，存在着意见的对立或不一致，表现出摩擦、对立、不和，但是尚没有成为公开的冲突。在这种情形下，强力者或蛮横者的谩骂由于人身攻击而可能使隐性的纠纷、冲突得以消解。

---

〔1〕 姜国明访谈录，2017 年 11 月 9 日。

3. 威慑功能

观察蒋村的实践，谩骂具有某种威慑作用。谩骂者通过实施谩骂，震慑对方，抑制对方的行为，从而回避冲突或者防止纠纷的进一步扩大。在 50 多岁的蒋村村民龚建力看来："她贼亲倒娘地骂，有时候是为了吓吓对方，让对方怕她，不敢与她作对，或者按照她的想法来。"[1]

4. 控制功能

在蒋村，谩骂呈现出对纠纷的某种社会控制功能。对于村民之间发生的矛盾、纠纷，有的村民通过谩骂方式使之公开化，意图令对方不敢或者不能轻举妄动，从而掌控局面，左右事态的发展。

谩骂为语言暴力，非为行为上的暴力。通常情况下，谩骂不能使被谩骂者产生恐惧，因此其本身不具备暴力的控制功能。[2]但是，谩骂会直接对对方的意识及间接地对行为造成一定的影响并形成一定的控制作用，这是客观存在的。

5. 引发功能

在个别情况下，谩骂还有一定的挑衅作用，会激化双方村民原有的矛盾，引起更大的冲突。不过，这一方面的功能多为潜在的功能，实际上出现得并不多。基于种种考虑，对方一般不会接茬，不上谩骂者的当，不会让谩骂者的如意算盘得逞。

当然，从另一个角度分析，谩骂是以敌意的态度、恶毒的语言攻击对方而逞快意。与其他的事物不同，若想让谩骂者骂得畅快，先要将其内心的恶引发出来。[3]谩骂引发了实施谩骂者的恶，暴露了谩骂者的面目，令村民对其有了更全面的了解，避免以后与其有更多、更深入的往来。就蒋村而言，几位较爱谩骂者的人缘都是比较差的，社会关系相对简单，长此下来，其采用谩骂的可能性就会减少，发生纠纷的概率也在下降。

---

〔1〕 "贼亲倒娘"为当地土话，意为彻头彻尾、不顾情面的骂，指骂得极其厉害。龚建力访谈录，2018 年 2 月 14 日。

〔2〕 陈敏："对谩骂和恐吓的分析、认定和应对——以反家庭暴力法为视角"，载《人民司法（应用）》2018 年第 7 期。

〔3〕 鲍尔吉·原野："谩骂的哲学"，载《思维与智慧》2006 年第 11 期。

四、结语

总体而言，谩骂作为一种私力救济的方式，在蒋村一直存在且时有呈现，成了一种特殊的纠纷解决方式。在长期的实践中，村民形成了一些有关谩骂的共识，蒋村逐渐形成了有关谩骂的一些习惯法规范。

运用谩骂方式来解决争执有其一定的社会基础和社会心理。谩骂可能消解村民之间既有的某种矛盾，也可能引起新的更明显、更激烈的社会冲突，使社会失序。谩骂总体上有碍公序良俗、影响乡村形象、不利于村民团结、影响社会和谐，对乡村社会秩序的维持、经济社会的发展起负面作用。

在进行现代法治建设过程中，需要思考对作为私力救济方式的谩骂予以一定的法律调整。如谩骂行为侵犯他人名誉的，按照国家民事法律进行处理；如谩骂行为涉嫌触犯刑法规定的侮辱罪、诽谤罪的，按照国家的刑法追究刑事责任。

规范分析

●●●

当代房族解决纠纷习惯法探析

高其才*

一、引言

《中共中央关于全面推进依法治国若干重大问题的决定》提出全面推进依法治国，需要推进多层次多领域依法治理；坚持系统治理、依法治理、综合治理、源头治理，提高社会治理法治化水平；深入开展多层次多形式法治创建活动，深化基层组织和部门、行业依法治理，支持各类社会主体自我约束、自我管理；发挥市民公约、乡规民约、行业规章、团体章程等社会规范在社会治理中的积极作用。2017年10月18日中国共产党第十九次全国代表大会开幕会上，中共中央总书记习近平代表第十八届中央委员会做报告时强调"加强农村基层基础工作，健全自治、法治、德治相结合的乡村治理体系"。贵州省黔东南苗族侗族自治州锦屏县平秋镇石引村发挥房族积极性、运用房族解决纠纷习惯法解决族内纠纷进行乡村治理的实践就颇有特点[1]，值

　＊　感谢陆显彬、刘光环、陆景良、王奎等的帮助。遵循学术惯例，本文中的部分地名、人名进行了化名处理，特此说明。

　〔1〕　习惯法可以从国家法与非国家法两个角度进行认识。非国家法意义的习惯法是独立于国家制定法之外，依据某种社会权威和社会组织，具有一定的强制性的行为规范的总和。参见高其才：《中国习惯法论》（第3版），社会科学文献出版社2018年版，第3页。

得认真总结。

任何社会都离不开解决纠纷的手段。我国的调解被誉为化解矛盾纠纷、维护社会稳定的"第一道防线",被国外称为"东方经验"。我国有着悠久的调解历史。如明代的宋濂的《故江南等处行中书省左司郎中王公墓志铭》记载:"诸暨市戍将谢再兴与部帅王甲有违言,几致乱,上令公调解之。"清代黄钧宰《金壶浪墨·石城桥夷人》曰:"夷人遽前殴生,众方调解,有壮士排衣直前曰:'夷何在?'"清初陈宏谋就说,用宗族来处理族人间的纠纷,"临以祖宗,教其子孙,其势甚近,其情较切,以视法堂之威刑,官衙之劝戒,更有大事化小、小事化无之实效"。[1]清中叶的张海珊也说:"凡族必有长,而又择齿德之优者为之副,凡劝导风化,以及户婚田土争竞之事,其长副先听之,而事之大者方许之官。"[2]在我国,调解包括法院调解、行政调解、仲裁调解、人民调解、民间调解等。其中的民间调解主要由习惯法予以规范。在许多地区(如石引村),房族、家族、宗族在民间调解中仍然发挥着重要作用,房族解决纠纷习惯法具有特殊的功能。

平秋镇石引村地处贵州省锦屏县九寨地区侗乡腹地,为平秋镇第二大村。位于平秋镇政府驻地之西3公里处,东邻平秋村,南临清水江与平略镇平鳌村相望,西邻彦洞乡黄门村,北界孟佰村和圭叶村,辖堂娥、登泵、大坝、崩陆等自然寨。全村有14个村民小组,共512户2132人,其中99.3%为侗族;全村有劳动力896人。全村面积为25平方公里,林地面积1.2万亩,其中天然林1700余亩;有1200亩地、860亩田。石引村民俗文化多姿多彩,"桃园文化节"、鞍瓦节等民族节庆活动久享盛名,侗族"嘎花歌"等婚俗独具特色。石引人重视生态环境保护,寨周存有红豆杉、银杏、米栗、枫树等古风景树60多株。

根据传说,明朝景泰年间,陆、刘二姓先人始结庐于距今住地三里处的因寨、新寨。先民们发现放牧牛群寻食到今住地后乐不思归,观其地周高中低,水丰平旷,实为宝地,便移入定居。石引村也因"犀牛引路,宝地宏开"的美传而得名,"犀引"写作"西引",

---

〔1〕 (清)陈宏谋:"寄杨朴园景素书",载《清朝经世文编》卷五八。
〔2〕 (清)张海珊:"聚民论",载《清朝经世文编》卷五八。

侗语中的"西引"有相互引领，同往安家的含义。明清时期，石引是古侗款"九寨"之一，雍正后直属黎平府东北路。中华民国3年（1914年），石引设为联防保，中华民国31年（1942年），设为九寨乡第五保。解放初设村，辖于平秋乡，后设为大队，辖于平秋公社，1984年复设村，辖属平秋镇至今。当地民谣传："华夏有百家，石引有十姓。"陆、刘、吴为三大老姓，陈、金、徐、龙、邵、傅、任七姓于明朝中期相继迁入。其中，除陆邵二姓、刘陈二姓世结异姓兄弟外，其他各姓则互通姻亲。从建村之初开始，石引村就形成了房族，房族较广泛地参与村寨事务，[1]在乡村治理中具有广泛影响。

石引村现有22个房族，其中包括陆姓6个、刘姓6个、吴姓2个、龙姓2个、陈姓1个、傅姓1个、邵姓1个、任姓1个等。房族包含的家庭多少不一，如哦先恩刘氏房族有38户，高步陆氏房族有20户。[2]房族有一个房长、2个~3个或更多的副房长。[3]房长、副房长一般通过不投票的选举方式产生，条件通常为有威望有能力、成家、年龄30岁以上。房长、副房长的任期不定，有的为终身任职。[4]陆姓、刘姓、吴姓、龙姓中的一些房族订有成文的《房族族规》。[5]

2017年8月27日、11月22日，我们到石引村以哦先恩刘氏房族和高步陆氏房族为对象就当今房族纠纷解决习惯法进行了专门调查。本文谨从房族纠纷解决习惯法的基本原则、主体规范、管辖规范、程序规范、效力规范等进行初步探析，以期引起学界对这一领域的进一步重视。

---

〔1〕关于当今汉族地区的宗族情况，可参见高其才和刘舟祺的《鄂东族老刘克龙》（中国政法大学出版社2017年版）的有关内容。

〔2〕刘光环介绍："只要他另外开一个火炉就算新一家。"刘光环访谈录，2017年11月22日。为便于联系，石引村有的房族建有QQ群和微信群。

〔3〕副房长称为支公，房族有几个支系就有几个支公。石引村有的房族有5个支公。为便于联系，石引村的许多房族建有QQ群和微信群。

〔4〕调查时，哦先恩刘氏房族的刘光环告诉我们："我2012到2014年当过房长，清明会选的，全房族人在一起。当时（我）也是村文书。2014年他们提出来要选新房长、换个届。他们认为（我）执行得不到位。我是根据村里的（村规民约）来执行，有些不到位。他们就说更换。房族里规矩比村规民约还要严一点，表现在执行这些条款时执行力更到位、更细致。哪一段时间没有什么事，就是房长主持清明会。"刘光环访谈录，2017年11月22日。

〔5〕2014年石引村"两委"要求房族的规定、制度要完善，相当部分房族就制定了族规。

二、房族纠纷解决习惯法的基本原则

石引房族的纠纷解决习惯法包括成文的规约和不成文的规范。就具体实践观察，石引房族纠纷解决习惯法的基本原则为属人原则、合法原则、平等原则、公正原则等。

房族为血缘团体，房族解决纠纷考虑纠纷当事人的身份，房族纠纷解决习惯法调整房族内部成员之间的纠纷，有时也调整一方当事人为本房族成员而另一方当事人为其他房族成员之间的纠纷，但绝不调整纠纷双方当事人均非房族成员的纠纷。房族纠纷解决习惯法体现明显的属人特性。[1]

在现代法治建设的整体环境下，房族纠纷解决习惯法也总体上坚持遵循国家法律，在不违反国家法律法规的前提下进行纠纷解决。[2]

---

〔1〕 中国古代的国家政权就默许或公开承认宗族的司法权。中国古代的宗族（特别是明中叶以后的宗族）逐渐控制了乡村司法审判权，宗族具有初级裁判权和一般惩罚权，由宗族族长等主持的审判是解决纠纷的必经程序，族人不许不经宗族，径自向官府投诉，宗族司法实际上成了司法审判第一审级。参见陈柯云："明清徽州宗族对乡村统治的加强"，载《中国史研究》1995年第3期。此外的一个佐证是历代的刑法案例都是官府奉谕编纂的，而宗族族长裁决的案件被大量编入。参见郑定等："论宗族制度与中国传统法律文化"，载《法学家》2002年第2期。

〔2〕 中国古代的不少宗族，每当族规议定以后，为了获得官府的肯定以更有效地发挥其作用，往往主动送到地方官府批准后再使用。如明朝万历年间湖南长沙擅山陈氏把制定的陈氏家训送呈长沙府批准后再实施。可见，受到地方官府肯定后的家法族规具有对族人的普遍法律效力，因而，宗族习惯法理所当然地成了族长的司法依据。参见史凤仪：《中国古代的家族与身份》，社会科学文献出版社1999年版，第57～58页。安徽徽州的《朱氏祠志》就载有明万历时期县衙颁发的申明祠规的法律效力的告示。全文如下：直隶徽州府歙县，为恳申祠规，赐示遵守事：据二十一都五图约正朱文谟同族长朱明景等连名个呈前事，呈称：本家子侄丁多不一，恐不务生理、横暴乡曲、不教不悌、忤尊长、违禁、赌博、酗饮、嫖荡、斗打、争讼等情，祠立家规，犯者必戒。恐有刁顽违约，不服家规诫罚，仍肆强暴，不行改正，虑恐成风，后同族长粘连祠规呈叩天台，伏乞垂恩准申祠规，赐印、赐印、赐示、刻匾、张挂、以儆效尤，概族遵守等情，据此，拟合给示严禁。为此示仰朱姓通族人等知悉，务宜遵守家规，敢有违约不遵者，许约正、族长人等指名呈来，以凭究处，以不教罪论，决不轻恕，特谕。

右仰知悉

（全印）

万历二十六年八月十八日给

告示县押

通常情况下，房族解决纠纷符合国家法律法规的要求，不与国家法律法规相矛盾，解决结果不与国家法律法规相冲突。[1]

房族在解决纠纷时，房族长老平等的对待双方当事人，不能存在偏向性，两边当事人有着同样的主张权利、辩解权利，遵循相同的程序安排，负有相同的责任。

在石引村，房族解决纠纷的整个过程十分强调公平、公正性。

---

[1] 中国古代国家法律对宗族处理内部纠纷限制的重要方面就是对待祠堂族长处死族人的态度上。长久以来，对死刑的判决与执行，属于国家主权的范围，在一般情形下，只有国家的法司依法判处死刑后经皇帝批准和皇帝直接诏令谕旨，才有权处死有罪之人。除此之外，法律不承认任何非官方人员以私刑的方式处死他人。但是，在宗族内部，情形要比常人之间复杂得多。按照长期渲染的儒家"纲常名教""孝道"礼法，子女为父母所生，作为父母的私有物，父母可以像处置其他财产一样随意处置，包括对他们的婚配、赠送、出卖和处死。魏禧甚至说："父母以非理杀子，子不当怨。盖我本无身，因父母而有，杀之不过与未生一样。"（魏禧："目录"，载《训俗遗规》卷三）父母杀死子女似乎合乎礼教，但毕竟与国法有悖，该如何解决这个矛盾？各朝统治者大都"取其大者"，默许或确认家长族长在某种情况下处死子孙族人的权力，同时略作一些限制。按照中国古代法律，父母处死有罪之子女，一律免议，父母故杀、过失杀无罪或只违犯教令之子女则有专门条款规定。依唐宋律，祖父母父母殴杀违犯教令之子孙者，罪止徒一年半，刃杀者徒二年，故杀并未违犯教令者，各加一等，过失杀子孙均无罪。（《唐律疏议》卷二二；《宋刑法》卷二二）而常人故杀，无论哪一朝，法律均要求偿命。但是，统治者的政策也经常随形势而有变化。清顺治、康熙时期，国家不承认宗族对族人的处死权，到了雍正时期则给予公开承认。雍正五年（1727年），九卿根据皇帝的旨意，定出恶人为尊长族人致死免抵之例。（《清世宗实录·卷五七·雍正五年五月乙丑》）表明雍正帝完全依靠宗族维护地方社会秩序的态度。清朝对族权处死族人的公开承认，使得族权膨胀。乾隆帝于上台伊始就对此进行调整。当时江西一些地方私立禁约、规条、碑记，贫人有犯，并不鸣官，或用竹篓沉置水中，或掘土坑活埋致死。还勒逼亲属写立服状，不许声张，种种残恶，骇人听闻。为此乾隆发出诏旨，表示如有不法之徒，应当呈送政府官员，治以得之罪，不能草菅人命，要求江西省"严加禁止"。（《清高宗实录·卷十八·乾隆元年五月丙午》）显而易见，乾隆帝对雍正五年（1727年）条例持否定态度。接着，乾隆二年（1737年）两广总督鄂弥达奏称：宗族贤愚不一，如果恃有减等免抵之例，相习成风，族人难免有冤屈者，请求删改。刑部同意，并指出："况生杀乃朝廷之大权，如有不法，自应明正刑章，不宜假手族人，以开其隙。"（《清文献通考·卷一九八·刑四》）参见郑定等："论宗族制度与中国传统法律文化"，载《法学家》2002年第2期。不过，法律对族长的处死权虽明里暗里加以纵容和保护，但经告发，还是要进行惩治的。清代案例中就有不少惩治擅杀族人的族长的案子。例如，有一徐公举与亲侄女徐昭英通奸（此罪依清律当斩决），经昭英之母、叔捉获捆绑；投明族长徐添荣送官究治。在押解途中，公举求释不允，遂说送官族长亦无颜面。添荣以其败坏门风，愤凝之下，喝令徐添寿等将公举推溺毙命。后经刑部推审，添荣所杀之人虽系应死罪犯，但因擅杀，仍照律科断，流二千里。参见徐扬杰：《宋明家族制度史论》，中华书局1995年版，第224~225页。

调解过程十分民主，结果尽可能合情合理。

三、房族纠纷解决习惯法的主体规范

根据石引房族的纠纷解决习惯法，房族调解的主体为房族，具体由房长、副房长等族内老人代表房族解决纠纷。房族纠纷解决习惯法所确认的主体，其权威来自于血缘共同体，与尊卑、长幼等密切相关。

石引房族对族众的教育、管理主要是通过议定族规、执行族规、解决纠纷来进行的。在高步陆氏房族的陆显彬看来，房族的规约是有作用的：

> 族规（是）直接接地气的条约，是与他们（有）直接利益关系，比如婚姻方面的、分家方面，办婚丧喜事，还有一些纠纷（解决）的。这些在族里解决最有效。
>
> 我认为现在时代变了，族规也有改变，随法律进步而改变。有些法律规定不到的，它有保留的，它就发挥作用。像纠纷这块，法律没有人情在里面，族规就有人情在里边，它就解决得下去。按法律他不卖你账，按族规就能解决了。
>
> 族、房是有作用的。族规他要求的他清楚，法律他可能不清楚。族规他有学习机会，他了解的。族规一讲他就明白的，他就懂的。[1]

据调查，在当代中国农村，房族、宗族首领没有古代中国那样拥有绝对权威，具体的可被分为荣誉型、仲裁型、决策型、主管型几类，[2]而以仲裁型最为多见，在祭祖续谱、分家析产、婚嫁丧娶、族内纠纷调解等方面发挥作用，其中解决族内成员之间的纠纷仍然为重要的职责。

其实，在石引村，房族习惯法关于纠纷解决的主体方面并没有

---

〔1〕　陆显彬访谈录，2017 年 11 月 22 日。

〔2〕　参见王沪宁：《当代中国村落家族文化》，上海人民出版社 1991 年版，第 88~92 页。

非常严格的确定之规。在许多房族调解场合，旁听的房族成员、其他村民甚至路过者都可以发表自己的意见，劝说双方当事人以和为贵，互谅互让，尽快了结纠纷。

按照石引房族习惯法，房长、副房长等族内老人解决纠纷时没有报酬，纯属义务性质的付出。这是维持房族秩序所需，为房长、副房长等职责所在。房族作为有历史的民间组织，没有经济收入来源，也不能进行收费调解。

四、房族纠纷解决习惯法的管辖规范

按照石引房族的纠纷解决习惯法，房族解决纠纷具有明显的属人性。石引村各房族从祖先、同宗、血缘、情谊角度对族众予以关爱、教导，解决困难，约束行为，解决纠纷，凝聚人心。

石引村的各房族都要求族众团结友爱，避免矛盾的发生。如有纠纷的发生，则尽快化解。如高步陆氏房族于 2016 年 10 月 31 日（农历十月初一日）制定的《房族族规》第 4 条规定："房族内部在此之前有矛盾或纠纷的自行和平化解，以后不要产生任何新的矛盾纠纷。"哦先恩刘氏房族 2017 年 1 月 27 日（农历丙申十二月二十九日）《房族族规》第 10 条也为类似规定："房族成员要遵纪守法，遵守规章制度，爱护国家，爱护集体，爱护村寨，爱护房族有好的思想素质，树立大局意识，有贡献精神，讲团结，讲互助，不要有互相欺凌、排斥、记仇恨的不良心理和行为，更不能制造矛盾；内部在此前有矛盾或纠纷的自行和平化解，以后不要产生任何新的矛盾纠纷。"

在石引村，如果房族内部成员之间发生纠纷，纠纷一方的房族成员可能会要求房族进行处理。房长有责任会同副房长等族内老人前去了解情况，通过调解方式予以解决。如下面的案例一即为纠纷一方的房族成员要求房族调解、处理而解决的：

案例一：

哦先恩刘氏房族于 2017 年春耕期间发生了一起上下田坎流水引起的纠纷，下雨涨水时上面田向下流水。70 多岁的下面田的主人刘

立富就骂上面田的 40 多岁的主人刘学军，双方发生争吵而去纠纷。刘学军就去找房族。房长等族内老人就去了现场进行处理。房长看了以后就给他们说：这个是自然现象，你们还吵架，别人听起来没面子，整天吵架自己的形象不好。这样说他们劝他们，纠纷就解决了，了结了这个事情。[1]

实践中，从团结角度出发，按照石引村"两委"的不成文规定，村里的村民发生了纠纷，如果双方是同一个房族的，就先由房族解决；房族里面解决不了的再交村解决。[2]实际上，有的纠纷村里解决不了而房族却能发挥自身优势予以解决。

五、房族纠纷解决习惯法的程序规范

石引房族的纠纷解决习惯法的程序规范涉及纠纷解决的提起、纠纷解决的环节、纠纷解决的结束等方面。

关于纠纷解决的程序，《中华人民共和国人民调解法》没有详细规定，仅在第 22 条作了原则性的规范："人民调解员根据纠纷的不同情况，可以采取多种方式调解民间纠纷，充分听取当事人的陈述，讲解有关法律、法规和国家政策，耐心疏导，在当事人平等协商、互谅互让的基础上提出纠纷解决方案，帮助当事人自愿达成调解协议。"而在石引房族的纠纷解决习惯法中，有关纠纷解决程序的规范较为简单，因地制宜地以惯例形式对纠纷解决的地点、方式、环节等方面予以规定。

解决纠纷的地点，通常在一方当事人的家里。另一方当事人和房长、副房长等族内老人等相关人员约定时间，齐集在一方当事人家里。

在石引村，解决纠纷主要通过弄清事实、说服教育、批评训导等方式。主持调解的房族首领等族内成员摆事实、讲道理、说族规，引导双方当事人理清事实、消除误解、达成共识、形成协议，圆满

---

〔1〕 刘光环访谈录，2017 年 8 月 27 日。

〔2〕 刘光环访谈录，2017 年 11 月 22 日。

解决纠纷。

纠纷解决后，一般根据习惯法形成一份协议书。如高步陆氏房族2017年就成功调解了一起家庭财产分析、老人赡养纠纷，并形成了下面这一份"家庭责任山责任田调解纪事"：

家庭责任山责任田调解纪事

经陆明龙、陆栋两兄弟的邀请，本着公平、公正、家庭和睦团结的原则和意愿，于2017年7月29日（农历闰六月初七日）晚，在陆明龙家里由房族调解评议，两兄弟的责任山和责任田按各占五成经营管理，有当事两兄弟、父亲陆贵田及房族人等共同协商一致同意，达成如下协议：

一、责任田调解结果：

1. 陆明龙（兄长）的责任田是：老号得奔水田一丘，阴寨蚂蟥田水田一丘，阴寨木泰田水田一丘，田亚秧田靠陆俊新屋的一半幅（界已清），共计三丘半；

2. 陆栋（弟弟）的责任田是：老号青海田水田一丘，阴寨朝二毛干田三丘，田亚秧田靠陆生奎新屋的另一半幅，共计四丘半。

二、责任山的调解结果：

1. 陆明龙的责任山是：墓苗、美能、考法吴元强屋边的责任山以吴元强屋到陆如根责任田老路为界，经管靠吴元发屋这一边；美能公益林补助金从现在起由陆明龙享受。

2. 陆栋的责任山是：包马山、九追（坳章）、考法吴元强屋边的责任山以吴元强屋到陆如根责任田老路为界，经管靠去平秋方向的另一边。

3. 考法责任山现有大杉木按兄弟两人和到场人的调解结果落实：在陆明龙经管范围内标划一根由陆栋经管享受。

三、两兄弟的责任田责任山按以上调解结果，各自经营管理，不得因单方面改变主意或听信他人挑唆而有异议，视其异议无效。

四、两兄弟应尽的义务：

1. 陆明龙、陆栋两兄弟共同赡养父亲陆贵田；

2. 陆栋赡养母亲唐向芳。

五、以上协商评议事宜协议自签订之日起生效，一式五份，两兄弟各执一份，房族各祖公代表各执一份。

六、祝贺兄弟两家家和万事兴，老的添福加寿，少者财发人兴！

在场调解评议证明人签字：

陆明龙（签名）　　陆栋（签名）

陆道本（签名）　　陆道弘（签名）　　陆道川（签名）　　陆昭新（签名）

陆照立（签名）　　陆照茗（签名）　　陆照成（签名）　　陆先根（签名）

2017 年 7 月 29 日

农历丁酉年闰六月初七日

作为这一纠纷的调解人之一，陆显彬告诉我们，纠纷当事人本来想请村民委员会调解，他给当事人讲这是房族的事，房族里面先解决，房族有能力解决就不需要到村里去。房族那天晚上有十多个人参与调解，持续了近 6 个小时。房族让双方当事人夫妻全部到场，充分听取两兄弟夫妻的意见，再由参加调解的每个房族人发表意见和解决办法，综合起来采取合适的方案，过程民主、方案合理、效果极佳。[1]

六、房族纠纷解决习惯法的效力规范

按照石引房族习惯法，调解协议达成后就产生效力，对当事人具有较严格的约束力，当事人依照协议按时履行或者即时履行。通常情况下，涉及数额不大的调解协议是即时履行的。有的则需要长期履行、连续履行。

从房族习惯法的内容、实施我们可以发现，个体是作为房族群体的一员而存在，与所属房族休戚相关、荣辱与共。因此，石引村各房族的成员都比较重视遵守房族习惯法，也都比较遵循根据房族纠纷解决习惯法达成的调解协议。违反房族习惯法、不遵守调解协

---

〔1〕　陆显彬访谈录，2017 年 8 月 27 日。

议的后果是极为严重的，轻则批评教育，重则隔离。[1]

值得一提的是，按照石引村当地的习惯法，纠纷解决、达成协议后，纠纷双方当事人和房族的房长、副房长等主持的调解人往往会聚在一起喝酒，并借这一方式感谢房长等的辛苦付出，以实现恢复族众和谐关系、增进房族团结的目的。

七、结语

中国固有社会具有鲜明的宗法性特征，房族、宗族、家族在社会生活中一直占有重要地位，发挥着重要的作用。房族通过族规家法控制全族人员，调整房族内部的各种关系，解决各种纠纷，维持房族内部的秩序。包括房族纠纷解决习惯法在内的房族习惯法、宗族习惯法在当代仍然具有重要影响。

从石引村的实践可知，当代的房族纠纷解决习惯法的内容涉及基本原则、主体规范、管辖规范、程序规范、执行规范等方面，基本上为固有习惯法的传承与延续，并根据当代乡村社会的发展而有所变迁。

受到固有观念的影响，房族成员较为普遍地接受房族纠纷解决习惯法，在遇到纠纷时往往首先选择房族纠纷解决习惯法，房族纠纷解决习惯法在当代仍然具有全面的效力，对房族成员较有约束力。

观察房族运用房族纠纷解决习惯法解决纠纷的实际效果，当代房族纠纷解决习惯法反映了房族作为血缘组织一定的教育、约束、管理族众的职责，在某些方面分担了村民委员会的自治事务。作为一个血缘共同体、互助共同体、利益共同体、规范共同体、观念共

---

〔1〕 为保障房族习惯法的权威和效力，高步陆氏房族 2016 年 10 月 31 日（农历十月初一日）制定的《房族族规》最后规定："违反以上族规的，处罚人民币壹仟圆（1000元）。"刘氏房族 2017 年 1 月 27 日（农历丙申十二月二十九日）《房族族规》第 5 条规定："家庭主要成员都不能返回帮忙的，红喜交 200 元、白喜交 300 元以上作为房族事务经费，由房长保管，房族内部协商使用。"为保障宗族习惯法的权威，根据违反习惯法行为情节的轻重，中国古代的宗族习惯法较为详细地规定了处罚方式。有学者将宗族的处罚方式分为七类：警戒类、羞辱类、财产类、身体类、资格类、自由类、生命类等，每一类又有具体的形式。参见费成康主编：《中国的家法族规》，上海社会科学出版社 1998 年版，第 98~111 页。

同体的房族通过纠纷解决习惯法等习惯法，较广泛地参与村寨事务，在乡村社会治理中发挥了积极的作用。

在当代中国建设中国特色社会主义法治体系的背景下，当代房族纠纷解决习惯法基本上遵循国家宪法和法律的规定，通常不直接违反国家法律法规，不出现与国家法律法规相冲突的情形。在纠纷解决方面，房族纠纷解决习惯法对国家法律法规总体上起补充、辅助的作用。

《中华人民共和国村民委员会组织法》第9条第2款要求村民委员会应当支持服务性、公益性、互助性社会组织依法开展活动，推动农村社区建设。2017年6月，《中共中央国务院关于加强和完善城乡社区治理的意见》第二部分"健全完善城乡社区治理体系"指出："大力发展在城乡社区开展纠纷调解、健康养老、教育培训、公益慈善、防灾减灾、文体娱乐、邻里互助、居民融入及农村生产技术服务等活动的社区社会组织和其他社会组织。"2017年10月18日，中国共产党第十九次全国代表大会开幕会上，中共中央总书记习近平代表第十八届中央委员会作报告时强调"加强农村基层基础工作，健全自治、法治、德治相结合的乡村治理体系"，打造共建共治共享的社会治理格局，实现政府治理和社会调节、居民自治良性互动。因此，在实施乡村振兴战略、健全自治、法治、德治相结合的乡村治理体系时，需要认真总结房族纠纷解决习惯法的功能，全面规范房族纠纷解决习惯法解决纠纷的领域，大力发挥房族参与乡村社会治理的积极作用。

当今宗族的调解规范
——以广西屏竹村李氏宗族为对象

陆俊材*

一、引言

纠纷的化解是维持人与人之间和谐、社会有序的必要途径，而争端解决的过程本身则可以提供一个认识总体社会文化秩序的切入点。[1]宗族早在中国古代汉族社会中便发挥了解决纠纷的重要作用。[2]宗族调解是我国民间调解的一种重要的形式。学者春杨在《晚清乡土社会民事纠纷调解制度研究》一书中指出晚清中国乡土社会的诸民间调解主体中，宗族调解的成功率是最高的。[3]在我国当代社会中，学者董磊明对河南宋村的实地考察亦发现了宋村调解中的宗族因素。[4]

---

　* 作者简介：陆俊材，清华大学法学院博士研究生。根据学术惯例，本文的地名、人名进行了化名处理，特此说明。

　〔1〕　[美]科马洛夫、[英]西蒙·罗伯茨：《规则与程序：非洲语境中争议的文化逻辑》，沈伟，费梦恬译，上海交通大学出版社 2016 年版，第 283 页。

　〔2〕　参见高其才：《多元司法：中国社会的纠纷解决方式及其变革》，法律出版社 2009 年版，第 34~52 页。

　〔3〕　参见春杨：《晚清乡土社会民事纠纷调解制度研究》，北京大学出版社 2009 年版，第 58 页。

　〔4〕　参见董磊明：《宋村的调解：巨变时代的权威与秩序》，法律出版社 2008 年版，第 131~159 页。

为了解当今宗族调解的调解规范，我们于 2017 年 7 月 2 日至 2017 年 7 月 10 日首次对广西南部屏竹村李氏宗族进行了实地调研，通过走访观察、查阅文献、访谈问卷等形式收集材料，之后又多次进行了补充调查。

屏竹村是一个位于广西南部的自然村，处于亚热带气候区域，雨水充足，土地肥沃。村四周环山，三面环水，全村有水田面积 500 多亩，山林、坡地面积 1000 多亩，坡地种植荔枝、芭蕉等经济作物。屏竹村是典型的宗族村，有三个姓氏的村民，村中常住人口中李氏村民有 1200 多人，张氏村民有 200 多人，曾氏村民仅有 20 人左右。[1]

根据田野调查材料，本文将对当今宗族调解的主体规范、程序规范、依据规范等进行初步总结，以引起学界对此的进一步重视。

二、宗族调解的主体规范

李氏宗族专门的调解机构，调解纠纷由李氏宗族理事会成员来完成。宗族理事会成员即族贤于 2011 年由全族人普选产生，每户人家有一个代表参加选举，共选出 12 位成员。

宗族理事会是一个民间自治组织，负责组织宗族中如族中修桥铺路、祭祖活动等公共活动。据理事会成员李憨的介绍，理事会还会参与协助安排族人们的红白喜事、调解族人之间的纠纷等。理事会成员不主动收取费用，只会领取受到帮助的族人自愿封的"利事"。[2]理事会成员大部分在村里工作，少部分在外务工。理事会成员们利用现代科学通信手段保持紧密的联系，如成员们建有微信群，遇到有需要讨论之事便在群上开会讨论。

理事会成员在两种情况下会进行纠纷的调解工作：一是应当事人之邀而被动出面调解；二是担心放任纠纷事态发展会导致恶劣影响而主动出面调解。

李氏宗族的宗族调解根据两种不同的情形可划分为两种类型。

---

〔1〕 据了解，屏竹村的张氏村民与曾氏村民因为是从其他村搬迁过来的，所以该两姓氏的宗祠并不设在屏竹村内。

〔2〕 "利事"指红包。

第一种情形是族内纠纷的调解，类似于"教谕型调解"。[1]整个宗族是一个家庭，族人们祭拜同一祖先而有序地、紧密地生活在一起，有着共同的精神皈依。宗族理事会成员（即族贤）作为族中的"家长"尽慈道，平时的工作是围绕教育、引导、服务族人之目的来进行的。族人作为"子女"尽孝道，平日里十分敬重族贤，对于族贤所号召的各种族中公共事务、公益活动等能积极参加，对于族贤关于道德、法律的宣教能尽力学习践行。作为"家长"的族贤在调解作为"子女"的族人之间的纠纷时是一种"家长"的口吻与姿态进行的，调解过程中不仅要判是非还要抓教育。

第二种情形是李氏宗族族贤与其他宗族族贤联合进行调解，类似于"中介型调解"。不同姓氏宗族之间可以看作是"兄弟"关系，"兄道友，弟道恭"，[2]平等礼让，相互帮扶，敦睦无争。因此，李氏宗族的族贤无法以"家长"的姿态来"调教"他族族人，而只能与他族族贤共同作为中间人而促进纠纷双方和解。当然，李氏宗族族贤在处理与他族纠纷时也会出现以"家长"的姿态来"教训"本族族人让其不要将事情闹大而导致宗族械斗的情况。

由此可知，李氏宗族族贤面向族内是以"家长"的姿态进行调解，面向族外是以"兄弟"的姿态联合他族族贤调处纠纷。

在纠纷调解中，李氏宗族理事会成员（即族贤）可以当场连"吓"带"骂"[3]地将纠纷当事人训斥、教育一番。而纠纷双方虽在争议过程中已怒目相视、火气冲天，但见了族贤那副威严的样子也不禁收敛恭敬、不敢造次。族贤这般从"家长姿态"透露出的威

---

[1] 有学者将调解分为三种类型：①中介型，强调调解机关只是起到沟通当事双方的作用，纠纷解决最终还是交由双方当事人自行解决；②仲裁型，强调调解机关凭借法律法规、社会威信等作为纠纷的仲裁者以谋求合意的形成；③教谕型，强调调解机关运用其威望并结合一定的手段，基于某一特定的规范说服纠纷双方以促其达成共识，在纠纷调解的过程中还对纠纷双方进行教育。参见季卫东、易平："调解制度的法律发展机制——从中国法制化的矛盾情境谈起"，载强世功编：《调解、法制与现代性：中国调解制度研究》，中国法制出版社 2001 年版，第 45~48 页。

[2] 选自《弟子规》。

[3] 此处所说的"骂"说的是族贤对纠纷当事人的批评，因为在族贤看来族人应学会相亲相爱，争执龃龉是为犯错；"吓"是一种严厉的警告，避免事态进一步恶化，出于保护当事人的目的。

严颇有腾尼斯先生所说的父亲的威严的味道，[1]这种"父亲般"的威严自然不能单从本族自治制度中得到完满的解释，为此我们还需考察威严来源之"里"这一面相。在我们看来，李氏宗族族贤的威严从内在来看源自他们的"德能"。首先，族贤能被当选离不开一个"德"字。调查发现，当时参与宗族理事会成员选举的选民们主要基于两点而选出了如今的理事会成员：第一，为人处事让大家信得过，也就是个人的德行足够优秀。第二，能带领族人建设更美好的家园。其次，族人们相信有"德"自然有"能"，即族贤在族中是"以德服人"。"德"是指族贤言行举止彰显祖传之美德，族人将对先祖之恭敬心用在了理事会成员们身上；"能"是指族贤处理族中大小事务的智慧足以让族人信服，比如在纠纷调解中能把握天时、地利、人和，也即在适当的时间、地点对适当的人说适当的话、做适当的事。最后，促使族人敬仰族贤之"德能"的还得归因于族中浓厚的"孝文化"，在"孝文化"熏陶下的族人学会了敬祖、尊贤、仰德。

三、宗族调解的程序规范

屏竹村李氏宗族的宗族调解大致分为族内纠纷调解与族间纠纷调解两类，其调解的程序规范有所不同。

（一）族内纠纷调解的程序规范

在李氏宗族，族内纠纷调解的程序规范主要包括下列内容：

（1）做准备。进行调解之前，李氏宗族理事会成员族贤首先了解纠纷当事双方家中的主事人是谁。一般情况下，族贤会召集纠纷双方主事者到场进行公开的调解，即把事拿到台面上说，但也有因一方当事人不在村里而无法同时召集双方到场的情况。

族贤通常倾向于在宗族祠堂里调解纠纷，因为祠堂对于族人而言是一个令人肃然起敬的地方，纠纷双方在面对先祖的牌位时能生

---

[1] 德国的社会学家腾尼斯在他的共同体理论中提出了三种不同类型的威严：年龄的威严、强大的威严、智慧或者智力的威严，并且指出这三种威严在父亲的威严里结为一体。父亲的威严能让家人产生敬畏，这种敬畏之感是因父亲作为一家之长对于家人的保护、领导、善行和恩惠而由家人生起的。参见［德］腾尼斯：《共同体与社会：纯粹社会学的基本概念》，林荣远译，商务印书馆1999年版，第64~65页。

起诚敬之心，而这诚敬之心是消除凡俗妄念之良药从而能促进双方冲突化解于内心。如案例1：

案例1

李氏族内曾有一起因欠赌债未还而导致的打架斗殴事件，事情发展到其中一方扬言要灭掉另一方的地步。族贤得知此事后主动把当事双方叫到祠堂里进行调解。

调解过程中族贤始终强调：祖宗在上，面对祖先牌位当坦诚说事、认真反省，欠债的还钱，打人的认错。且不论这赌债的合法性问题，最终的结果是双方悔过和好。如今双方日常同样相互谈笑不减当初。

当然，并不是每一桩纠纷都在祠堂里调解。比如，有时需要到争议地进行现场勘察时族贤也会选择到争议地里调解双方的土地纠纷。

（2）先教化。调解开始时族贤往往会先宣扬先祖之美德，有时还会将"伤了和气而违背祖德"的当事人狠狠训斥一通。然后，族贤再把李氏宗族的历史、[1]族人之间的亲人关系[2]强调一遍。在宗族理事会成员李憨先生看来，调解开始时的这种道德、亲情教育不能少，这种教育能大大提高调解的成功率。此种教育能强化当事人心理上的一种印象，即族人之间的事是家内之事，相互间没有什么过不去的，这能起到稳定当事人情绪的作用。

（3）查事实。族贤会依次向双方问话，一方在答话时另一方不能插话而只能安静地听。族贤是不会允许双方展开辩论的，因为纠纷双方往往控制不住情绪，辩论很容易就变成了吵打而导致局面难以控制。有的纠纷（如土地纠纷）需要族贤到现场进行实地勘察。

（4）判是非。事情查实后，族贤便集体开会讨论案情，决断是非。族贤在集体讨论时需避开各方当事人。最终的讨论结果采取讨论者少数服从多数的形式认定。同时，族贤之间有如下约定：进行

---

〔1〕 如提到如下内容：屏竹村李氏宗族在中国成立前人比较少，当时社会动乱还常受土匪打劫，正是族人之间的相互帮持才使得整个宗族保存下来。如今生活好过了，宗族人多了，不能忘记祖上的团结与和谐等等。

〔2〕 这时蔟贤总能论资排辈地说明纠纷当事人的亲戚关系，进一步拉近双方的心理距离。

调解时竭力促成双方和解，尊重事实，依村规民约和相关国家法律法规办事，不能优亲帮友。

（5）宣结果。族贤向纠纷当事人宣布讨论结果，阐明理由，力图让纠纷双方对调解结果心服口服。虽然族贤以家长的姿态进行调解、说教，但实际上并不能像新中国成立前那样有权"判令"纠纷当事人做任何事，最终是否接受调解结果是由当事人自己决定的，族贤所起的只是影响作用。族贤给出的一般是初步评判结果，若纠纷双方有意向达成合意则可以在初步结果上再进行协商。

（6）达协议。经多番讨论后如果纠纷当事人能最终达成合意则调解成功。随后，纠纷双方在族贤的见证下达成口头协议，一般无书面协议。

（7）讲亲情。若纠纷调解成功，族贤会再次提及双方的亲情，希望当事双方怀念祖德，相互亲爱，摒弃前嫌，重修于好。并强调此事已了，今后不能再因此事而生出争端，如果再以此事邀请宗族理事会进行调解，宗族理事会不再重复调解此事。若调解不成功，当事人可能会找到当地居委会来调解，再不行就由当地居委会报请镇司法所调处，再不行就到法院打官司。

据我们了解，李氏族人大多害怕事情闹到镇司法所去，上法院打官司的情况就极少。大多数纠纷都是通过宗族调解来解决的。

（二）族间纠纷调解的程序规范

李氏宗族族贤进行的族间纠纷调解主要有两种情形。情形之一为与其他宗族族贤进行联合调解。如果李氏宗族族贤恰好与对方宗族族贤相识较好，则两个宗族的族贤们会联合起来调处纠纷。

与李氏宗族的族内纠纷调解不同，族间纠纷的调解应尽量避免当事人相互见面，通常是纠纷双方各自邀请本宗族的族贤出面代为说理。[1]当然，双方宗族族贤为避免宗族械斗的发生也会主动出面

---

〔1〕 同一宗族族人，亲情更浓些，族贤能镇得住场，把纠纷双方拉到一起，其目的是让双方把内心的愤懑发泄，便于缓解双方的紧张对峙。但不同宗族族人之间的亲情要淡许多，将纠纷当事人暌隔两地是担心双方见面后纠缠起来不好应付，即便是一些邻地纠纷需要当事人双方到场辨认土地边界的案件，两方族贤也时刻警惕防止纠纷双方情绪失控而使事态恶化。

共同协商解决。两方宗族族贤往往选一个大家都熟悉的公共地点进行面谈，如街上饭店。族贤们商议时一般会按如下程序规范进行：

（1）谈亲情。双方一见面总会先谈两宗族之间历来的亲缘友好关系，表达希望尽快解决纠纷以促族际和谐的愿望。[1]

（2）核事实。双方交换、讨论各自了解的事实。

（3）摆道理。鉴于不同村、不同族之间的规矩有不同之处，双方求同存异，本着和谐礼让的原则，摆明道理，交换意见，力求相互体谅。

（4）达合意。两方族贤如能达成合意，则双方各自将商讨结果转告本方宗族的纠纷当事人，并告诫当事人不可再闹事生乱。当事人若接受族贤们的协商结果则调解成功。

李氏宗族族贤进行的族间纠纷调解的另一种情形为劝诫本族族人。

如果李氏宗族族贤与对方宗族族贤不相熟识，除非是当地村委会牵头，否则两方族贤一般不会联合起来调解纠纷。李氏族人要挑起族间械斗时，族贤会竭力阻止本族族人的冲动行为，如案例2：

案例 2

一日，邻村的几位方氏年轻人与几位王氏的年轻人在社区的街道上斗殴，这些年轻人都是刚初中毕业就不继续上学的"社会青年"。打斗的两群社会青年只是因为在念初中时结下了怨子，双方正好上街闲逛碰上了，几句口角不和便相互厮打起来。当时，一位李氏青年因平常与王姓的这几位青年关系较好，这天正好与这几位为氏的青年一起上街玩耍。然而，方氏几个青年却把这位李氏青年当成了对方"同伙"而一起暴打之。这位李氏青年被打得当场晕厥。此事很快便传到了被打的李氏青年的父亲那里，这位父亲一怒之下召集四五十本族族人，正要兴师动众地去找那几位方氏青年报仇，

---

〔1〕 李氏宗族与本村或邻村其他姓氏宗族长期来通过联姻方式建立了不少的亲戚关系，其中，李氏宗族与邻村的王氏宗族的亲情最浓。因为，历史上，李氏宗族的"开族始祖"正是娶了邻村王氏宗族的大家闺秀，然后才有了如今李氏宗族的3000多族人，所以如今这两个宗族的族人互称表亲以示祖上的血亲关系。

一场大规模的宗族械斗眼看就要发生。

李氏宗族理事会成员得知此事后，火速找到并拦截住李氏青年父亲和族人队伍，劝导大家和平地处理宗族之间的关系，不能因此事引发群斗造成人命伤害恶果而殃及上百个家庭和睦甚至让他们子孙后代结梁子成仇人，应当寻求法律的帮助。出于对理事会的敬重，这几十族人这才放下"血仇"的想法而转而成群涌到当地派出所报案。此事引起当地派出所和镇政府的高度关注，派出所向族众表示会公正、严肃处理此事，这几十位李氏族人才慢慢散去。一场宗族械斗就这样被成功劝阻。

四、宗族调解的依据规范

屏竹村李氏宗族的宗族理事会成员（即族贤）在进行族内调解时，依据的规范主要为国家法律，同时村规民约、宗族传统族规等也有重要作用。族贤在调解时遵守国家法律法规，以"和亲孝祖"为总原则，以村规民约、宗族族规为具体规则，同时充分考虑当地民风民俗、人情事理。调解实践中有道理的强过无道理的，守规矩的胜过坏规矩的，宗亲公益大过个人私利，实际上的和谐效果优于理论上的是非分辨。

首先，按照国家法律法规是宗族调解所必须遵循的基本底线。李氏族人中较熟悉国家法律法规的主要有两类人：一类是一些退休的国家干部（如退休的法官、公安干警等）；另一类是宗族理事会成员（尤其是在当地村委会任职的成员）。其中，宗族理事会成员是族内法律宣传的担当者，退休的国家干部常常在私下协助宗族理事会。

总的说来，李氏宗族族人们能了解到的国法大多如禁赌禁毒、不偷不抢、不得伤人、不入邪教、不搞传销等禁止性基本法律规范。族贤在纠纷调解中往往都能以当地习惯法作为评判依据而使纠纷双方折服；当涉及国家法律时族人往往会认为是一些诸如要被抓去坐牢等比较要紧的事。当然，随着法律在屏竹村的逐渐普及，族人们也渐渐意识到法律不仅仅是作为一根不能触碰之红线的存在，还是一种为自身伸张正义的手段，如案例 2 中几十位李氏族人找当地派出所主持公道。

其次，李氏宗族族贤是以"以孝为大""以和为贵"的原则去调解族人们的纠纷的，这样的原则不仅使作为调解者的族贤铭记于心，各纠纷当事人也是深切认同的，可以说，整个纠纷调解的诸互动过程便是在这样的原则下进行的。

最后，村规民约与宗族传统族规是调解过程的主要评判依据。国家法律只能为族人提供大致的并有些模糊的行为规范框架，村规民约与本宗族的族规作为国法之补充才是族人所熟知的并细致调整族人劳作、住宅、建房、婚姻等日常巨细的重要规范。

传统李氏宗族族规如出现纠纷时首先要在族内解决、"家丑不外扬"等之类。

村规民约有的是历史上留传下来的，如为人子者需在家中孝养老人，又如打架双方先动手的一方理亏等；有的是当代村里自发形成的。如下文案例3中"以上管下惯例"与"容忍惯例"是在20世纪80年代分田到户后村中因土地相邻纠纷太多而由村民自发约定形成的有关田地分界的规则。

案例 3

李信的坡地与李仁、李义（李仁与李义是堂兄弟）的坡地相邻。李信的坡地处于高处；李仁、李义的坡地处于低处。李信要在自己的坡地上建新房，但因土地面积小规划不了房前道路，他就想占用一点李仁和李义的坡地。按照李信的说法，李仁、李义两兄弟年复一年地为管理自家坡地而于两家坡地的交界处铲草，除草过程中连草带泥地已经在事实上蚕食他的坡地。所以，李仁、李义理应补偿一些土地给李信。李仁、李义认为自己只是正常的除草行为并不构成土地上的侵占，双方为此发生争执。

为了避免事态进一步恶化，纠纷双方邀请了李氏宗族理事会来调解此事。开始的调解工作并不顺利，争议双方连续两天僵持不下，尤其是李信一方很火爆，时不时拿柴刀在空中挥舞。到了第三天，理事会成员们在争议地现场开会并做了仔细的研判，统一了具体的调解方案。会后，理事会即通知双方到该争议地现场做调解，让争议双方均充分发表意见之后，理事会主持调解的负责人向双方做出理性分析并严正指出：按照当地习惯、气候环境和地形特征，村民们为了正常管理自己的坡地，每年都会至少进行两次铲草工作。李仁、李义虽然在铲草过程中会轻微地侵犯到李信的土地，但李信在整理自家坡地时也会同样地侵犯到与其相邻的地势更高的坡地，村民之间就此问题本来就达成了相互包容的共识。因此，在此事上李信理亏。

宗族理事会李萌先生当时对李信严厉警示：

"按我们风俗来说，建新房跟别人吵架很不吉利的。大家都同一个祖，有话好好说，不要惹是生非。如果你坚持闹下去，打伤人了要坐牢的，新房也建不了。"

李信虽也认识到自身冲动行为之不妥而平静下来，但仍强烈坚持自己的要求。理事会为了促成双方和好而进一步做了李仁、李义的思想工作。

李萌先生当时对李仁、李义的劝说：

"大家都是同族兄弟，老祖公也不想后代为一点土地就打起来。李信建新房想自家门口路面宽一些好方便行走，你们若能让出一些土地，以后大家都好说，那多好！"

当天，在理事会成员们的努力下，李义、李仁出于宗亲情义而自愿让出宽约50厘米长约22米的土地给李信拓宽路面，双方修好。

在田野调查中，我们发现屏竹村村民相邻土地纠纷不少。该村的土地主要分为农田、旱地与山林地。[1]田地、旱地以田埂为界，当两块田地（旱地）地势高低不同时，实行"以上管下"惯例，即地势高的田地（旱地）所有者管理田埂，为的是不让地势低的田地所有者为扩充自己的田地而侵占田埂而导致田埂的破坏。当两块田地（旱地）地势平行时，田埂从中间一分为二。田埂为两方公用，用作通行，任何一方不得侵占田埂用作农用。根据当地的"以上管

---

〔1〕 村中的旱地主要呈梯形的坡地形状，很少有平坦的，用来种植香蕉、花生、木薯等农作物；广阔的平坦地带多用作农田。

下"惯例，地势高者管理分界田埂，所以，本案中，李信声称李仁、李义在除草时侵占了他的坡地并非无道理。但农户这种因正常管理自家坡地而导致坡地地势低的侵犯到坡地地势高的现象很是普遍，故村民对此轻微的侵犯都会互相包容，这又形成了一种不成文的"容忍惯例"。然而，"容忍惯例"是有伸缩性的：李氏宗族族人一般会在传统"和文化"的影响下顾忌亲情、事理、风俗、名誉等因素相互容让，对于铲草等行为造成的少许土地侵蚀能"忍"下来。但如果土地侵犯行为超出了族人的容忍程度，则"容忍惯例"就失效了，纠纷就此产生。

从案例 3 中我们还能发现，族贤在适用"容忍惯例"这种伸缩性村规民约时往往能根据实际情况拿捏分寸，为了促成纠纷双方的和解，对纠纷双方采取了不同的解释策略。首先，族贤念及礼让之祖德而强调本纠纷适用"容忍惯例"，论证一番后判定李信在整件事情上理亏，一来让李信暂时平静；二来让李仁、李义两堂兄弟感到因为"占了理"而欣慰与公平。但族贤深知这"容忍惯例"的模糊性，村民能"容忍"的"度"是没有定数的。族贤在平日里就了解李信是"犟脾气"，说服李信这般的"硬茬儿"得用"硬手段"，要"恐吓"他建新房争吵是不吉利之相且如果打伤人就要受国法之制裁，李信明了事情的利害关系后才开始软了下来。与之相对的，对于李仁、李义两堂兄弟则用"软方法"，教之以孝祖之德，动以宗亲之情，拓宽其心量，劝导其主动让出部分土地以成全李信之"新房宽路"之美。这样一来，纠纷在族贤刚柔并济的调解方式下被圆满化解，我们也再次看到了当地族贤令人钦佩的调解智慧。如果族贤一板一眼地依其所主张的"容忍惯例"来判定最终结果，则李仁、李义完全可以置李信的无理请求于不顾。但如此一来，族贤担心以李信的脾气这样的结果很可能会导致纠纷调解的失败。为了双方的和解，族贤进一步成功劝说了本案"占理一方"李仁、李义出让了土地给"理亏一方"的李信。由此，我们可以获得如下认识：某些有伸缩性的村规民约有时并不能成为调解最终结果的决定性规则，而可能作为调解过程中族贤所灵活运用并能增强说服力、促成双方和解的策略性手段。再者，和宗睦族是宗族文化下的调解实践所追求的最终目标，族人一致认可的某种规则在某些调解过程中会让位于"孝、和"之总纲。也就是说，在个案中，乡村和谐的实际效果要优于是非曲直的理论辨析。

此外，族贤在纠纷调解过程中还要充分虑及当地的风土人情。如案例4：

案例4

丈夫李氏是民间建筑工人，常外出挣钱养家；妻子王氏在家照顾小孩和老人。成家几年后，丈夫李氏染上了酒瘾，常常喝得烂醉，无心挣钱养家；一家老小的衣食住行成了问题。李氏的母亲屡劝其戒酒不起作用，王氏对丈夫的劝说换来的只是丈夫的暴力。婚姻家庭开始出现裂痕。

王氏无奈回了娘家，但她不敢与娘家人说起丈夫的事，住一小段时间后便回到丈夫的身边。然而，李氏毫无悔改。王氏只好外出务工挣钱，孩子留给婆婆照看。王氏在外省吃俭用，把钱攒下往家里寄，并常在电话中劝诫丈夫戒酒。一段时间之后，王氏在与婆婆的通话中得知，丈夫把自己寄回来的钱大部分用去买酒，很少补贴家用。这时，绝望的王氏即便到了除夕之夜也赌着气没回家团聚。按当地风俗，在非正常情况下，媳妇除夕夜不回家意味着该媳妇有了离婚的想法。

李氏母亲不忍家庭之破裂，决心请李氏宗族理事会出面挽救家庭完整。理事会得知实情后，即到李氏家中狠狠教训了李氏。李氏见到理事会成员来自己家中，很是恭敬客套，只是没想到被理事会成员李憨先生当场严厉批评一番：

"在农村娶老婆不是件容易的事。岳父岳母把你老婆辛辛苦苦养了20多年，嫁给你生子生女。你老婆才照顾你几年你就要打人家，你这样不顾恩情，谁还和你过？你老婆在外面过年都不回家，你再不戒酒老婆就没了，你自己看着办吧！"

李憨先生的教育让李氏"酒醒"了不少，在理事会员成们轮番劝说后李氏才铁心戒酒并恳求理事会设法帮忙把妻子找回来。理事会及时电话联系外出务工的王氏并"动之以情"地对其进行多次劝说。在一次电话上，李憨先生是这样劝说王氏的：

"你的老公已经决心戒酒了，也向我们认错了，一个家庭没有女人是不完整的，希望你能回来照顾家婆和小孩。我们也知道你受了委屈，但这都是家庭小事，也希望你不要向外家〔1〕诉苦，要是伤了两家的感情就难办了。另外，家丑不外扬，不要把这事和外面的人说，说出去别人笑话你，我们整个宗族的面子也都丢没了，大家都以为嫁到我们宗族来就碰到老公喝酒打人的，以后人家都不敢嫁过来了。"

最终，李氏丈夫果真改了以往的陋习，王氏妻子也肯辞工回家，家庭风波就此平息。

这是一例婚姻家庭纠纷，"家和万事兴"的文化底蕴在本案的纠纷调解中起到了关键性作用，也是族贤进行调解的总原则。

"劝人打子，不劝人分妻"，这是村里传下的规矩，族贤自然深知婚姻纠纷的调解只能是劝和不劝分。据调查，族贤首先以宗族传统族规判定夫妻双方之对错。李氏丈夫在本次纠纷中是主要犯错一方：依老祖宗的训诫，一来丈夫对母不敬，有失孝道，对妻不仁，未尽夫道，对幼不慈，亏欠父道；二来丈夫的行为既破小家之和，又损联姻两大家之睦，还坏本族之名。于是，族贤向李氏展示了家长严厉的一面，将李氏"臭骂"一通并将其"骂醒"了。王氏妻子虽有过错但值得同情：从族上传统规矩上说，其离家而去，连累家婆，不扶夫君，抛弃子女，作为媳妇、妻子、母亲的身份都有亏道之处。但因一来其被逼无奈，二来其曾竭力挽救自身小家之和，受挫后回娘家只字未提夫君丑事而维持与本家、娘家之和。所以，族贤向王氏展示了家长慈爱的一面，电话联系上王氏后以亲情相劝，整个过程充满了宗族大家庭的脉脉柔情。

本案调解过程中，族贤除了依宗族族规辨别是非外还随本地风土拿捏分寸。从李憨先生对李氏丈夫与王氏妻子的劝话中得知李憨先生对此纠纷调解至少有三方面的顾虑：第一，顾虑本案的小家庭

---

〔1〕 指娘家。

之和睦。第二，顾虑本案家庭与外家（娘家）的和谐关系。依当地风土人情，如果外嫁之女王氏受婆家刁难而转向自己娘家诉苦，娘家一方不仅心疼自己闺女还会觉得自身"脸面大失"，气愤之下娘家这边的亲人便要找上门"要说法"而使纠纷扩大化，这种牵涉两个不同宗族的矛盾将更难调处。婆家与娘家的微妙的关系可以这样去理解：从社会关系上看，妻子娘家的家族与丈夫婆家的家族因联姻而结成亲家；从血缘关系上看，两亲家家族因血缘上的疏远而保持着某种微妙的、礼节上的、对和睦期许的敬爱，并因此形成了两家族之间的互促与互惠。所以，在族贤看来，族人婚姻家庭和睦与否关系甚大，一个小家庭之和睦关乎两个大家族之和睦，这并非只是夫妻二人之事。第三，顾虑本宗族的面子。村里娶上媳妇不是件容易的事，一旦族中家丑传扬出去自然是败坏宗族名声，按李憨先生的说法是"以后人家都不敢嫁过来了"。因为整个宗族是一个家的共同整体，有"牵一发而动全身"之效应，族内一个小家庭的"面子"关系到整个大宗族的"面子"。

当然，宗族调解以和亲睦族的实际效果为最终目的，村规民约等规则的适用具有一定的灵活性，在某些情况下，某一特定的规则会让位于宗亲和谐这样一个概括性的原则。比如，在案例3中，族贤成功动员了在纠纷中"占理"的一方让出自己的土地来成全"理亏"一方的"不合理请求"。这种实效重于是非的做法不难理解：其一，宗族调解以宗族文化为根基，以"和亲孝祖"为总原则，只要不与国法违背，其余的规则都要为总原则服务；其二，屏竹村李氏宗族的宗族理事会是村内自治组织，族内调解是"家长式"的调解，调解者以"家长"的姿态与心态理所当然地认为族人之间本是兄弟姐妹同根而生，宗亲之情大过个人私利，相互礼让是本分之事。

在进行族间调解时，由于不同宗族族规、不同村落的村规民约既有相同之处也有不同之处，所以，李氏宗族族贤与他族族贤共同调解时以"求和"为总原则，遵守国法，求同存异，以理服人。

五、结语

李氏宗族是屏竹村的第一大族，族人普遍形成了"小事不出村"

"家丑不外扬"的羞耻感及尊族宗、守族训、求和气、念亲情、要省事的处世观，宗族调解是族人解决纠纷的首选途径，只有宗族理事会调解失败后才会报请村委会调处，少数纠纷村委会处理未果时再报镇司法所处理，而诉至法院打官司这种损时、损财、损人情的方式只有极少数的个案发展到了迫不得已时才运用。[1]李氏宗族这种重调解、轻诉讼的心理现象与传统宗族之"孝文化""和文化"相承相应。

宗族理事会成员（即族贤）以一方"规矩"评一方"事理"，承担起了维护本族乃至全村和谐的重大责任；宗族调解不仅是李氏族人化干戈为玉帛的最主要方式，也成了促进整个村落和谐稳定的重要手段。

从更广的视野上看，李氏宗族调解规范是李氏宗族村在村治理体系中的重要组成部分。"孝文化"与"和文化"在宗族调解中发挥积极作用，这表明，优秀的宗族文化传统在当代社会具有积极意义。扬宗族文化之善，弘传统美德之真，让作为中国优秀文化传统的宗族调解规范成为乡村治理和法治建设的强大推动力。

---

〔1〕 据调查发现，近二十年来，李氏宗族还没出现族人之间打官司的案例。

当今基层社会的赌咒发誓规范

高其才 *

一、引言

赌咒发誓是我国社会较为普遍的一种现象，[1] 是指赌咒发誓人为自己在纠纷事由中预设如果自己是过错方将要承担的否定性后果。[2]

在长期的社会发展中，随着通过赌咒发誓解决纠纷的日益普遍，[3]

---

* 遵循学术惯例，本文中的部分地名、人名进行了化名处理，特此说明。

[1] 如彝族有打死禽畜赌咒的习惯法。参见高其才：《中国习惯法论》（第3版），社会科学文献出版社2018年版，第384~385页。关于包括赌咒发誓在内的中国古代汉族的神判，可参见高其才：《多元司法——中国社会的纠纷解决方式及其变革》，法律出版社2009年，第13~33页；关于赌咒发誓在内的中国古代少数民族的神判，可参见高其才：《多元司法——中国社会的纠纷解决方式及其变革》，法律出版社2009年版，第131~155页；关于赌咒发誓规范在内的瑶族固有神判习惯法，可参见高其才：《瑶族习惯法》，清华大学出版社2008年版，第305~317页。夏之乾的《神判》一书之有"发誓"部分，描述了对天发誓、对神发誓等以盟神发誓来解决民间的是非争执的规范。参见夏之乾：《神判》，中华书局1989年版，第35~63页。

[2] 张永和："赌咒发誓被异文化认同之可能"，载《西南民族大学学报（人文社科版）》2006年第4期。

[3] 我国早期的当时的狱讼也采用盟诅（发誓）之法，认可盟诅的效力。如《周礼·秋官司寇·司盟》载："有狱讼者，则使之盟诅。"《墨子·明鬼》也记载了一个非常复杂的官司："二子者讼三年而狱不断"，断案者只好让两位当事人盟誓，其中一人其辞尚无读完，"羊起而触之，折其脚，祧神而槁之，殪之盟所"。

我国逐渐形成了赌咒发誓规范。作为一种习惯法，[1]赌咒发誓规范权利、义务明确，效力明显，成为纠纷解决习惯法中独具特色的一部分。

受历史、传统的影响，当今基层社会仍然普遍存在赌咒发誓现象，也相应存在赌咒发誓规范。[2]结合一些实例，本文将就赌咒发誓的条件规范、程序规范、效力规范做一初步总结，以引起对这一纠纷解决习惯法类型的进一步探讨。[3]

二、赌咒发誓的条件规范

按照习惯法，运用赌咒发誓方式解决纠纷有一定的条件，主要包括没有证据支持、纠纷比较复杂、一方出于气愤、他人逼迫、穷尽其他解纷方式等。

在日常生活中发生的纠纷种类多样，有的纠纷通过自忍或者经过他人的劝解得以消解，有的则经过调解予以解决，也有的则通过

---

〔1〕 习惯法可以从国家法与非国家法两个角度进行认识。非国家法意义的习惯法是独立于国家制定法之外，依据某种社会权威和社会组织，具有一定的强制性的行为规范的总和。参见高其才：《中国习惯法论》（第3版），社会科学文献出版社2018年版，第3页。

〔2〕 如2008年2月13日，广西壮族自治区金秀瑶族自治县六巷乡六巷村同仁屯就发生了一起烧香诅咒的堵路纠纷。参见高其才："第十二章　当今瑶山的神判习惯法——以六巷同仁一起烧香赌咒堵路纠纷为考察对象"，载高其才：《习惯法的当代传承与弘扬——来自广西金秀的田野考察报告》，中国人民大学出版社2015年版，第152~170页。

〔3〕 从法学角度对赌咒发誓进行专门研究的为西南政法大学的张永和，他著有《信仰与权威：诅咒（赌咒）、发誓与法律之比较研究》（法律出版社2006年版）。该书从"诅咒""赌咒""发誓"和法律比较着手对信仰和权威进行研究，内容包括作为"另类规范"的诅咒（赌咒）、发誓；"另类规范"的诅咒（赌咒）、发誓与法律；诅咒（赌咒）、发誓以及宗教中的信仰与法律的权威等。该书中的部分内容被发表在《法制与社会发展》2006年第2期（"作为超验性经验的诅咒（赌咒）与发誓"）、《现代法学》2006年第3期（"赌咒发誓作为'另类规范'之存在意义"）、《新疆大学学报（哲学社会科学版）》2006年第2期（"诅咒（赌咒）、发誓现象初探"）等。有少数文章探讨神判，如石伶亚的《人神沟通与情感宣泄：特定场景中的纠纷解决——以吉首乡鸦溪天王庙神判活动为考察背景》（《民间法》，济南出版社2011年版）。该文认为神判长期以来一直是湘西民间纠纷的解决机制之一，其特性就是借助本地"司法神"白帝天王的权威，通过鸦溪天王庙的神判仪式——"吃血赌咒""抬天王菩萨游行""告阴状"等方式来解决纠纷。这种解纷机制生长发育的社会土壤和生态环境离不开两个重要因素：一是对神判的关键人物白帝天王的崇拜信仰；二是神判的特定权威产生场所——鸦溪天王庙。

法院诉讼形式进行处理。但是，有的纠纷或者争执由于纠纷比较复杂或者一方出于气愤而提出赌咒发誓。

事例 1

2018 年 4 月 8 日，贵州公安交警总队原副处长蒋永容受贿案第二次重审，蒋永容称，此前有罪供述属刑讯逼供的非法证据，要求法庭排除。南明区人民检察院侦查人员一口否认。辩护律师周泽反问："证人，你敢当庭发誓吗？如果说假话，全家死光光。"审判长当即制止，并称"这是唯心主义的"。[1]

这一事例表明，从某个角度认识，赌咒发誓实为一种神判的方式。"举头三尺有神明"，一方当事人在穷尽其他解纷方式后往往基于极度的生气而提出赌咒发誓，在人力无法处理或者对方竭力否认的情形下，实在无奈时期望通过神威、通过神秘性来支持自己的主张，[2]确立自己主张的正当性，平息争斗。

在一些情况下，赌咒发誓并非是在已经形成纠纷之后，而是为表明赌咒发誓者的清白，洗脱自己的嫌疑，证明自身的无辜。下面的事例 2 即属此类。

事例 2

2018 年 11 月 19 日，巴州区公安分局接到何女士报案称，自己女儿的男朋友张某骗取女儿钥匙潜入自己家中偷走现金 18 000 余元。接警后，民警随即赶到何女士家中将张某抓获。据何女士讲述，张某抵死不承认，还赌咒发誓称自己并未偷钱。

经民警调查，2018 年 11 月 16 日，犯罪嫌疑人张某（男，20岁，平昌县人）以到女朋友杨某某家中拿衣服为由，从杨某某处获

---

〔1〕 "贵州一律师庭上要求办案者发毒誓'说假话全家死光'"，载新京报：https://haokan. baidu. com/v？pd = wisenatural&vid = 12779072129664901479，最后访问时间：2018年 9 月 4 日。

〔2〕 在讨论巫师、巫医、神人等的成年礼时，布留尔认为："这些仪式的目的是十分清楚：它们是要使参加者与神秘的实在互渗，使他们与某些神灵联系，或者更确切地说与它们互渗。"参见 ［法］列维-布留尔：《原始思维》，丁由译，商务印书馆 1981 年版，第 349 页。

得钥匙后独自潜入杨某某家中，用筷子撬开卧室衣柜抽屉的方式盗走抽屉内现金 18 000 余元，挥霍使用。据民警介绍，这已经不是张某第一次到女友家实施盗窃了，今年 10 月份，因为没钱给女朋友买礼物，张某便潜入女友杨某某父母家盗走 14 000 余元。但其只用了不到 200 元给女朋友买零食，剩下的钱全部用来和朋友吃喝，挥霍殆尽。最终，张某对自己的犯罪事实供认不讳。目前，张某已被巴州区公安分局依法刑事拘留，案件正在进一步侦办中。[1]

在这一事例中，张某试图通过赌咒发誓来消除他人对自己的怀疑。[2]这种单方行为由于可能被视为耍赖、抵赖而于纠纷的解决效果有限。[3]但是下面事例 3 中的赌咒发誓则为无奈之举。

事例 3

罗建茂于 2012 年起担任江苏省常州市新北区春江镇副镇长，2017 年 5 月 15 日被新北区纪委人员带走"双规"，6 月 15 日移送司法；2018 年 1 月 11 日被新北区人民检察院提起公诉，8 月 1 日，常

---

〔1〕 赵娜："巴中男子多次盗窃女友家现金 还赌咒发誓不承认"，载新浪网：http://sc.sina.com.cn/news/m/2018-12-15/detail-ihmutuec9316229.shtml，最后访问时间：2019 年 5 月 16 日。

〔2〕 类似的还有薛之谦。2018 年 1 月，有人自称是《认真的雪》的词作者状告薛之谦，要求收回歌曲版权，并要求下架此歌曲。薛之谦在 2 日凌晨对此事作出回应，坚称《认真的雪》为原创，并发文："我要是如你们毁谤所说《认真的雪》这首歌不是我原创的我死全家！""薛之谦赌咒发誓回应《认真的雪》未侵权"，载中华网：https://ent.china.com/star/news/11052670/20180102/31899352.html，最后访问时间：2019 年 5 月 16 日。

〔3〕 类似的还有雷政富在法庭上的赌咒发誓行为。2013 年 6 月 28 日，重庆市第一中级人民法院对备受社会关注的涉不雅视频官员、重庆市北碚区原区委书记雷政富受贿案一审宣判，认定雷政富在 2007 年至 2012 年期间，利用担任北碚区区长、区委书记的职务便利，为他人谋取利益，受贿 316 万余元，以受贿罪判处雷政富有期徒刑 13 年，剥夺政治权利 3 年，并处没收个人财产 30 万元人民币，对受贿赃款 316 万余元予以追缴。雷政富不服一审判决，提出上诉。2013 年 9 月 6 日，该案上午在重庆市高级人民法院二审公开开庭审理。庭审中，应雷政富和辩护人的申请，证人肖烨和明某某出庭作证，就肖烨公司向明某某的公司借款 300 万元是否属于雷政富受贿款的相关事实接受了检辩双方质证。雷政富在庭审当中一直否认自己收受贿赂，并称"受贿 300 万是冤案"，并且赌咒发誓。参见徐伟等："雷政富庭上赌咒发誓称'受贿 300 万是冤案'"，载法制网：http://www.legaldaily.com.cn/index_article/content/2013-09/06/content_4828663.htm，最后访问时间：2019 年 5 月 16 日。

州市新北区人民法院对案件进行了开庭审理。检方指控：罗建茂于2012 年至 2017 年间，利用担任春江镇副镇长的职务便利，非法收受朱某某、嵇某某、盛某某等 8 人贿送的 126 万余元，为上述人员在工程承接、拆迁补偿、子女工作安排等方面谋取利益。对于公诉人的指控，罗建茂予以全部否认。"我的陈述如有假，包括我确有受贿和滥用职权事实，我现在当庭发出毒誓：'我全家死光光'。办冤案者以及仍坚持作假证的人，如坚持你们没错，你们敢发毒誓吗？" 39岁的罗建茂在法庭上递交的《陈述词》里说。[1]

罗建茂要求与办案人员对赌："谁作假，死全家"，这是一种维权之举，为证明自己没有受贿行为。不仅自己发毒誓，而且还要求对方也发毒誓，实在是基于觉得自己太冤枉，且已无其他之途径。

而事例 4 中的当事人则为证明自己的清白而被逼去观音山当着观音菩萨的面赌咒发誓了。

事例 4

2018 年 12 月，广东省东莞市第三人民法院审理了一起追讨名誉权的案件。某工厂员工小吕将前老板孙先生告上了法庭，称老板向自己的亲朋好友散播自己和老板娘"有一腿"的言论，给自己带来巨大的精神压力，要求老板公开道歉并赔偿精神损害赔偿金。而老板则称小吕和老板娘心里有鬼，逼着他们连续 3 年去观音山赌咒发誓，他们只去了一次就不肯去了，必须要教训他们一下。

小吕从 2011 年进厂打工，直到 2016 年才离职。2017 年年中的时候，老板突然打电话给小吕，叫他出去聊一聊。见到老板的时候才知道老板怀疑小吕和老板娘"有一腿"，小吕当然不会承认这种事。老板之所以会对小吕起疑心，是因为工厂在给员工补交公积金的时候，发现以前只帮几个员工买过公积金，而这几个人里就有小吕的名字。最开始的时候因为公积金不是强制买的，所以只给几个

---

〔1〕 刘虎："落马副镇长法庭上要求与办案人员对赌：谁作假，死全家"，载微信公众号：https://mp.weixin.qq.com/s/tNlNoEGgrPUJwLqgifyNNA，最后访问时间：2018 年 9 月 4 日。

工作突出的员工买了，而小吕的工作表现很一般，这让老板觉得其中另有隐情。老板为了查出真相，对所有的财务收支进行了检查，发现老板娘私底下给了小吕 15 000 元钱，而这笔钱并没有做账。对于这 15 000 元钱，老板娘和小吕的说法出奇的一致，说这是工厂给员工的"辛苦费"，这笔费用老板也知道，搞不懂他现在为什么说是私底下给的。看到这两人的态度，老板越发觉得两人"有一腿"，但是这两人怎么都不承认。为了让自己心里平衡一点，他逼着这两人去观音山赌咒发誓，当着观音菩萨的面说自己是清白的，两人迫于无奈去了一次，可是老板却再次要求他们要连续 3 年去观音山赌咒发誓。

小吕和老板娘果断拒绝了老板的要求，老板更加认定这两人做了亏心事，为了发泄心中的怒火，老板通过微信等渠道辱骂小吕，并向小吕和老板娘的亲友散布两人"有一腿"的言论，给小吕和老板娘孙女士带来了极大的精神压力，而小吕最终忍受不住，将老板告上了法庭。双方最终在法官调解下达成和解。[1]

小吕和老板娘去观音山赌咒发誓是为了消除老板的怀疑，还自己清白。赌咒发誓行为是老板逼迫所致。

三、赌咒发誓的程序规范

赌咒发誓的程序规范包括赌咒发誓的提出、赌咒发誓的形式、赌咒发誓的达成等方面的具体规范。

根据习惯法，赌咒发誓通常由一方当事人提出，个别也由其他人提出。如下面事例 5 中的赌咒发誓即是由一方当事人提出的。

事例 5

张某是卖猪肉的屠户，向郑某购进生猪。郑某于 2012 年 8 月以一纸诉状将其推上了被告席，称其尚欠货款 25 万元。法院审理时，张某坚称已全部清偿，但却无法提供任何证据佐证。张某意识到可

---

〔1〕 参见"老板怀疑员工和老板娘有一腿，逼着两人连续 3 年去观音山赌咒发誓"，载搜狐网：http://www.sohu.com/a/279925271_ 100280853，最后访问时间：2019 年 5 月 27 日。

能承担举证不力的后果，愈发焦躁，三天两头跑到法院里直呼冤枉，甚至唾沫与眼泪齐飞。审理的法官认为若非遭受了天大的冤枉，堂堂一名七尺之躯的壮汉不会在公共场合挥泪如雨。宣判前期，法官召集双方征询最后意见。郑某喜色暗露，要求法院支持其诉讼请求；张某则如热锅上的蚂蚁，不仅要求驳回郑某诉请，而且当场要求法院成全其与郑某对天赌咒。案件当然要依照证据规则下判，但倘若双方都对天赌咒，败诉方倒也无话可说；倘若郑某不愿意对天赌咒，那么此案极可能另有蹊跷。法官主意既定，顺水推舟，询问郑某是否愿意赌咒。郑某颔首。张某和郑某立即约定当日下午某时，各提猪头一个赶赴城隍庙献祭赌咒。法官临下班时，张某一个人匆匆赶来，口里不停地抱怨郑某毁约，致其苦等了一个下午，不得已只好先在城隍老爷面前发誓赌咒了。第二日，郑某前来申请撤诉。当法官笑问其为何爽约时，此君顾左右而言他。[1]

在这一事例中，信奉唯物主义的法官怀有恻隐之心，尊重当事人的敬畏城隍之心，没有否定张某的赌咒发誓请求，从而在没有任何证据佐证的情况下，借助一方提出的赌咒发誓而促成撤诉，解决了这一棘手的欠货款纠纷。[2]

按照习惯法，赌咒发誓的形式大致包括口头发誓、举行相应的

---

[1] 孔庆周："'猪头断案'记"，载《人民法院报》2013年11月24日。

[2] 当然，也有因为不配合赌咒发誓而引起纠纷的。如杨某因怀疑丈夫与刘某有不正当关系，便打电话找刘某理论并对刘某进行辱骂。刘某无端被骂后，心里面实在想不通。第二天一早，刘某提着香蜡纸钱到杨某家，要求杨某到庙里去赌咒发誓。杨某拒绝后，双方便发生争吵继而相互发生抓扯，纠纷过程中导致双方受伤。事后双方均到医院进行了治疗，因协商赔偿未果，刘某便将杨某起诉至法院。在诉讼过程中，杨某提起对刘某的反诉，法院依法进行合并审理。2017年11月，云南省威信县人民法院经审理认为，杨某因无端怀疑刘某与其丈夫有不正当关系，并打电话辱骂刘某，对此次纠纷的发生存在主要过错。刘某对待纠纷也没有通过正当途径解决，而是采取找杨某赌咒的不理智方式处理，导致矛盾激化，也存在一定过错。根据双方的过错程度，法院认定由刘某承担30%责任、杨某承担70%责任。该院对双方主张的损失进行核定后，判决杨某赔偿刘某各项损失3212.92元，刘某赔偿杨某988.13元。参见"昭通一女子因怀疑丈夫出轨，提着香蜡纸钱赌咒，结果！"，载昭通在线：http://www.0870.ccoo.cn/forum/thread-9883474-1-1.html，最后访问时间：2019年5月27日。

仪式、立文本盟誓等。〔1〕口头发誓较为简单，一方提出后另一方同意即成立。有的赌咒发誓须举行相应的仪式，如烧香赌咒发誓、砍鸡头赌咒发誓、饮血酒赌咒发誓、城隍庙献祭赌咒发誓等。而立文本盟誓则较为少见，往往在两个团体之间发生重大纠纷时运用。事例6中的王敬东采用的是向借款人口头发誓。

事例6

黑龙江省甘南县公安局原政委王敬东，1967年生，1991年参加工作，2009年12月任甘南县公安局政委至案发。2018年6月24日，齐齐哈尔市纪委监委对王敬东涉嫌严重违纪违法问题进行纪律审查和监察调查。

自称认识省某重要部门领导的王某"忽悠"王敬东要想达成仕途晋升心愿，需要一定的"活动经费"。为了筹措这笔钱，家境一般的王敬东开始向家人、亲戚和朋友借钱，甚至逼迫下属将钱借给自己。据王敬东交代，自己陆陆续续送给王某折合人民币80余万元的钱物用于"跑官""买官"，非但职务没有任何变动，反而为此债台高筑。而替他担保的基层民警因无法按时偿还银行贷款，个人银行信用受到损害，被动地成了"老赖"。之后，面对各方的催款压力，王敬东如坐针毡。他一面赌咒发誓安抚借款人尽快归还，一面东躲西藏避免与借款人见面。〔2〕

从生活实践观察，赌咒发誓往往为双方行为，双方形成共识、达成一致意见而共同行为，较少数为一方行为。广西金秀的苏重光就告诉我们这两种赌咒发誓的情况他都见过。

---

〔1〕 刘安的《淮南子·齐俗训》谈到各地人们赌咒发誓取信方式的不同："故胡人弹骨，越人契臂，中国血也。所由各异，其于信一也。"高诱注云："胡人之盟约，置酒人头骨中，饮以相诅；刻臂出血，杀牲血，相以为信。"他认为，胡人、越人与中原地区的盟誓目的都是为了取信，但是具体的方式不同，胡人将酒置于人头骨中，饮酒为誓，越地人在手臂上契刻出血，而中原地区则是歃血为盟。
〔2〕 "一次正常的职务调整后，他慢慢沉沦——黑龙江省甘南县公安局原政委王敬东严重违纪违法案剖析"，载360资讯：http://sh.qihoo.com/pc/9d8d9e528109cba64? cota = 4&tj_ url = so_ rec&sign = 360_ e39369d1&refer_ scene = so_ 1，最后访问时间：2019年5月16日。

从我知道，从我青年时代起，砍鸡头这种事情没发现过，但烧香赌咒我是见过的。这个烧香的是（20世纪）80年代以后，我见有两起烧香赌咒的。第一起在（20世纪）80年代初期，在（六拉）村上的，在大寨垌。当时具体什么原因引起烧香的我们不知道，我是路过那里看见的。一般是在上午。我们认为你们没经过村民委调解，没找我们的，我们见了这种事就不插手的，不吉利的。两个人在60岁以上了，一般都是老年人啦。就是看见有一方烧香的。（20世纪）80年代，另外一起，白沙村与金秀村的两个人，两人面对面一起去烧香赌咒，在（20世纪）90年代的，具体引起原因也不知道，村与村之间的事情。烧香有一个人烧的，也有两个人当面一起烧的，具体情况不一样的。[1]

从苏重光的亲眼所见可知，赌咒发誓为双方合意行为还是一方单独行为并无规定，由纠纷的具体状况、双方当事人的个性等因素所决定。

四、赌咒发誓的效力规范

赌咒发誓在某种程度上是一种心理安慰，是在精神上获得的胜利，从而定纷止争。按照习惯法，赌咒发誓由神威和社会权威保障其实施。赌咒发誓效力具体体现为警告、威慑、发泄、害怕、满足等，心理方面的影响最为突出。

赌咒发誓的效力，是基于民众对于神灵共同的崇拜与敬畏观念，并相信"善有善报，恶有恶报"，因此赌咒发誓能给赌咒发誓者和另一方当事人造成一种巨大的约束力与心理压力。[2]这种效力可能不是即时的、明显的，而是长期的、隐性的、潜在的，通常通过因果报应现象而得以体现。赌咒发誓是以神权维系社会诚信，以天谴神殛警诫违法者、违约者、失信者，从而化解纠纷。[3]在田野调查时，广西金秀老人苏道望就向我们介绍了这样一例砍鸡头赌咒发誓的效

---

〔1〕 苏重光访谈录，2010年1月7日。
〔2〕 参见吴承学："先秦盟誓及其文化意蕴"，载《文学评论》2001年第1期。
〔3〕 参见吴承学："先秦盟誓及其文化意蕴"，载《文学评论》2001年第1期。

力状况：

事例 7

三年前在道江有两家争杉树、杉木，后来两家就提出来按照石牌制砍鸡头，到道江那个河边去砍鸡头，就是赌咒。砍鸡头呢，主人家一家拿一只鸡，就一刀下去鸡头就砍断了，砍树的那家一刀下去鸡头就一刀断了。偷的这家呢砍的时候，鸡头没有断。回来以后呢，两三个月，这个家的主人就死了。老百姓过去没有见过这个东西，现在见了，你说灵不灵？你看死了没有？所以还是有神灵的。[1]

在围观的村民看来，这一次砍鸡头赌咒发誓是有效力的，神明裁决了这一纠纷并给理亏者予以严厉的处罚。美国学者萨林斯曾说："神存在于众多细节中。"[2]或许村民也是这样理解的，时间的先后、情形的连续，这些具体的细节似乎说明了什么、表明了什么，使村民相信了什么。

同时，在运用赌咒发誓解决纠纷时，提出赌咒发誓者往往在社会中得到更多民众的同情，取得社区成员的相信，得到社会舆论的支持。这种社会力量为纠纷的解决奠定了社会基础，保障了赌咒发誓这一特殊的解纷方式的有效性。

五、结语

赌咒发誓是一种古老并在当今社会普遍存在的社会现象，在一定条件下能够解决纠纷、平息争端、恢复社会秩序、维持社会和谐。

赌咒发誓规范为纠纷解决习惯法的内容之一，包括条件规范、程序规范、效力规范等。赌咒发誓规范主要为长期实践中形成的不成文规范，通过民众口耳而代代相传，延续至今，在某些纠纷的解决中仍具有一定的影响。赌咒发誓规范通过社会诚信观念、某种神

---

〔1〕 苏道望访谈录，2010 年 1 月 9 日。

〔2〕 ［美］马歇尔·萨林斯：《"土著"如何思考》，张宏明译，上海人民出版社 2003年版，第 37 页。

威等力量保障实施，具有一定的人性基础的支持。

随着我国教育的普及、科学的发展、社会的进步，赌咒发誓现象呈现数量减少、运用空间缩小的趋势，赌咒发誓规范的效力也随之出现趋弱的状况。不过，从民众的社会心理和历史文化传统考量，作为纠纷解决习惯法之一的赌咒发誓规范将在我国社会长期存在并发挥一定的功能。我们应该在现代法治建设的语境下客观地、理性地对待赌咒发誓规范，重视纠纷解决习惯法的积极功能。

学理探讨

纠纷及其解决规范的一种整体论思考：个体的视角
——兼对我国多元化纠纷解决机制的评论

韩　宝　火高发*

"纷争（纠纷）解决"这个研究主题，扩大了法学家的传统研究方法，也增加了与其他社会科学共同合作探讨纷争的研究景深。[1]

一、引言

每一个生活在社会中的个体，不免都会遭遇各种矛盾、冲突，这些矛盾与冲突有些是自我内心的，有些则是与其他个体、群体、社会，乃至国家的。在法学的视野中，较多讨论的是因这些矛盾和冲突所引发的诸纠纷的解决，[2]但相对较少关心纠纷本身及其发展过程，偶尔也会延伸至纠纷解决之后，当然也比较少关注纠纷发生

＊　作者简介：韩宝，法学博士，甘肃政法大学民商经济法学院副教授；火高发，甘肃众炀律师事务所律师。

基金项目：本文为甘肃政法大学 2019 年度校级重点科研项目（GZF2019XZDLW07）、2017 年度司法部法治建设与法学理论研究部级科研项目"藏族传统调解在藏区社会矛盾化解中的有效性和规范化建设研究"（17SFB2028）的阶段性成果。

〔1〕郭书琴："从法律人类学看民事纷争解决之诉讼观的演进——以家事纷争解决为例"，载《中研院法学期刊》第 20 期。

〔2〕参见［美］斯蒂芬·B. 戈尔德堡等：《纠纷解决——谈判、调解和其他机制》，蔡彦敏、曾宇、刘晶晶译，中国政法大学出版社 2004 年版，第 3~6 页。

之前的故事。这并不是没有疑问。一如有学者所指出的："如果仅仅把冲突看成冲突主体或主体间的孤立行为，不足以充分认识冲突的社会影响和意义，冲突的实际影响范围决不仅限于冲突主体本身。"[1]本文的目的是尝试将这些内容前后串联起来，形成一种关于纠纷（矛盾、冲突）及其解决的"整体论"视角。

无论我们多么不喜欢矛盾、冲突、纠纷，但"无争""无纷""无讼"……这只是人类的理想，而这或许只在荒岛上的"鲁滨孙"的世界里才有可能实现。可以推测，即便是在人类社会最初——"人民少而禽兽多"[2]——的时代，也未能实现此一理想。对于"无讼"，2000多年前的《论语》"颜渊"篇有："子曰：听讼，吾犹人也。必也使无讼乎！"皇侃《义疏》："言我所以异于人者，当讼未起，而化之使不讼耳。"[3]不过，这里的无讼，笔者认为其实是一种结果指向，而非是一种起初的追求。[4]今天我们能够确知，即便是孔子生活的年代，彼之社会并不必然就好于当下——"春秋之中，弑君三十六，亡国五十二，诸侯奔走，不得保其社稷者，不可胜数"[5]"世衰道微，邪说暴行有作，臣弑君者有之，子弑父者有之。孔子惧作《春秋》。《春秋》天子之事也。"[6]而且，这种事也不只发生在中国，希伯来的《圣经》"创世纪篇"所记该隐亚伯事亦然。[7]

因为纠纷、冲突、矛盾之不可避免，且时有发生，所以人们在有意、无意间一直在采取各种方式方法（特别是制定出一定的制度、规范），以防止、减少与解决具体的纠纷。这无论是在人类较早时期的原始部落群居时代，还是在后来进入了更高级的国家这种"利维坦"的时代，都是如此。人类对于这些纠纷、矛盾、冲突的回应还

---

〔1〕 顾培东：《社会冲突与诉讼机制》（第3版），法律出版社2016年版，第4~6页。

〔2〕 《韩非·五蠹》。

〔3〕 （梁）皇侃：《论语义疏》，高尚榘点校，中华书局2013年版，第312页。

〔4〕 参见廖名春："《论语》'听讼'章与《大学》篇的误读"，载《社会科学战线》2014年第6期；俞荣根：《儒家法思想通论》（修订本），商务印书馆2018年版；金敏：《眼睛就是一切："法"的语词与源流辨析》，法律出版社2019年版。

〔5〕 《史记·太史公自序》。

〔6〕 《孟子·滕文公下》。

〔7〕 冯象译注：《摩西五经》，生活·读书·新知三联书店2013年版，第9~10页。

在于对正常生活秩序的维持，尽管今天的世界已经的的确确成了"起火的世界"〔1〕——从各种小小的摩擦，到恐怖事件、区域冲突，"此起彼伏""连绵不断"。在某种意义上，从这些描述中，我们可以认为矛盾、冲突、纠纷其实是再正常不过的社会现象。我们也可以接受"冲突对于社会不只是消极，还有积极的一面"这样的观点。齐美尔很早就指出社会冲突不仅有助于社会整合、社会稳定，还有助于社会发展。〔2〕尽管如此，一如人们对于无讼的追求，即便消除纠纷是不可能的，我们还是希望通过人类自身的努力，以预防、减少、降低与解决纠纷。同时，我们也相信人性总体上是向善的，人类能够通过沟通避免或者减少纠纷、矛盾、冲突的发生。政治哲学家也从来没有放弃关于"良序社会"的设想。〔3〕

　　而这，首先在于我们对于纠纷及其解决的全面认识。从这个角度出发，单纯的纠纷解决研究——特别法学视角的研究——的研究链条还是显得短了一些，还可以向前、向后再做延伸。同时，即便是在关于纠纷解决机制的建构上，我们似乎也还可以再做探索。〔4〕

---

　　〔1〕 参见 ［美］蔡美儿：《起火的世界：自由市场民主与种族仇恨、全球动荡》，刘怀昭译，中国政法大学出版社 2017 年版。

　　〔2〕 参见 ［德］盖奥尔格·西美尔：《社会学——关于社会化形式的研究》，林荣远译，华夏出版社 2002 年版，第 4 章（第 226~227 页）；Georg Simmel, *Sociology*: *Inquiries into the Construction of Social Forms*, Translated and edited by Anthony J. Blasi, Anton K. Jacobs, Mathew Kanjirathinkal, Brill, 2009, Chapter 4；［英］戴维·迈尔斯：《社会心理学》（第 8 版），侯玉波等译，人民邮电出版社 2006 年版，第 381~382 页；［美］狄恩·普鲁特、金盛熙：《社会冲突：升级、僵局及解决》（第 3 版），王凡妹译，马戎校，人民邮电出版社 2013 年版，第 11~12 页。

　　〔3〕 ［美］斯蒂芬·平克：《人性中的善良天使：暴力为什么会减少》，安雯译，中信出版社 2015 年版；［美］马歇尔·卢森堡：《非暴力沟通》（珍藏版），阮胤华译，华夏出版社 2015 年版；［美］道格拉斯·C. 诺思、约翰·约瑟夫·瓦利斯、巴里·R. 温格斯特：《暴力与社会秩序：诠释有文字记载的人类历史的一个概念性框架》，杭行、王亮译，格致出版社、上海人民出版社 2017 年版；John Stewart, *Bridges Not Walls*: *A Book about Interpersonal Communication*, 11th Edition, McGraw-Hill Education, 2011.

　　〔4〕 刘荣军："纠纷解决理论缺失及其代价"，载徐昕主编：《司法：纠纷解决与和谐社会》，法律出版社 2006 年版，第 21~22 页。据范愉教授介绍："日本法学界的纠纷解决研究从法社会学和民事诉讼法学开始，逐步形成'纠纷解决学'的概念和体系。"参见范愉："纠纷解决研究的反思与展望"，载徐昕主编：《司法》（第 3 辑），厦门大学出版社 2008 年版。美国的乔治梅森大学有专门的"冲突分析与解决学院"（School for Conflict Analysis and Resolution），官网：https://scar.gmu.edu，最后访问时间：2019 年 4 月 8 日。

就我国当前的纠纷及其解决机制改革研究而言，处在非常显然位置的当然非（最高）人民法院主导、大力推动的多元化纠纷解决机制建设莫属。尽管从出发点上以及我国的实际现状来看，目前的制度推进模式有其合理性，但这可能与多元化纠纷解决机制的内在生发逻辑有一定的关系。从长远来看，这可能会使得多元化纠纷解决机制在我国的发展不能产生预期的效果，并阻碍其良性发展。受社会学理论方法的启发，我们还是可从思想的层面对我国方兴未艾多元化纠纷解决机制建设运动之一般理论机理以及实际运行做进一步的检讨。

对纠纷及其解决框架的思考不能脱离社会这个环境而只剩下抽离出来的"纠纷"这个对象及抽象的"纠纷解决"的概念，此其一；其二，在关于纠纷及其解决机制的检讨中，不应忽略当事人这个最主要的主体。本文的思路如下：首先，对"纠纷""矛盾""冲突"这一组概念进行再界分，以明确本文的讨论基础；其次，对纠纷及其解决机制内在关联进行宏观检讨；再次，对纠纷解决与纠纷的多元化解决之间关系进行讨论；最后，对我国多元化纠纷解决机制重构进行反思。

二、概念使用：纠纷、矛盾、冲突

从法学学者研究较多的"纠纷解决"的视角来看，"纠纷""矛盾""冲突"这三个词的边界并不是很清晰，也没有做细分的必要，是以，一般上的混合、交叉使用并不会有什么不妥。就日常生活实践而论，"纠纷"一词较多地是在法律的框架内使用；"矛盾"则出现在哲学的话语中，当然，其也很常被用在对人际关系交往的描述中，比如说某某与某某之间有矛盾、不和等；"冲突"既会在较小的（如个体）层面来表明一种比较剧烈的对立状态（或言语，或肢体），也会被用来描述较大的范围内的对立、对峙，甚至战争的状态，如"巴以冲突"。还有一个词是"争端"，其常被用在 WTO 争端解决机制中。另外，语言上的表意重叠以及习惯上的具体运用在一定程度上也使得前述界分显得意义不大，且有很大不确切性。比如，"芥蒂""杯葛""恩怨"等都有表示上述几个术语含义的意思。

　　但客观而言，这三个词之间还是存在一些不同，各自之使用语境和习惯也不尽相同，一些学者已经注意到了这一点。[1] 在某种意义上，至少是在大多数法学研究者的语境下，实际上是围绕"纠纷"这个中心将"矛盾""冲突"以及与此相关的一些术语串联起来，并希望用"纠纷"一词统辖各种各样的纠纷。这样能够节省实际研究上的概念讨论纠缠，但是，我们还是要意识到，在这个核心术语背后，他们在对待相应问题的解决逻辑及思路时还是有所不同的。在今天，我们很难再去讨论一种笼统的纠纷解决，而是需要去做一些分层处理的工作。（对此，后文会进一步论述。）

　　对"矛盾""冲突"的界分在一些社会学家的论述中反映得比较明显。比如，吉登斯就认为：[2]

　　我所说的冲突，是指不同行动者或群体之间实际发生的斗争，而不考虑这种斗争具体发生的方式及其动员的根源。虽说矛盾是个结构性概念，但冲突不是。冲突和矛盾之所以往往叠加在一起，是因为矛盾体现了各个社会系统的结构性构成中主要的"断裂带"，往往牵涉到不同集团或者说人群（包括阶级、但不仅限于此）之间的利益分割。矛盾体现了多种不同的生活方式和生活机会的分配。

　　我们可以认为，考察矛盾与冲突之间的关系，有三种情况特别重要：行动的不透明性，矛盾的扩散，以及直接压迫的普遍存在。

　　笔者比较赞同吉登斯的论述。在日常的用语习惯中，人们也是如此使用这两个概念的。比如毛泽东主席的《矛盾论》[3]、十九大报告关于我国社会主要矛盾的新表述[4]中的"矛盾"均不能被换做"冲突"。又如勒温关于个体心理冲突三类型——"双趋冲突"

---

　　〔1〕　参见张勤：《当代中国农村土地纠纷解决研究——以广东省为例》，中国政法大学出版社 2018 年版，第 3~5 页。

　　〔2〕　[英] 安东尼·吉登斯：《社会的构成：结构化理论纲要》，李康、李猛译，中国人民大学出版社 2016 年版，第 187、299 页。

　　〔3〕　《毛泽东选集》（第 1 卷），人民出版社 1991 年版，第 299~340 页。

　　〔4〕　《中国共产党第十九次全国代表大会文件汇编》编写组编：《中国共产党第十九次全国代表大会文件汇编》，人民出版社 2017 年版，第 9 页。

"双避冲突""趋避冲突"（Approach-avoidance conflicts）中"冲突"也不能被换做"矛盾"。[1]这几个术语有时候也会与"社会问题"存在一定的交叉。"社会问题"常作为一门专门的课程而存在,[2]大量的影视作品也往往取材于"社会问题",比如电影《钢的琴》[3]、《三块广告牌》、[4]《我不是药神》[5]等等。甚至问题也很难归到严格意义上的社会问题之中,其解决难度极大,或者说就是无解的。

对于"纠纷",有学者认为,从社会学的角度看,其实际上属于社会冲突（social conflict）的构成形式,反映的是社会成员间具有抵触性、非合作的,甚至滋生敌意的社会互动形式或社会关系。[6]或许,我们可以这样讲,正是因为有一定的矛盾、冲突,才产生了一定的纠纷。在趋向纠纷及其解决的方向上,笔者认为可以暂时悬置"矛盾"与"冲突"在内涵上的具体差异。迈尔斯用其偏向于描述式的语言写道:"不论处于冲突中的人们能否正确地知觉双方的行为,他们总是认为一方的获益就是另一方的损失。"[7]这也符合多数时候我们对于纠纷之发生的直观感受。

从法社会学的角度来看,其意义是相对确定的,其主要围绕的还是个体间的纠纷解决。很多时候,个体都是处在矛盾、冲突中——或是自我内心的冲突与矛盾,或是与他人间的矛盾与冲突,更有与社会的矛盾与冲突。其中,比较容易进入研究者视野的是那些已经显现出来的、最终有希望解决的纠纷。在这之外的纠纷,当事者或是寻

---

〔1〕 See K. Lewin, *A Dynamic Theory of Personality*, New York：McGraw-Hill, 1935.

〔2〕 比如徐震等:《社会问题》（第3版）,学富文化事业有限公司2013年版。

〔3〕 导演张猛2010年作品,王千源等主演。

〔4〕 英国导演马丁·麦克唐纳（Martin McDonagh）2017年作品,弗兰西斯·麦克多蒙德（Frances McDormand）等主演。

〔5〕 导演文牧野2018年作品,徐峥等主演。

〔6〕 陆益龙:"纠纷解决的法社会学研究:问题及范式",载《湖南社会科学》2009年第1期。有关纠纷及其解决的一个学术史梳理及批判可参见王亚新:"纠纷·秩序·法治——探寻研究纠纷处理与规范形成的理论框架",载王亚新:《社会变革中的民事诉讼》,北京大学出版社2014年版,第299~305页。

〔7〕 [英]戴维·迈尔斯:《社会心理学》（第8版）,侯玉波等译,人民邮电出版社2006年版,第381~382页。

求自我的内心不断调试或者在时间中慢慢愈合这种痛苦。[1]在这个层面上，纠纷解决的范围被人为地缩小了，过于微小的"摩擦""不愉快"与剧烈的（如"社会运动""战争"等）冲突一般都不在通常意义上的纠纷解决范围之内，即其主要偏向的是日常生活中的一般纠纷。

与日常生活纠纷相关联的是所谓的社会矛盾、社会冲突。无论是社会矛盾还是社会问题，其外延和内涵都较此处所讲的个体之间的"纠纷"为大。社会矛盾、社会问题的出现多半是制度性的，其解决要复杂得多，多需要社会政策的调整或者观念等缓慢改变。达伦多夫就认为："现代的社会冲突是一种应得权利和供给、政治和经济、公民权利和经济增长的对抗。"[2]比如医疗问题、出租车罢工问题、城中村改造问题[3]等。尽管如此，这并不是说在一般意义上的纠纷解决研究体系中，这些都是可以被排除出去的。首先，这是难以排除的，如果要排除，那就是某种"锯箭法"；其次，在具体的纠纷及其解决框架体系内，小的矛盾是有可能被激化为严重的冲突的，一定的社会问题往往也是矛盾和冲突生发的病灶所在；最后，虽然日常生活纠纷也与社会问题、社会矛盾有一定交叉、重叠的地方（比如征地拆迁），但总体上，纠纷总是被限定在一定范围内，其波及范围相对有限，在解决的程序、方式上也相对比较固定——目前形成共识的方式主要有协商、调解、仲裁、诉讼等。[4]在上述这些略显烦琐的论述下，我们可以看到的是，纠纷及其解决与社会之间有着直接的、丰富的关联，而"纠纷场"中的个体构成了最终的旨归。在这个意义上，将"纠纷"作为一种社会现象也许更能扩展我们关于纠纷及其解决的研究格局。

---

〔1〕 参见［美］卡伦·霍尼：《我们内心的冲突》，温华译，上海译文出版社2018年版。

〔2〕 ［英］拉尔夫·达伦多夫：《现代社会冲突》，林荣远译，中国人民大学出版社2016年版，前言第2页。

〔3〕 参见陈映芳等：《直面当代城市：问题及方法》，上海古籍出版社2011年版。

〔4〕 本文并没有使用"和解"，而是以"协商"一词作为同调解、诉讼等相并列的纠纷解决方式。这主要是因为，"和解"指的是一种纠纷在当事者之间得到解决的结果，而调解、诉讼则是一种程序进行的样式。协商，在纠纷解决的语境下，也指的是"谈判"。

三、"整体论"下的纠纷及其解决规范研究框架

(一) 研究视角转变的必要

在今天,何以思考纠纷及其解决?特别是从社会这个大的背景入手,而不仅仅是围绕纠纷的解决并采取一种技术主义的思路来考虑相关问题,这就有必要从诉讼及种种非讼纠纷解决方式的思路上扩展到纠纷及其解决机制的宏观/整体框架上来。对于各种非讼纠纷解决方式,我们实际上"挑选"的是诉讼这一主要纠纷解决方式之外的协商(谈判)、调解、仲裁及它们的变种,还有他们相互间的组合所形成的诸纠纷解决途径。但是,从社会现实来看,纠纷的解决/处理远不止这些。比如,电影《英雄本色》[1]中所表现出来的以复仇为底色的,只是程度略有差异的或被称为"私力救济"的江湖解决方法。再如,电影《甘地传》[2]中所表现出来的"非暴力不合作",这种"公民不服从"是否同样是一种纠纷解决方式呢?尽管日常生活绝非这两部电影所表现的那样,但各种"小江湖"乃至各种(冷)暴力离我们一直都不远。[3]此外,正如一些黑色电影所表现的那样,现实中,我们对各种冲突、矛盾、纠纷的看法并不是一成不变的,也会随背景情景的变化有一些变化,正如数学中的"模糊定律"所表达的那样。[4]

强调此,有以下几个方面的意义:(1)纠纷及其解决体系是宽广的,法律只是其方式之一,除此之外还有许多其他的方法。传统上有关纠纷解决的一种经典分类方法——"私力救济""社会救济""公力救济"——能很好地说明问题。一如前述我们在影视及小说作品中看到的江湖世界中的纠纷解决,又如《左传》里所记春秋时期列国内部及他们之间的种种纷争、冲突及其解决——暗杀、攻伐、

---

〔1〕 香港导演吴宇森1986年作品,狄龙、周润发、张国荣等主演。

〔2〕 英国导演理查德·阿滕伯勒(Richard Attenborough)1982年作品,本·金斯利(Ben Kingsley)等主演。

〔3〕 参见吕德文:《边缘地带的治理》,社会科学文献出版社2017年版;王学泰:《游民文化与中国社会》,山西人民出版社2018年版。

〔4〕 比如导演科波拉(Francis Ford Coppola)的电影《教父》。

战争等。[1]事实上，我们就是生活在一个充满矛盾、纠纷、冲突的世界社会中。是以，我们才会建立各种制度和采取种种途径来防止冲突，预防纠纷。尽管如此，还是有种种纠纷发生，这就使得有关纠纷及其解决的理论研究很有必要。（2）纠纷之法律解决的边界在一定程度上是相当模糊的，特别是在民事领域。当然，这依赖于我们如何来界定"纠纷"。（3）在社会的变迁过程中，一些曾经被视为并不适合国家法律介入处理的纠纷也逐渐进入了法律的调整范围。（4）就实际中的纠纷解决，很难说国家之法律就是适用范围最广的途径。（5）还是要明确纠纷法律解决的意义。基于此，我们有必要从一种相较宏观的视角来考察具体的纠纷及其解决式样。

	个 体（广义）				
纠纷结构（主体）	个体	群体	社会	国家诸管理结构（机关）	其他（商业帝国）
发生原因	（1）利益冲突/利益受损。资源占有、分配不公；（2）寻租；（3）竞争、嫉妒等。				
纠纷结构（主体）	个体	群体	社会	国家诸管理结构（机关）	其他（商业帝国）
表现形式例举（拓扑）	（1）熟人（亲人）之间；（2）陌生人之间等。	（1）广场舞等。	（1）环境污染；（2）报复社会等。	（1）"公民抗争"；（2）邻避运动（"无直接利益冲突"）等。	（1）霸王条款；（2）环境污染等。

---

[1] 参见唐诺：《眼前：漫游在〈左传〉的世界》，广西师范大学出版社2016年版。与此很接近的是苏力根据《史记》中有关周亚夫与汉景帝之间这种"冲突"而作的很有启发性的研究。参见周尚君、尚海明：《法学研究中的定量与定性》，北京大学出版社2017年版，第17~18页。

续表

	个 体（广义） ←——— ←—— ↓ ——→ ———→	
纠纷解决方式冲突管理	（1）隐忍或者暴力（武力）； （2）寻求（准）法律方法（诉讼、仲裁等），还是如采取上访、行政手段介入等方法，抑或纯粹个人私了； （3）事前预防、事中防止纠纷升级、事后积极救济。
纠纷解决之影响因素	（1）冲突各方对纠纷性质的认识，以及纠纷的剧烈程度； （2）当事人各方实力、态度及个性差异； （3）具体之解决方式及权威来源； （4）对解纷者的认同与信任程度； （5）纠纷生发之社会背景、环境； （6）纠纷文化等。
纠纷解决之结果	解决——部分解决（留有尾巴或引出新矛盾）——未解决（无解/僵局）

图 1　围绕个体的纠纷及其解决的可能图式（schema）

图 1 是一种对纠纷及其解决宏观展开过程的粗略描述。首先，笔者所理解的纠纷主要是围绕个体而展开的，这分别涉及个体与个体、群体、社会、政府等管理部门、其他主体之间的纠纷。其具体表现形式多种多样，上表仅列举了少数几种。个体与个体之间的纠纷可被笼统地分为熟人之间的纠纷与陌生人之间的纠纷，前者发生之比率其实要更高。陌生人之间的纠纷则为法治化社会下快速流动之陌生人所熟稔。除个体之间的纠纷外，还存在个体与群体之间的纠纷（比如近年来因广场舞音乐而生的纠纷）、个体与社会之间的纠纷（比如个体对社会的报复、整体性的环境污染等[1]）、个体与管理机关之间的纠纷（比如各种所谓"群体性事件"，有时则与公民抗争等联系在一起）、[2]个体与其他组织之间的纠纷（如与一些企业

---

　　〔1〕　参见［英］克里斯蒂娜·科顿：《伦敦雾：一部演变史》，张春晓译，中信出版社 2017 年版。

　　〔2〕　［美］拉塞尔·哈丁：《群体冲突的逻辑》，刘春荣、汤艳文译，上海人民出版社 2013 年版。

之间在环保、个人消费等方面的纷争)。[1]纠纷解决方式可以被划分为三种类型：首先是从隐忍到暴力[2]这样一个变动带；其次则是方式方法上是否依赖于司法及准司法的正式、规范机制，这其中特别要重视的是行政处理在我国的特别意义；最后则为是事先制定明晰的规范予以预防，还是事中降温，抑或事后应对。

对于影响纠纷解决的因素笔者暂且指出六个方面：(1)"冲突之性质、剧烈程度"，影响是十分明显的。(2)"当事人各方之实力、态度及个性差异"，比如对于"好狠斗勇""无事生非"的个体，具体的纠纷解决会比较棘手。(3)"具体之解决方式及权威来源"，比如某些纠纷可能会因宗教等力量介入而得到解决；[3]又如，律师等专门力量的参与亦会影响纠纷之解决。(4)"对解纷者的认同与信任程度"，其与前面一点有一定关联。(5)"社会背景、环境"，比如"为什么我们越来越短视，世界越来越极端"。[4](6)"纠纷文化"，比如我们文化中关于"和"的强调。对于纠纷解决之结果，笔者同样是给出了一个从完全解决到未能解决的变动带。

(二)类型化纠纷的宏观思考

1. 多维度下的"纠纷"再论

尽管"纠纷"难以界定，但其并不是一个不能分析的概念。纠纷的样态各式各样，难以一一列举。平常我们也多是采用一定的标准，尽量简约地进行归类处理，以期达到韦伯"理想型"的标准。比如，刘正强通过"(泛)血缘关系强度"与"纠纷涉法(诉)性"

---

〔1〕 比如史蒂文·索德伯 2000 年导演，朱莉娅·罗伯茨等主演的电影《永不妥协》(Erin Brockovich)。又如 [美]乔纳森·哈尔：《漫长的诉讼：环境污染白血病儿童和对司法公正的追求》，李文远、于洋译，新世界出版社 2018 年版。

〔2〕 暴力不仅会导致纠纷、冲突的发生，也是作为一种比较极端的纠纷、冲突解决方法。[美]兰德尔·柯林斯：《暴力：一种微观社会学理论》，刘冉译，北京大学出版社 2016 年版；[美]亨利·查尔斯·李：《迷信与暴力·历史中的宣誓、决斗、神判与酷刑》，X. Li 译，广西师范大学出版社 2016 年版。

〔3〕 参见王勇：《草权政治：划界定牧与国家建构》，中国社会科学出版社 2017 年版。

〔4〕 借自同名书，参见 [美]保罗·罗伯茨：《冲动的社会：为什么我们越来越短视，世界越来越极端》，鲁冬旭、任思思、冯宇译，中信出版社 2017 年版。

的强弱这两个维度，整理出了关于民间纠纷的四种理想类型。[1]当然，归类在清晰化纠纷现象与事实的同时，也会牺牲一些纠纷样态。比如，法学视野中的"纠纷"其实只是"纠纷"的一部分，或者说是被限定后的"纠纷"。典型的法学人常常以部门法来人为地区分某一纠纷，像民事纠纷。不过，立场上的偏差也可能使得不同之主体对纠纷的表述并不一致，如法官、律师、当事人各自对某一纠纷的差异表述。[2]稍微转化视角，从人类学、社会学的角度出发，视野会更宽广一些，也更全面一些。随着社会的发展变迁，不断会有新的纠纷类型出现。纠纷类型未被列入法律的范围并非一概无意义，只是法律未对其进行评价而已。从社会去看纠纷，则使得"纠纷"本身立体化，改变了法律视野的平面化。"在中国社会，特别是中国传统社会，真正涉讼的法律行为能有多少呢？大量的法律行为，其实就是我们日常社会生活的一部分，这些每日每时发生的行为，才是真正意义上'活的法律'……社会生活中真正的'活法'，却往往自有一套完全不同的评判和裁决，并且无视法律规定和司法的评判与裁决。"[3]

由于纠纷的种类千姿百态，具体到纠纷的定义上，其内涵与外延都难以明确，在这个意义上，纠纷更适合去描述，这也更容易反映出纠纷的全貌。[4]比如说，在征地拆迁中，由于补偿款不能按时到位，一个本不可能演化成纠纷的事实成了纠纷；又如，不断见诸媒体的由广场舞大妈引起的噪音污染等纠纷。在某种意义上，这些其实并不是纠纷，而是由城市公共活动空间的狭小而引起的。[5]又如，

---

〔1〕　比如刘正强："法治话语下的血'稠'定律——以缘'分'为基础的纠纷类型构建"，载《江海学刊》2016年第6期。

〔2〕　[美]博西格诺等：《法律之门》（第8版），邓子滨译，华夏出版社2007年版，第700~703页。

〔3〕　尹伊君：《红楼梦的法律世界》，商务印书馆2007年版，第17页。

〔4〕　比较典型的如劳拉·纳德（Laura Nader）的研究。See Laura Nader, Harry F. Todd, *The Disputing Process : Law in Ten Societies*, Columbia University Press, 1978.

〔5〕　邓志伟、刘秀芬："广场舞纠纷的博弈与求解——一个容忍义务的分析框架"，载《法律适用》2015年第12期。

我国司法实践中，法院明确将一部分纠纷排除在受理范围之外。[1]从民事诉讼的性质来看，根据法律的规定，一些纠纷是不能进入民事诉讼的程序的，而且，法律也对这些未能进入诉讼程序的纠纷的解决提供了指引，但实践往往是使这些纠纷中的部分永远也无法再得到救济。我们无法期待国家能够对每一件纠纷都能做出公正的裁决，也无法要求每一件没有通过国家解决而是寻求社会救济的纠纷都能得到圆满解决，但这其中的损失代价需要谁来承担？如果是当事者的话，他又应承担到一个怎样的限度？类似的困惑还能举出不少。

从这里出发，法学视野下的纠纷及其解决研究可能有其局限性，难以细致地去检讨纠纷的发生动力、发展变化、最终处理结果。在法律意义上对纠纷及其解决进行的模型化分析，实则是一种框架式思维，[2]这不仅是遮蔽，主要是有意忽视某些并非不重要之内容。阐释并非总是有意义，而描述也并非无意义。某种意义上，客观、理性、有价值、有意义的阐释几乎是不可能的。反之，描述表面上看是无逻辑的事实摆陈，但它可以提供有用的信息，进而帮助读者形成相对准确的判断。这一思考径路受到了格尔茨的影响。其不只关注"是什么"，还对"为什么"进行解读。同时，某一行为/事件与周遭环境的关联也在研究之中。[3]一如约翰·多恩所言："没有人是一座孤岛。"正是基于前述考虑，本文对纠纷的类型处理，主要是从纠纷主体出发的。

2. 规范-制度化的解纷方式与非规范-非制度化的解纷方式

就时下的观点来看，纠纷之解决方式突出的是多元化，但是这种多元化往往是建立在一种二分法上的。比如，诉讼与非讼[4]的方

〔1〕 参见江必新主编：《新民事诉讼法理解适用与实务指南》，法律出版社2012年版，第470~475页。又见《最高人民法院关于人民法院登记立案若干问题的规定》（法释〔2015〕8号）第10条。

〔2〕 赵鼎新：《社会与政治运动讲义》（第2版），社会科学文献出版社2012年版，第210页。

〔3〕 ［美］克利福德·格尔茨：《文化的解释》，韩莉译，译林出版社2014年版。

〔4〕 纠纷的法律外解决，这在学术话语中是一种非常模糊的表达。在一般的学术文章中，纠纷的法律外解决、纠纷的多元解决、纠纷的非讼解决，乃至ADR往往有混合适用的情形。但是，本文认为还是有对这些术语进行区分的必要。特别是其中的ADR，本文

式、正式与非正式的视角；[1]又如，机构解决与非机构解决等。不过，如果是将"纠纷"作为一种社会现象，同时希望将尽可能多的纠纷解决方式涵盖进来的话，前述分类法还是可以再做一些修改。比如，置于"规范-制度化的解决到非规范-非制度化解决"这个光谱上，进而囊括进前述二分法中有可能遗漏的"边缘地带"。这是因为：首先，在某种意义上，就诉讼这一解决纠纷的主流方式而言，由于我国司法裁判的调解中心主义，法院裁判同样并不是一个严格的规范纠纷解决方式，这在基层法院及其派出法庭的日常司法活动中体现得较为明显。其次，在一些被视为是典型非讼方式的纠纷解决方式中，比如调解，其也不再是我们所讲的传统德高望重人士的"卡里斯玛权威"；而是出现了较为专业和技术化的职业调解机构，并渐次成为未来的一种发展方向。最后，随着社会中新的纠纷类型的出现和人们在纠纷解决方式上的多元选择，我们已很难再用诉讼、非讼的二分法来解释其间的纠纷解决逻辑。在这一点上，"后现代的审判方式"是有其意义的。由此，如果依然从诉讼、非讼的角度来划分具体的纠纷解决方式，其原来的意义将会丧失。规范与非规范化的划分方法则可较好地回应前述矛盾。一些学者的研究也反映出了这一点。[2]

（三）纠纷及其解决机制否思

从目的来看，研究"纠纷"最终还是要关联到具体的纠纷解决机制。在过往诸多的研究中，首先为我们所接触的是大量的人类学个案研究。如果将一起纠纷的前前后后用稍微抽象的学术话语来表达的

（接上页）认为它在美国和中国，有很大的背景上的差别。纠纷的非讼解决，一如其字面意思，就是纠纷通过诉讼之外的方式进行解决。纠纷的非讼解决不排除纠纷的法律解决，这全赖如何看待法律的范围。如果是较为广义的理解法律，特别是将其作为一种制度安排的机制而不仅仅是一种工具，那么纠纷解决之常规形态——不管是调解，还是协商——都有可能是在法律（法治）的思维和框架下进行的。反言之，法治理念不畅，即便是纠纷通过诉讼这种最为典型的法律方式来解决，也可能并不是法律的逻辑，而可能是行政的，甚至是强权、暴力的。纠纷的多元解决重在表现纠纷解决形式的混合和多元，是最宽泛的一个术语。

〔1〕 [英] 西蒙·罗伯茨、彭文浩：《纠纷解决过程：ADR 与形成决定的主要形式》（第2版），刘哲玮、李佳佳、于春露译，傅郁林校，北京大学出版社 2011 年版。

〔2〕 参见梁平："多元化纠纷解决机制的制度构建——基于公众选择偏好的实证考察"，载《当代法学》2011 年第 3 期。

话，大抵是如下图（图2）所表示的式样。[1]这张图非常直观地显示了一个具体的纠纷从其发生、升级到最后的结束的全部内容，这也是当事人这一个体在面对纠纷时可能选择的矩阵。

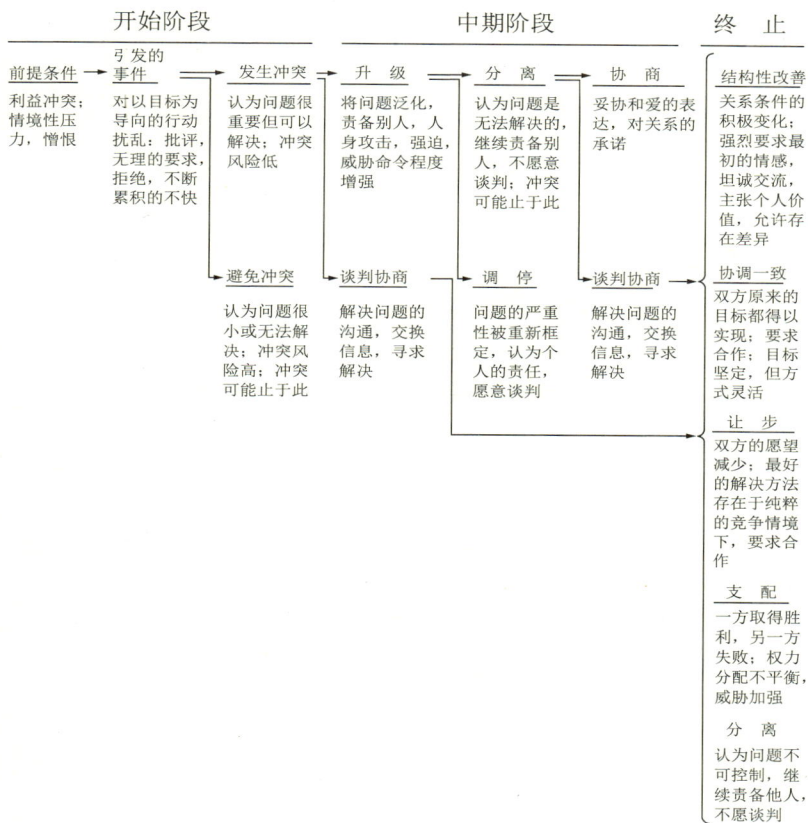

开始阶段

前提条件
利益冲突；情境性压力，憎恨

引发的事件
对以目标为导向的行动扰乱：批评，无理的要求，拒绝，不断累积的不快

发生冲突
认为问题很重要但可以解决；冲突风险低

避免冲突
认为问题很小或无法解决；冲突风险高；冲突可能止于此

中期阶段

升级
将问题泛化，责备别人，人身攻击，强迫，威胁命令程度增强

谈判协商
解决问题的沟通，交换信息，寻求解决

分离
认为问题是无法解决的，继续责备别人，不愿意谈判；冲突可能止于此

调停
问题的严重性被重新框定，认为个人的责任，愿意谈判

协商
妥协和爱的表达，对关系的承诺

谈判协商
解决问题的沟通，交换信息，寻求解决

终止

结构性改善
关系条件的积极变化；强烈要求最初的情感，坦诚交流，主张个人价值，允许存在差异

协调一致
双方原来的目标都得以实现：要求合作；目标坚定，但方式灵活

让步
双方的愿望减少；最好的解决方法存在于纯粹的竞争情境下，要求合作

支配
一方取得胜利，另一方失败；权力分配不平衡，威胁加强

分离
认为问题不可控制，继续责备他人，不愿谈判

图2　冲突的过程，包括开端、中期阶段和终止

　　在上述研究之外，更抽象、更一般的研究是所谓的"制度论"与"过程论"。大体说来，制度论是将人类纠纷解决之类型整合在一个具体的框架之中，比如"金字塔模型""佛塔模型"（dispute pagoda）

---

[1]　See D. R. Peterson, *Conflict*, In H. H. Kelley et al.（ed.），*Close Relationships*, W. H. Freeman and Company, 1983, pp. 360~396, 转引自［美］沙伦·布雷姆等：《亲密关系》（第3版），郭辉、肖斌译，人民邮电出版社2005年版，第277页。

"纠纷树模型"等等。[1]后来，又有学者倡导从纠纷的制度研究转向过程研究，其中的代表是日本学者棚濑孝雄。棚濑体系如下图3所示，其中之纵轴"按纠纷是由当事者之间自由的'合意'还是由第三者有拘束力的决定来解决而描述"；横轴"则表示纠纷解决的内容（合意或者决定的内容）是否事先为规范所规制这一区别"。[2]

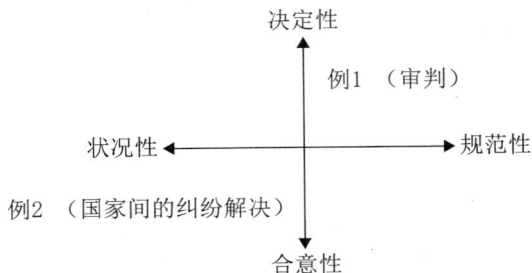

图3　纠纷解决过程的类型轴（解决者视角）

　　"制度论""过程论"在各自的范式条件下，都具有非常强的阐释力。在多元化纠纷解决理念不断被倡导的今天，具体的实践更是一日千里，诸多解纷产品琳琅满目。[3]但当我们回过头来，特别是从纠纷当事者的角度再去反思的时候，目下方兴未艾的"多元潮"是否已逐渐成为一种意识形态进而成为一种强势话语，而距离实际的纠纷与这其中的当事者距离却远了呢。无论接受与否，不管是"制度论"抑或"过程论"，在其模型的设计的假设里，实际上都是自合法的纠纷解决方式出发的，无论这种解纷方式是国家的正式制度建构抑或非正式民间（社会）习惯。比如，它实际上是将那一部分纠纷解决方式排除在外。[4]更进一步讲，制度论、过程论实际上

────────────

〔1〕　参见韩宝："民事诉讼、纠纷解决、诉讼外纠纷解决机制"，载《政法学刊》2016年第1期。

〔2〕　参见［日］棚濑孝雄：《纠纷的解决与审判制度》，王亚新译，中国政法大学出版社2004年版，第7~8页。

〔3〕　参见胡仕浩、龙飞主编：《多元化纠纷解决机制改革精要》，中国法制出版社2019年版。

〔4〕　参见王笛：《茶馆：成都公共生活的微观世界1900-1950》，社会科学文献出版社2010年版。

还有补充的空间。首先，结合前文的论述，从个体的角度来看，其对纠纷之反应实际上是从最消极的隐忍、忍让这种不作为，到无所不用其极这种最积极的作为之间变动选择的。其次，就具体的解决方式而言，有一部分纠纷实际上并不以国家正式制度、主流文化所认可与接受的途径解决。当然，还有一部分纠纷的解决实际上是很难被界定的。比如，"小闹小解决、大闹大解决、不闹不解决"中的"闹"字诀。有时候，这种"闹"可能就是"无理取闹"，但有时候却是万般无奈下的不得已选择。从这些角度出发，我们似乎可以重新去思考一个关于纠纷与纠纷解决的新的框架（如图4），这个框架将围绕"合法/制度内-不合法/制度外（显性-隐形）""作为-不作为"这两个维度来展开。是以，重思诸纠纷及其解决机制并建构其模型至少要考虑到纠纷发生的动力机制、纠纷解决的成本、纠纷解决的核心问题、纠纷解决的内在机理，以及以当事人为中心的"公平"[1]机制的形成等方面。申言之，如果是将纠纷作为一种社会现象，或者说再次返回到棚濑孝雄从制度转向过程的研究，我们有必要做更深入之思考。由此，一种将"制度论"与"过程论"重新结合起来的"整体论"显得很有必要。

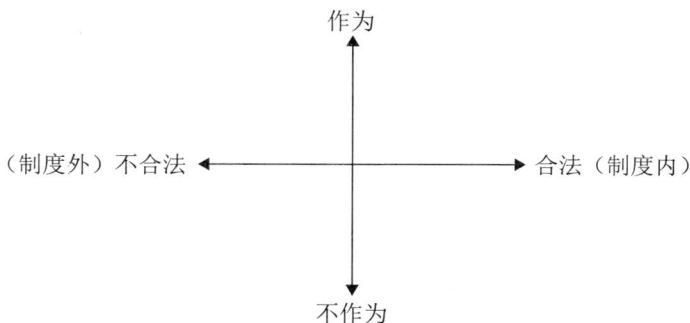

图 4　纠纷解决过程类型轴（当事人视角）

如图4所示，在有关纠纷及其解决的图示不再只是关于纠纷解

---

〔1〕"公平"与"公正"还是有些细微的区别："公平"，是当事者本人的一种感觉；"公正"则是对纠纷处理结果的一种评价。问题是"公正"要如何去做？

决诸方式的正面描述，其还包括那些并不那么正面的以及比较被动的解决方式，以及个体的具体行为。[1]具体而言，纵轴显示的是实际的纠纷当事者在面对一个具体纠纷时的态度、极有可能的解纷方式选择范围。一些时候，个体对于已经发生之纠纷极力抗争，寻求一定的解决；但在另一些时候实际上选择的却是"默默承受"。在横轴上，需要特别强调的是，尽管现实生活中存在一些不被国家正式制度所接受的纠纷解决方式，我们习惯上对其也多采取批判，或者说不提倡的态度。对于那些非法的解决纠纷方式，不仅是国家予以禁止的，也是严厉打击的。但是，我们不能接受一种纠纷解决方式，不等于其就不存在，这对于纠纷的解决研究来说，实际上是不全面的。[2]显然，对于怎样的纠纷解决方式才是能够接受的，当事人与国家之间的认识并不总是一致的。如果是从社会学的角度来考察纠纷及其解决的话，我们需要做尽可能全面的考察，而无法只截取一段。这种"只管一段"的方式难免会割裂纠纷及其解决的复杂性以及其与社会的千丝万缕的纠缠关系。

前面已经分析过的制度论，过程论，以及笔者又提出的整体论与我国当前的多元化纠纷解决机制深化改革有什么关联呢？显然，在我国的多元化纠纷解决机制在某些方面越来越与国际接轨的同时，更多的地方显示出来的还是非常明显的中国特色。一如我们在前文已经指出的，国家主导下的多元化纠纷解决机制尽管在最初能够取得很好的效果，但是从长久来看，其不仅会带来持续的经费投入，还面临是否能够真正地在社会中有效成长的问题。[3]一言以蔽之，这种借助于自上而下式的假设制度设计思路，在实际运行上的偏差可能会更大一些。这就需要一定的反馈机制来不断修改与完善这一制度，此时就有必要借助社会学的思路，从个体行动本身及与社会环境的关联入手，做一种反向式、整体式思考。

---

〔1〕 参见刘志松："纠纷解决与规则多元"，载《甘肃政法学院学报》2010年第2期。

〔2〕 这方面的研究可参见徐昕：《论私力救济》，广西师范大学出版社2015年版；翟羽艳：《民事权利救济模式的选择：在公力救济与私力救济之间》，法律出版社2017年版。

〔3〕 参见廖永安、刘青："构建全民共建共享的社会矛盾纠纷多元化解机制"，载《光明日报》2016年4月13日。

四、从纠纷解决到纠纷的多元化解决

（一）多元化纠纷解决机制下的纠纷解决

在今天的语境下，纠纷的解决与纠纷的多元化解决之间有一些细微的差别。从字面上去解释的话，纠纷的解决偏向的是过程，而纠纷的多元化解决偏向的是解决方法的多样性及丰富性。一般而言，纠纷的多元化解决指的是诉讼与诉讼外这样两种大的分类。但是，在今天，多元化纠纷解决机制在更大意义上偏向的是纠纷的诉讼外解决。尽管从我国的官方表述以及有的地方立法来看，多元化纠纷解决机制仍然包含诉讼与诉讼外这两类。但是毫无疑问，其重心是在后面，之所以这样规定，笔者猜想这是为了回应近年才有的"诉调对接"制度。但是"诉调对接"制度的出台有其时代背景，而且我们也可以看到，这一制度在实践中运用得并没有期待中的那样广泛。

在最广泛的意义上，诉讼外纠纷解决方式应当泛指诉讼途径之外的一切解决方式。但如果是以建制化的思路来理解诉讼外的诸非讼纠纷解决方式，那至少是暗含了这种解决方式一定是国家法律与正式制度所认可或者不排斥的合法解决方式。这在一定程度上又使得我们对多元化纠纷解决机制的理解产生了一定的困扰。即如何看待那些尽管是诉讼外的纠纷解决方式，但实际上并不是能够为国家所认可与接受的诉讼外纠纷解决方式。我们知道，对于那些问题严重到一定程度的诉讼外纠纷解决方式，国家会予以严厉的打击和制裁，并禁止之。但是，从社会现实的视角来看，这并不是总能完成的任务，否则就不会有那些灰色，甚至是黑色地带存在的可能了。[1]比如，如果不是这样，国家也不会对一些民间收贷行为进行严厉整治和打击。因此，目前的诉讼以及建制化了的诉讼外纠纷解决体系其实只是社会中存在之纠纷及其解决体系的一部分。

---

〔1〕 指出这一点，笔者当然不是说要为诸灰色乃至黑色的纠纷解决方式正名，而是想说，纠纷在实际的解决中不仅是复杂的而且是艰难的，制度所能做到的只是一部分。申言之，纠纷之解决不可能是尽善尽美的，而且，纠纷解决还应当有其他的一些于纠纷解决之实际安排之外的保障。（这一点会在后文"制度剩余"处再做补充）

其次，再回到这种建制化的多元化纠纷解决机制本身。我们知道，我们在对纠纷解决机制进行诉讼与诉讼外二元划分后，就会面临一个选择的问题，困难在于我们无法在事先就决定好，将哪些纠纷划入到诉讼的管辖范围内，而将另一些确定为诉讼外的解决范围。即是说，"诉讼"与"诉讼外"这两个语词的清晰表达并没有带来相应的实践运行上的清晰。尽管从理论上来说，这二者并没有多少冲突，因为这完全可以通过纠纷当事人的自由选择来完成。但问题可能正在于此——对于制度设计者希望由诉讼来解决的纠纷，当事人有可能选择规避法律而不采用诉讼的方式。相反，制度设计者希望当事人通过诉讼外方式解决纠纷，但当事人并不这样做。后一点似乎没有什么问题，但国家的司法能力以及资源总是有限的，需要诉讼外纠纷解决方式予以补充。这一点在我国当下的司法实践中表现得特别突出，即对于进入法院的纠纷，法院在实际的分流上并不是特别有效。此外，法院的困难还在于，对于进入法院的纠纷其一般不能拒绝裁判，即便是法院认为可以采取诉讼外的方式进行解决的纠纷，理论上法院不能强制当事人退出法院裁判，可见，诉讼与诉讼外这两类并不存在紧张关系的纠纷解决方式有时难免会发生一些冲突。在十八届四中全会后，我国多元化纠纷解决机制的建设步伐进一步加速，在这一过程中，最高人民法院出力尤多。不过，"多元化解、诉调对接和繁简分流尚未全面落地"，[1]"传统意义上倡导的社会矛盾化解机制不同程度出现制度失灵，甚至局部出现了公民自治化解启动难、社会组织化解推动难、行政化解落实难、仲裁等准司法化解功能发挥难、诉讼内法定便捷程序实施难、法院倡导多元化解机制呼应难的尴尬局面"。[2]

当事人不选择诉讼外的纠纷解决方式，既与文化心理有关，也与纠纷解决制度在今天的制度安排有关。在今天的社会，法律的地位被提到了前所未有的高度，通过诉讼的纠纷解决方式也具有了非

---

〔1〕 "全国法院立案登记制改革两周年新闻发布会" 2017 年 5 月 18 日。

〔2〕 江苏省泰州市中级人民法院课题组："矛盾纠纷多元化解机制的实践困境与路径探析"，载《中国应用法学》2017 年第 3 期。

常神圣的地位，这一昭示使得当事人对诉讼有了非常高的期待，有时候甚至是唯一的期待。所以，我们也不难理解就我国目前的社会现实，即便其纠纷没有必要进入法院，更加适合诉讼外的途径进行解决，纠纷当事人也仍然会选择通过诉讼来解决其纠纷。在这里，法院司法资源紧张无法成为当事人考虑寻求诉讼外纠纷解决方式的一个因素。因为其从心态上就是要进行诉讼。

就前面这几点分析，除却第一点之外，在后两点还是能够发现一些问题的，即多元化纠纷解决机制下的纠纷解决体系还是存在一些可以进一步讨论的空间的。这不仅在于诉讼外纠纷解决自身，还在于诉讼与诉讼外纠纷解决方式之间。结合我国的司法实践，笔者在这里主要想对后一个方面的问题略做讨论。当诉讼成为纠纷解决之最终权威的最后获得地时，诉讼外的诸方法都有可能被推翻。笔者在此想将目光转移到纠纷诉讼解决的底线与诉讼外解决的边界这个更为抽象一点的问题上去，以回应这二者关系的协调问题。

客观地说，目前的诉讼外纠纷解决方式与诉讼相比优势并不大。暂且不论诉讼对诉讼外方法的虹吸效应，相对于诉讼，诉讼外纠纷解决方式十分没有竞争力。而试图通过诉调对接、确认人民调解协议这些方式来提振诉讼外纠纷解决方式的思路实际上只能是补充性的，而不可能真正成为主流，如果这成为主流则恰恰反证了诉讼外纠纷解决方式的失败。同时要注意的是，需要通过诉讼得到解决的纠纷如果不能进入到诉讼之中，便会被逼迫着选择诉讼外的纠纷解决方式。绕了一大圈，要想实现多元化纠纷解决机制下的纠纷解决体系的健康运作，还得要提升诉讼本身的公信力和司法本身的能力。不再让纠纷当事人有那种制度供给上的短缺感和惶恐。只有在这一前提下，当事人才会有选择诉讼外方式的信心。因为在具有很大不确定的情况下，当事人只能选择风险最小的那一种方式。即这里的纠纷解决必定会导向某种形式的诉讼中心主义，而难以形成有效的多元。当然，这个问题或许不必然是法院的原因，而是社会本身存在的问题。但就法院自身的功能和定位而言，问题的症结却要从这里打开。申言之，纠纷的诉讼解决这个底线，法院要能够实现；同时，纠纷的诉讼外解决也是有其边界的，其边界之处一定是诉讼能够接手之处。

纠纷多元化解决的边界问题。无论承认与否，相对于以强大的国家机器为后盾的"诉讼"这种纠纷解决方式，诉讼外的纠纷解决方式有时候是非常脆弱的，能力也是有限的。申言之，对于有些纠纷而言，诉讼外纠纷解决方式是无法解决的，这个时候很当然的是让这些纠纷顺利进入诉讼的管辖范围，但问题是法院有可能会拒绝这样的纠纷。这就使得这些纠纷有可能进入笔者在前文中所多处提到的非法的灰色解决地带。法院之所以能够成为社会正义的最后一道防线，不是在于其能解决那些诉讼外纠纷解决方式亦能解决的纠纷，而是解决那些诉讼外纠纷解决方式所不能解决的纠纷。

在结束这些关于诉讼与诉讼外纠纷解决方式的宏观、抽象讨论之后，再对本部分开头时候的建制化问题作一交代。尽管多元化的纠纷解决机制是要指向诉讼之外的诸解纷方式的，但当其要以一种相对固定化（特别是建制化）的模式安排下来时，就可能会发生一些与其本意相反的变化。原因在于，建制化首先要寻求一个关于纠纷解决的典型模型，而诉讼架构正好是最好的样本。如此，建制化的非讼纠纷解决方式从一开始就与诉讼有了千丝万缕的关联。其在程序上的类司法性就说明了这一点。事实上，当诉讼与诉讼外纠纷解决方式的各种融合以及法院的各种附带 ADR，还有多门法院（multi-door court）花样迭出时，诉讼外纠纷解决方式的诉讼化就很明显了。从优点上来说，建制化的诉讼外纠纷解决方式更加适合于今天这个陌生化的社会对于规范性的要求，相信在未来的某一天，随着诉讼规则的进一步软化，诉讼与某些诉讼外纠纷解决方式将会变得非常接近。再从不足上来看，对于建制化的诉讼外纠纷解决方式，特别是一种被笔者称为国家主义的多元化纠纷解决机制建构，似乎还可以再做一些讨论。申言之，我们对于诉讼外的纠纷解决方式还是适宜采取比较开放的态度，制度先行不一定能够应付得了不断出新的社会。而社会中的主体是能够通过自身的调试摸索出很好的纠纷解决方式的，比如"支付宝"的出现。

无论身处一个怎样的社会，都是只有一部分纠纷能在建制化的纠纷解决方式中得到解决。换言之，还有相当一部分纠纷的解决必定是在这些正式制度之外的，或者说是正式制度所无法实际"管辖"的。那么在这一境况下，至少是从学术的角度，我们有必要在更为宏观的纠纷解决体系中观察之。申言之，多元化纠纷解决机制只是这个宏观纠纷解决体系的一部分。即是说，我们既不能认为多元化纠纷解决机制就是全部的解纷方式，也不必对那些实际上是游离于正式制度之外的解纷过程感到诧异。在这之中，培育良好的社会以及保持社会最低限度的正义是必要的。同时，我们也要认识到社会自身的复杂性。结构主义地看，人类其实并没有走出多远，变化了的只是纠纷的内容，不变的还是复杂社会中的复杂纠纷。

在 2016 年最高人民法院通过《最高院关于人民法院进一步深化多元化纠纷解决机制改革的意见》（法发〔2016〕14 号）大张旗鼓地推进多元化纠纷解决机制建设的背景下，讨论以上问题，其意义在于：首先，尽管最高人民法院在多元化纠纷解决机制的建构过程中出力甚多，但具体成效如何？社会回应是否达到了期待中的效果？[1]其次，尽管最高人民法院的这一关于多元化纠纷解决机制改革的意见很注意社会自身的纠纷解决能力，特别是有关诉讼与非讼渠道的对接协调，但是，伴随着"国家制定发展战略、司法发挥引领作用、推动国家立法进程"这一工作思路的进一步展开，那些原本存在于社会之中的纠纷解决途径是否会进一步萎缩，进而使得那些可能新产生的纠纷解决方式过早地被吸收在以法律及司法审判为其底色的纠纷国家法律解决体系中？[2]再次，尽管我们一再突出与强调纠纷法律解决的正当性、权威性及其在现代社会的重要意义，但一如前述，不仅有相当一部分本应由法律来解决的纠纷徘徊在司法的大门之外，不得其门而入，即便是进入到司法程序之中的纠纷，其解决也并不必然符合和满足于当事人的期待。当事人的利益和国家的法律及司法的目标追求存在一定的距离。一如苏力所言："一般说来，法院只适合，通常也只能依据法律规则或司法先例来解决有

---

〔1〕参见张海燕："法院'案多人少'的应对困境及其出路——以民事案件为中心的分析"，载《山东大学学报（哲学社会科学版）》2018 年第 2 期。

〔2〕参见李少平主编：《最高人民法院多元化纠纷解决机制改革意见和特邀调解规定的理解与适用》，人民法院出版社 2017 年版，第 394 页。

关校正正义的问题，即个案的纠纷。但社会中常常有些纠纷，乍看起来是有关校正正义的个案，隐含的却是分配正义的规则问题……（这样的司法判决）尽管很有道理，也符合法律和公共政策……（却）令法院从理论上的纠纷解决者变成纠纷的激化者和促成者。"[1]最后，纠纷及其解决应当是一个较为宽泛的概念范畴。客观来看，至少是从理论框架的完整性和对社会事实的完整反映上，在法律的解决之外，还存在一些纠纷解决的灰色地带以及不法的空间。显然，如果不能将此纳入整个纠纷解决的体系，那么其至少在理论上便是不完备的。

（二）国家中心主义下的多元化纠纷解决机制方法论迷思

我国语境下的多元化纠纷解决机制与惯常我们所讨论的主要发自美国的 ADR 制度尽管密切相关，但又不尽相同，是所谓的 DDR（Diversified Dispute Resolution）。于 2015 年 5 月 1 日起施行的《厦门经济特区多元化纠纷解决机制促进条例》（以下简称《厦门条例》）第 2 条规定："多元化纠纷解决机制是指由诉讼和各种非诉讼方式共同构成的纠纷解决体系。"这也基本代表了目前国内关于多元化纠纷解决机制的主流观点。本文将其称为"国家中心主义下的多元化纠纷解决机制"，或者说一种是"泛司法化"的多元化纠纷解决机制建构思路。[2]其与我国社会之实际状况以及纠纷解决之普遍模型存在一定出入。

首先，这种围绕司法及与司法过程相接近的解纷机制而建立起来的纠纷解决机制，比较契合法律人思维逻辑的惯性。但如果是在社会学或人类学的视野下，作为一种现实，其在当下的中国效果有限。这固然是对当前中国法治状况的一种评估，但更要考虑到我国社会运行的实际逻辑。特别是，我们很难说司法之路径是最有效之解纷路径。

其次，即便是在今天，多元化纠纷解决机制到底是什么，其实并不是很清晰。纠纷的多元化解决，在某种意义上是一种法律话语。

---

〔1〕参见苏力："司法改革的知识需求"，载苏力：《波斯纳及其他：译书之后》（增订本），北京大学出版社 2018 年版。

〔2〕参见耿宝建："'泛司法化'下的行政纠纷解决——兼谈《行政复议法》的修改路径"，载《中国法律评论》2016 年第 3 期。

这从"非讼纠纷解决"与"多元化纠纷解决"这两个术语的混用上就能够看出来。非讼纠纷解决机制特别突出的是"非讼"，"非讼"即诉讼之外。换言之，将纠纷之解决切分为相互区别的两部分。进而，纠纷的多元化解决也主要是在这样两个非此即彼的论域下讨论的。这也就不难理解，非讼纠纷解决机制、多元化纠纷解决机制的主要倡议者是人民法院。由此，我们似乎可以这样理解，所谓多元化纠纷解决机制，我们只是要表明纠纷通过一定的方式，特别是诉讼之外的方式，又多半是凭借某一或更多国家机构——比如法院的诉调对接中心等——将纠纷"化解"。但是，这种自司法机关自身出发的话语表达和制度建设并没有充分回应现实，实际上是，社会发展中出现的纠纷不仅让这些创新的纠纷解决方式捉襟见肘，亦使得国家正式的诉讼制度难以形成应有的权威。而且，一件纠纷有时甚至在这些正式（诉讼）与非正式（诉讼外）的纠纷解决方式之间翻来覆去，最典型的就是居高不下的涉法、涉诉信访案件。[1]

由此，将纠纷从社会中剥离出来，而单纯地思考其解决的思路可能会走入思维的定势并导致问题无法得到解决。基于此，似有必要从我国的社会现状出发，从社会自身来看所生发的种种社会问题、社会矛盾、社会冲突。换言之，首先去认识这些存在的"社会问题""社会矛盾""社会冲突"，然后再在一个较大的框架下寻找出路。理论上说，这些所谓的"社会问题""社会矛盾""社会冲突"都能找到回答、回应的思路，只不过是时间、成本以及效果等的问题。这一阐述进路可以为纠纷解决机制提供更开阔的思路。相对而言，社会中的纠纷范围较社会问题、社会矛盾、社会冲突会窄一些。但社会问题、社会矛盾、社会冲突都需要去解决，而且某些纠纷也往往是由社会问题、社会矛盾、社会冲突而引起的。这就使得这类纠纷在我国现实的制度框架内很难得到规范化的解决，而这又往往会引起是否公正、正义等争议。客观地说，我国的法治建设还有很多的建筑需要完成。

基于这样的考虑，就当下我国社会的纠纷解决，理性地来看，

---

[1] 吴英姿："从诉访难分看治理模式创新"，载《法治现代化研究》2017年第1期。

我们需要考虑到纠纷法律解决的边界。这是对我国法治现状的一种评估。同时，当一种思维、方法强力地将所有的纠纷都推到法律的框架下来解决时，我们要清醒地认识到这其实是不现实的，法律并没有能力去解决。法律/司法做好其分内之事在某种意义上便是对非讼纠纷解决方式的支持。尽管法律解决纠纷之方法有其优势，但并不是没有局限。我们要有自信，在一定的范围内，社会自生的纠纷解决机制能够做好一定的纠纷解决工作。当社会的确无力解决，寻求法律之解决时，法律就要做出有力的回应。法律在社会对其有需要时的回应，比其在不那么需要时的作为更具意义。

（三）我国多元化纠纷解决机制发展现状

在我国，多元化纠纷解决机制有其特点，这比较明显地体现在人民法院在其中的作用。即便是仅考虑多元化纠纷解决机制中的非讼方式，事实上，法院也发挥着"引领、支持和保障作用"。[1]申言之，这其中体现出了非常强的国家建构主义色彩，特别是作为"国家治理"的一部分。[2]

多元化纠纷解决机制改革是国家治理理念的要求、是《关于完善矛盾纠纷多元化解机制的意见》（中办发［2015］60号）的要求、是最高人民法院多元化纠纷解决机制改革的要求、是纠纷解决其内在的要求。我国多元化纠纷解决机制改革主要经历了初步探索与地方探索（2004年至2007年）、战略推进与制度形成（2008年至2010年）、扩大试点和全面落实（2011年至2013年）、深化改革和升级换代（2014年后）四个阶段。目前，我国主要建立了特邀调解制度、法院专职调解制度、律师调解制度、调解前置程序制度和司法确认制度这五种多元化纠纷解决机制。[3]

---

〔1〕 参见龙飞："多元化纠纷解决机制立法的定位与路径思考"，载《华东政法大学学报》2018年第3期；蒋惠岭："引领－推动－保障：司法作用的发展进阶"，载《人民法院报》2015年4月10日。

〔2〕 龙飞："论国家治理视角下我国多元化纠纷解决机制建设"，载《法律适用》2015年第7期。

〔3〕 参见2017年12月5日最高人民法院司法改革办公室指导处处长龙飞在西北政法大学做的名为"中国多元化纠纷解决机制改革的实践与发展前景"的讲座。具体报道参见搜狐网：https://www.sohu.com/a/209300773_800146，最后访问时间：2018年6月30日。

现实中，法院所承受的纠纷解决压力最大，所以，法院对多元化纠纷解决机制建构的投入也最大。[1]可以说，我国已经形成了以法院为牵引和主导的多元化纠纷解决机制。[2]然则，对于多元化纠纷解决机制之完全建立并平稳运行，究竟应采何种方式？目前这一模式是否会有制度"内卷化"之可能，进而导致"剃头挑子一头热"的现象？申言之，当我们倡导、推进、实施多元化纠纷解决机制时，到底是在说什么？其本意究竟为何？特别是目前主要由最高人民法院主导的多元化纠纷解决机制是否存在反思的空间？目前至少还存在"解决纠纷部门职能不清、社会解纷资源不平衡、衔接机制不顺畅、保障制度不到位等问题"。[3]

我们或许还得再次回到那个关于法院主要功能的老问题上去，法院之主要功能固然在于"纠纷解决"，但还是要考虑具体的方法。我国的法院从来都不只是单纯的司法机关，其在不同的时期都有着非常强的政治-社会参与功能。[4]很明显，以最高人民法院为代表

---

[1] "多元化纠纷解决机制改革是最高人民法院一直高度重视的改革项目。2004年，《人民法院二五改革纲要》首次提出建立健全多元化纠纷解决机制，2008年该改革项目纳入中央司法改革的整体部署，由最高人民法院牵头。最高人民法院按照中央批准的'法院做好诉调对接、中央出台相关政策、改革成果转化为立法'的改革部署，先后组织了两批试点。2009年最高人民法院出台了《关于建立健全诉讼与非诉讼相衔接的矛盾纠纷解决机制的若干意见》。2015年4月9日，周强院长在'眉山会议'上提出了'国家制定发展战略、司法发挥保障作用、推动国家立法进程'的'三步走'战略，从推进国家治理体系和治理能力现代化建设的战略高度描绘了多元化纠纷解决机制改革的发展蓝图。"参见胡仕浩、龙飞："解纷路径迈向多元化——深化多元化纠纷解决机制改革的战略安排和创新举措——《最高人民法院关于人民法院进一步深化多元化纠纷解决机制改革的意见》解析"，载《中国审判》2016年第15期。再如《最高人民法院关于人民法院进一步深化多元化纠纷解决机制改革的意见》（法发〔2016〕14号）、《最高人民法院关于人民法院特邀调解的规定》（法释〔2016〕14号）、《最高人民法院关于进一步推进案件繁简分流优化司法资源配置的若干意见》（法发〔2016〕21号），以及"全国法院深入推进多元化纠纷解决机制改革暨示范法院经验交流会"等。另见蒋惠岭："中国多元化纠纷解决机制改革的措施"，2016年5月25日第三届中英司法圆桌会议演讲。

[2] 龙飞："'多元化纠纷解决机制'正铺开宏伟画卷"，载《人民法院报》2017年10月17日。

[3] 参见龙飞："多元化纠纷解决机制立法的定位与路径思考"，载《华东政法大学学报》2018年第3期；宋长士、戚怀民："多元化纠纷解决机制的实践难题与破解之策"，载《人民法院报》2017年11月2日。

[4] 参见张榕：《中国法院能动司法机制研究》，中国政法大学出版社2015年版。

的人民法院对多元化纠纷解决机制的热切推动其实也不只仅仅停留在对法院案件的分流上，其还承担着社会治理的政治任务。但这使得法院的处境比较尴尬：一方面，法院希望通过多元化纠纷解决方式的深化与展开，将已经进入到法院的案件向院外分流，但实际却是，更多的案件正在涌向法院，即便是所谓的"垃圾案件"，法院也是要"硬着头皮"去裁判。另一方面，纠纷之法律解决是有边界的，我们不仅要接受并不是所有的纠纷都需要也适合通过法律的途径来解决，而且还要注意到，在一定情景下，法律也不一定能够解决全部（甚至是本应由其来解决）的纠纷。换言之，无论从哪个层面来说，其都显示出了诉讼外纠纷解决方式存在的必要性。但是，在经历了这些社会变化后，曾经的并全部不需要国家介入之诉讼外纠纷解决方式，其存在与开展已经离不开具体的建制化体系。在这一背景下，诉讼外纠纷解决方式的脆弱是很明显的。无形中，更多的本可不需要到法院去处理之纠纷被刺激进法院，而这有时候却成了法院之无法承受之重。在一定意义上，这是在减损法院作为解决纠纷的最后一道防线的形象。即是说，人民法院主导推动之多元化纠纷解决机制面临着一些宿命性的难题。

五、"国家—社会"二元结构下的我国纠纷多元化解决机制省思

从制度实践的层面来看，无论是以《厦门条例》为代表的多元化纠纷解决机制地方促进立法，还是《最高人民法院关于人民法院多元化纠纷解决机制建设的若干意见》都使人感到我国之多元化纠纷解决机制已迈入正轨。正如有学者所言："中国非诉讼程序法律体系也初步形成。"[1]但就其实效来看，进入法院司法程序的案例并没有明显减少，案件进入法院后，法院亦无法通过自我期许的程序有效分流过量的案件。究其原因，可能与以下几点相关：

（一）纠纷国家解决与司法能力上的不足

就我国的国家治理思维而言，国家总是希望以官方或者是准官

---

〔1〕 范愉："中国非诉讼程序法的理念、特点和发展前景"，载《河北学刊》2013年第5期。

方的方法来解决发生在社会中的一切纠纷。然则，国家司法机关之司法能力却是有限的，由此便致使矛盾越来越突出。[1]以下显示的是近10年人民法院审理、审执结案件的总体情况，以及近5年来人民法院审执结案件数量快速增长的数据。[2]

表1　2008年至2017年人民法院受理、审执结案件情况（单位：万件）

年份	受理案件	同比上升	审结、执结案件	同比上升
2008—2012	5610.5	58.6%	5525.9	55.6%
2013—2017	8896.7		8598.4	

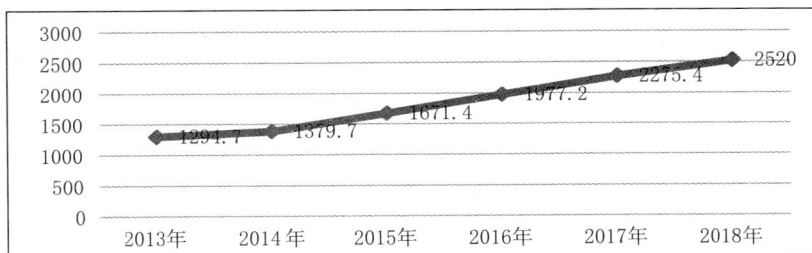

表2　2013年至2018年人民法院审执结案件数量走势（单位：万件）

可以想见，人民法院"案多人少"、诉讼爆炸的局面在一定时期内还将持续存在。在从传统上的自功能论视角来讨论纠纷法律解决的局限外，今天更应深思的是下面的问题，即今天的社会正在被法律所格式化。在这个意义上，我们说法律社会，就像说网络社会、工业社会、农业社会等一样。在这一社会背景下，个体之行为首先得符合法律之要求，否则便是违法，进而受到法律的负面评价。申

---

〔1〕　2017年4月24日，北京朝阳区亚运村法庭的一则"立案提示"就很能说明问题。这则提示的内容是："2017年1月1日至2017年4月20日期间，亚运村法庭累计收案已近2万件，因案件数量众多，每个法官名下均有大量的案件（近800件）等待排庭。2017年3月以后立案的案件，开庭时间排期预计在2017年9月份之后……"又如，"（2019）辽14民辖2号"指定管辖通知书所示："……连山区人民法院以案件数量大，员额法官少，办案数量压力大，无法及时行使管辖权为由，报请本院指定其他法院管辖……"

〔2〕　数据参见最高人民法院司法改革办公室指导处处长龙飞于2018年5月19日在第四届沪港商事调解论坛上做的主旨报告"内地多元化纠纷解决机制改革的成就及商事调解的发展趋势"；《最高人民法院工作报告》（2019年）。

言之，这个时候，解决纠纷已经不再是法律的首要功能了。纠纷的法律解决首先面临的是对纠纷合法/不合法的评价，其次才是解决。

（二）强调纠纷多元化解决与社会活力不够

当第一对矛盾越来越尖锐的时候，作为主要国家司法机关的法院就特别期望能将尽可能多的案件（纠纷）分流出去，或者尽可能让纠纷不要进入法院的诉讼程序。在这一背景下，一种自法院视角的多元化纠纷解决机制的建立便顺理成章。然则，在这一模式下的多元化纠纷解决机制之作用的发挥比较被动，所依赖还是法院的"推动"，而很难形成当事人自愿、自由选择的主动效应。换言之，很容易导致法院推动上的内卷化效应。是故，有学者提出了如下的破解思路："给各种新型民间性解纷机构提供更加开放和多元的发展空间，民间性调解无须一律套用人民调解的名称和组织形式。基于我国体制的特点和社会条件，应优先发展各类公益性解纷服务，同时逐步探索市场化机制的发展模式，并构建合理的管理体制。"[1]"根据社会矛盾纠纷的不同性质、不同特点，健全完善多元化纠纷解决机制，让司法和其他官方和民间的纠纷解决机制共同发挥作用，形成合力，这才是解决社会矛盾纠纷的根本之道。"[2]

对此，来自最高人民法院的领导作了如下解释：[3]

在社会治理体系和治理能力发展过程中，这种情况恐怕是不得不经历的一个阶段。在社会治理体系和治理能力现代化的初级阶段，具有强制力的司法功能延伸至社会的各个角落，而社会自治、市场调节等各方面还不够成熟，难以担当社会治理重任。因此，司法不仅在化解纠纷、发挥社会功能方面冲在一线，而且在激活其他解纷资源、构建解纷体系方面，也以自己的强制力、司法经验、司法能力等优势，引领纠纷解决机制的发展。

---

〔1〕 范愉："当代世界多元纠纷解决机制的发展与启示"，载《中国应用法学》2017年第3期。

〔2〕 胡云腾："大力提高对多元化纠纷解决机制重要性的认识"，载《人民法院报》2016年7月13日。

〔3〕 蒋惠岭："引领-推动-保障：司法作用的发展进阶"，载《人民法院报》2015年4月10日。

我们不否认法院在建构多元化纠纷解决机制中的作用，但这需要把握好一个度。一方面，政治运行条件可能使得法院实际上无法达到此一目的；另一方面，这可能既与理想上的人民法院司法本性不符，也与多元化纠纷解决机制发展的思路出现紧张。[1]申言之，这种强调国家主导，而非社会生长的多元化纠纷发展模式实值得我们认真对待。[2]或许真是要"找回社会"或者"重新发现社会"。[3]

（三）历史视野中的纠纷非讼解决与建构之非讼纠纷解决机制

历史地看，非讼方式或者诉讼外的纠纷解决方式一直都存在于人类的纠纷解决过程中。特别是在我国，传统社会中的民间调解不仅很有特色，也很重要。[4]强调这一点并不全是为了化解法院日渐增多的案件数量，而是说人类之纠纷之解决在不少时候并不适合通过法律途径来解决。同时，人类在纠纷的解决上，并不必然要选择诉讼的方式。只是在现代社会国家日渐垄断了纠纷解决方式后，诉讼作为纠纷解决方式的地位才日渐树立起来。但这种诉讼与非讼方式解决纠纷的张力一直存在着。如在美国，1976 年的"庞德会议"（National Conference on the Causes of Popular Dissatisfaction with the Ad-

---

〔1〕 参见张榕：《中国法院能动司法机制研究》，中国政法大学出版社 2015 年版；王禄生："地位与策略：'大调解'中的人民法院"，载《法制与社会发展》2011 年第 6 期。

〔2〕 参见张榕："我国非诉讼纠纷解决机制的合理建构——以民事诉讼法的修改为视角"，载《厦门大学学报（哲学社会科学版）》2006 年第 2 期；王小林："纠纷化解权的理性配置——从'单力模式'到'和力模式'的超越"，载《法律适用》2010 年第 6 期。

〔3〕 ［美］乔尔·S. 米格代尔：《社会中的国家：国家与社会如何相互改变与构成》，李杨、郭一聪译，江苏人民出版社 2013 年版；熊培云：《重新发现社会》，新星出版社 2011 年版。在过往的学术史中，不乏学者针对社会主义所做的反思性研究，这些作品在一定程度上还是值得我们去反思的。比如 ［奥］路德维希·冯·米瑟斯：《社会主义：经济与社会学的分析》，王建民、冯克利、崔树义译，中国社会科学出版社 2008 年版；［英］弗里德里希·奥古斯特·冯·哈耶克：《致命的自负》，冯克利等译，中国社会科学出版社 2000 年版。

〔4〕 萧公权：《中国乡村：论 19 世纪的帝国控制》，联经出版事业股份有限公司 2014 年版，第 313~326、371~377、404~405、650~652 页；萧公权："调争解纷——帝制时代中国社会的和解"，陈国栋译，载萧公权：《迹园文录》，中国人民大学出版社 2014 年版，第 58~94 页；范忠信："健全的纠纷解决机制决定和谐社会——传统中国社会治理模式对我们的启示"，载《北方法学》2007 年第 2 期；黄宗智：《过去与现在：中国民事法律实践的探索》，法律出版社 2009 年版。

ministration of Justice，1976. 4. 7~9）及之后逐渐发展起来的 ADR 运动都与这一思想背景有关。[1]同样，前述矛盾与冲突比较明显地体现在当下我国的多元化纠纷解决机制发展中。用历史的眼光来看，诉讼、非讼的方式都只不过是纠纷解决的一种方式而已。然则，从当下的多元化纠纷解决机制来看，不管政策制定者如何去解释，在纠纷当事人看来，非讼方式只不过是诉讼纠纷解决的一种补充而已，因为诉讼才是纠纷的最终解决方法。同时，相较于传统的熟人社会，现代社会也使得纠纷解决之正当性、权威性逐渐地偏向了诉讼，而各种非讼的纠纷解决方法往往无法取得当事人之信任。尽管诉讼这种纠纷解决结果上的不确定性所可能发生的成本不仅是当事人不愿看到的，也是当事人难以承担的。这可能也是现代国家透过法律治理所没有意料到的。

事实上，无论是纠纷的非讼解决，还是诉讼解决，都涉及当事人/个体关于纠纷解决的观念。尽管我们说一种观念之形成发展变迁是缓慢的，有很强的承继性，但是在强有力的政治建构下，这种观念同样会发生变化，或者说，会出现某种"脱嵌"。在中国近世已降的百年历史上，我们要注意到清之前的传统中国的影响力、近代以来西法东渐的影响，以及马克思主义的强大影响力这三股意识的交织作用。[2]单强调后一点，如果单纯比较 1949 年以后的与这之前的中国非讼纠纷解决思路，我们还是会发现不少差异。在列宁主义政党模式下，一切都要组织起来，几乎全部的基层社会都要组织进党的逻辑框架内。[3]也有观点称之为"人民政治"。[4]即便是其中之

---

〔1〕 ［美］斯蒂芬·B. 戈尔德堡等：《纠纷解决——谈判、调解和其他机制》，蔡彦敏等译，中国政法大学出版社 2005 年版，第 6 页。

〔2〕 参见陈旭麓：《近代中国社会的新陈代谢》，生活·读书·新知三联书店 2017 年版。对于这种社会转型所带来的生活变化的描述更多地体现在一些文学作品与社会学、政治学作品中。又如周海燕：《记忆的政治》，中国发展出版社 2013 年版。

〔3〕 参见周尚文：《列宁政治遗产十论》，上海人民出版社 2018 年版；潘维：《信仰人民：中国共产党与中国政治传统》，中国人民大学出版社 2017 年版。

〔4〕 参见冯仕政："人民政治逻辑与社会冲突治理：两类矛盾学说的历史实践"，载《学海》2014 年第 3 期；冯仕政：《当代中国的社会治理与政治秩序》，中国人民大学出版社 2013 年版。

"人民调解"，我们也很难说其就是原来的民间调解，而是带有比较强的组织性和政治味道。[1]

（四）谁之"多元化"？

"多元"是相对"一元"而言的。在目前，我们一般地将法院诉讼之外的一切纠纷解决方式都称为多元化纠纷解决方式，其中特别突出的是各种调解、协商以及近年来渐次兴起的各种第三方评估、咨询等纠纷解决方式。然则，仔细去辨析，目前其实存在两种旨趣略有差异的"多元化纠纷解决机制"之定义：一是在前文多有论述的以最高人民法院主导的"多元化纠纷解决机制"；另一种则是将法院诉讼包括在内的宏观纠纷解决体系之下的多元化纠纷解决机制。那么从这个角度出发，究竟是谁之"多元化"？

当事人选择何种方式解决自己之纠纷乃是社会纠纷解决的自然选择。职是之故，我们对于多元化纠纷的解决机制的具体发展思路需要进行合理、理性认识，遵循纠纷解决之一般规律。特别是《最高人民法院关于人民法院进一步深化多元化纠纷解决机制改革的意见》（法发〔2016〕14号）所依据的"国家制定发展战略、司法发挥引领作用、推动国家立法进程"工作思路，似有进一步完善之必要。[2]多元化纠纷解决机制的理想生成，一如"多元"的字面含义，它并不是完全的人力设计所能达成的。"多元"自身便意味着纠纷解决方式的产生及其变化是一个动态的社会调整过程，而非主要是一种管理行为。至于"司法引领作用"实应注意自法院视角出发的多元化纠纷化解机制与自社会意义上的多元化纠纷化解机制在本意上的区别。尽管二者可能殊途同归，但法院意义上的多元化纠纷解决机制，无论是诉讼、非讼还是诉讼-非讼对接，首要考虑的依然是"从源头上减少诉讼增量"，即法院如何向院外分流消化进入法院的纠纷。但社会意义上的多元化纠纷解决机制则是指纠纷之解决何以透过社会之方法而实现，即是说诉讼之方法是首先要排除的。在

---

〔1〕 刘正强："人民调解：国家治理语境下的政治重构"，载《学术月刊》2014年第10期。

〔2〕 亦见胡仕浩："多元化纠纷解决机制的'中国方案'"，载《中国应用法学》2017年第3期。

我国目前的背景下，前者往往在一定程度上造成了法院司法权威及其公信力的不必要减损，特别是那些裁判外纠纷解决方式的不规范（甚至不合理）运用。而后者往往是社会纠纷解决机制带有比较浓厚的官方色彩，而部分或全部地丧失了其社会底色。是故，一种比较务实的做法似乎是在国家与社会之间寻求合理的平衡，避免纠纷之解决从一个极端滑向另一个极端。

现实中有两种情形是值得反思的：一是纠纷之多元化解决强调的是当事人的自由选择，而非法院无法解决纠纷进而推向社会而让当事人寻求所谓的多元化解决，这事实上让当事人失去了运用法律来解决纠纷的最后保障。无论如何，在现代国家的制度下，法律都是当事人保护其权益的方法。二是不分情形和语境地一概将中国传统中所讲的调解同今天外国社会所讲的调解连接起来。笔者认为，在我国，调解强调的是一种个人——有威望的人、长者、领导等的魅力和智慧。问题是，今天的中国已较之传统出现了很多不同，如果还不分场景地强调传统调解的理念，而不是从专业技术的角度出发，调解并不能取得更大的进展。

至于最高人民法院所主导之多元化纠纷解决机制建构则有可能导向中国社会政治治理上的"运动式改革"及过度的意识形态影响。一如有学者所言："历经多次反传统的政治革命和社会运动之后，传统的民间性纠纷解决机制开始走向支离破碎，甚至曾退出了历史的舞台。改革开放以来，纠纷解决机制发展的基本思路依然是国家中心主义，着力于推进公力性和准公力性纠纷解决机制的发展。"[1]一言以蔽之，构建一个什么样的多元化纠纷解决机制以及怎样去构建，这些问题似乎已经非常明确，但还都不明确。不过，换一个思路，对于身处纠纷旋涡、泥沼之当事人个体而言，古今中外的诸多纠纷解决思路其实并没有太大的时空上的不同。所以，对于制度的设计者而言，更多的可能不是"建构"，而是如何"重构"。需要在纠纷解决的思路与社会治理之政治逻辑、人民法院之制度设计初衷

---

[1] 参见黄文艺："中国的多元化纠纷解决机制：成就与不足"，载《学习与探索》2012年第11期。

之间达到平衡。

六、代结语：变迁社会中的纠纷及其解决规范

（一）"制度剩余"与纠纷及其解决机制的中国社会文化现实

尽管纠纷之解决并无定法，但作为一个终极的问题，怎样才算是纠纷的解决？刘震云小说《我不是潘金莲》就是对这一问题的一个最好脚注。这是一个心理学上的问题吗？此处要讨论的是，无论是怎样的制度安排，也不管是怎样的纠纷解决努力，可能还是无法使纠纷当事一方完全满意，我们暂且就将其称为"制度剩余"吧！这一问题的出现有比较多的原因，但其中不得忽视的一个方面是纠纷发生的社会背景及我国社会的文化、习惯因素。这在一些关于纠纷发生的动力机制以及纠纷解决的心理机制方面的研究中表现得比较明显。比如，日常生活中打官司的一方常说的"不争馒头争口气"，这其中的"气"就是纠纷要解决的答案；[1]又如关于我国少数民族纠纷解决习惯法中所呈现出的多元因素；再如，边界纠纷。换言之，这类纠纷的解决与否，可能不是一个法律的问题。有学者认为，目前我国的纠纷解决交织着三种话语，即道德话语、政治话语与法律话语。[2]朱晓阳曾借用格尔茨的观点，认为这是"语言混乱"，[3]无疑增加了纠纷解决的难度。比如，围绕"《红色娘子军》芭蕾舞剧"而生纠纷的解决问题，[4]这里涉及诸多法律的问题，比

---

〔1〕 或许这并不是中国社会才独有的，科马洛夫和罗伯茨在他们关于非洲语境下的纠纷的人类学研究中特别指出了纠纷解决过程中冲突双方的目的是"指向于解决一个一个因特定价值而产生的争议点，比如牛群对谷物的偶然毁坏或者一件财物的所有权"，还是"指向对关系的协商本身"，所以就会出现"一个关于家用器皿的纠纷可能由一个茨瓦纳酋长的科特拉进行最严肃的处理，而一个涉及一大群家畜的纠纷可能通过非正式的协商或调解就轻易地解决了"。参见［美］约翰·科马洛夫、［英］西蒙·罗伯茨：《规则与程序——非洲语境中争议的文化逻辑》，沈伟、费梦恬译，上海交通大学出版社2016年版，第126~127页。

〔2〕 石任昊："当代中国纠纷解决的三种话语及实践探析"，载《中州学刊》2016年第7期。

〔3〕 朱晓阳：《地势与政治：社会文化人类学的视角》，社会科学文献出版社2016年版，第47~68页。

〔4〕 苏力："昔日'琼花'，今日'秋菊'——关于芭蕾舞剧《红色娘子军》产权争议的一个法理分析"，载《学术月刊》2018年第7期。

如中国人的文化心理性格、中国的文化差异等。

(二) 纠纷法律解决的局限及其在我国的困境

可以想见的是,在未来一段时间内,经由法院的纠纷解决仍然是纠纷解决的首要和最主要途径。纠纷的法律解决依赖于这样的一个前提,即社会中发生的诸种纠纷,其都能够找到法律上的解决依据,但是这是一个神话。在某种意义上,纠纷之解决,特别是民事纠纷,是以当事人利益的最大化为目的的。然则,我们会发现,在一些情形下,当事人如果选择通过法律途径来解决纠纷反倒不利于其利益的最大化。在这种情况下,当事人不仅不会选择法律的途径来解决纠纷,还有可能采取规避法律的方法。纠纷的法律解决其实是一个矛盾,在我们突出了国家法律介入纠纷解决的主权意义时,其实缩小了纠纷及其解决的范围。

另一方面,结合我国的司法实践,在批评当事人滥诉的同时,我们还要看到如果当事人的纠纷没有办法进入法律的救济通道,这将意味着当事人之纠纷永远无法得到解决。比如,以下两类纠纷:第一种是因为社会进展新事物的出现,而法律、制度等没有能够跟进,导致一时内法律无法应对;第二种是所谓"历史遗留问题"[1]

---

〔1〕 对待历史遗留问题法院的态度。① "在人民法院每年处理的大量民事案件中,有一些案件表面上看似乎是民事争议,但纠纷的产生实际上是行政权行使的结果,纠纷的解决也与行政权的行使密不可分。妥善处理这类纠纷的重要前提,就是要协调好民事司法权和行政权之间的关系,这里面也包括了民事司法权到底应该延伸到什么程度的问题……在中国国情下,是行政权主导下的司法,而不是司法权主导下的行政。一些案件,尤其是涉及政府、涉及广大群众利益的纠纷,依靠当地党委、政府进行协调可能更有利于矛盾的化解,有利于纠纷的平息,有利于和谐与稳定。"(《最高人民法院审判委员会委员、民事审判第一庭庭长纪敏在全国民事审判工作座谈会上的总结讲话——公正司法、一心为民、廉洁自律、一生平安》,2007 年 4 月 10 日发布)② " '历史遗留问题' 法院一般不受理。"(刘德权主编:《最高人民法院司法观点集成行政及国家赔偿卷①》(第 2 版),人民法院出版社 2014 年版,第 196~197 页;江必新主编:《最高人民法院〈关于审理涉及农村集体土地行政案件若干问题的规定〉理解和适用》,中国法制出版社 2013 年版,第 25~27 页;《最高人民法院关于房地产案件受理问题的通知》(〔92〕38 号)第 3 条的规定)③ "在落实登记立案制度的同时,也要建立负面清单制度。实行登记立案并不意味着所有纠纷都要立案。有些纠纷以民事纠纷的形式出现,但是实质上并不是民事纠纷,而是主张不同的政治观点;以行政主导方式处理的一些历史遗留问题,不属于人民法院主管,这些纠纷都不能立案,需要列入负面清单。哪些案件需要列入负面清单,需要进一步加强研究和探索。"(杜万华:"《民事诉讼法》司法解释重点问题解析",载《法律适用》2015 年第 4 期)

或者制度转型而出现的问题，比如"政府主管部门在对企业国有资产进行行政性调整、划转过程中发生的纠纷，当事人向人民法院提起民事诉讼的，人民法院不予受理"。[1]经租房[2]、行政事业单位三产企业等问题与立案制度的改革并没有直接关联，属于结构性的难题。

（三）当下纠纷解决的挑战及其未来发展

对我国多元化纠纷解决机制的未来发展，范愉曾提出了几点建议。[3]笔者在此想再补充几点：

其一，转型社会带来的挑战。[4]没有人会否认今天的中国是一个转型社会，这方面已经积累了太多的研究。[5]社会转型至少意味着以下几点：首先，社会转型本身就会带来社会一时的阵痛，各种利益纠葛比较突出；其次，社会转型带来了新的纠纷，而这往往是之前纠纷解决经验所没有遇到的；再次，因为社会转型要求人们在对待纠纷解决思路、理念等方面能够及时做出回应和转变，特别是随着"城乡社会"的进一步加深，不管是传统中国的调解，还是新中国以来的人民调解，其所凭依的社会基础都正在更大范围的

---

〔1〕 "人民法院仅受理企业改制中基于平等民事主体关系而发生的民事纠纷。对于政府及其相关部门行为主导的企业改制，其权利转移等事项并非企业自身所能决定的，故改制企业与劳动者之间的关系不属于平等主体之间的民事法律关系，由此引发的纠纷，应当由政府有关部门按照企业改制的政策规定统筹解决，不能启动民事诉讼程序，政府主导下的改制，不属法院受理范围。"［《最高人民法院关于审理与企业改制相关的民事纠纷案件若干问题的规定》（法释〔2003〕1号）〕

〔2〕 "有关经租房/历史房产的问题的法规、政策、司法解释"，载华益律师事务所：http://www.chinarealestatelaw.com/data/365.asp，最后访问时间：2018年7月1日；郭于华、沈原、陈鹏主编：《居住的政治：当代都市的业主维权与社区建设》，广西师范大学出版社2014年版，第109～151页。

〔3〕 范愉："中国多元化纠纷解决机制的现状及未来"，载《人民法院报》2015年4月14日。

〔4〕 郭星华："当代中国纠纷解决机制的转型"，载《中国人民大学学报》2016年第5期。

〔5〕 比如［英］卡尔·波兰尼：《巨变：当代政治与经济的起源》，黄树民译，社会科学文献出版社2017年版；［美］王国斌：《转变的中国：历史变迁与欧洲经验的局限》（第2版），李伯重、连玲玲译，江苏人民出版社2010年版；金耀基：《从传统到现代》，法律出版社2017年版；资中筠：《启蒙与中国社会转型》，社会科学文献出版社2011年版。

"陌生化"，这就使得之前的调解逻辑与基础在很大程度上已经不存在了。[1]

其二，必须重视在线纠纷解决技术。在今天，在线纠纷解决方法与传统的线下纠纷解决方式有何差别？仅仅只是一种纠纷解决场景上的差异吗？是否如布罗代尔所言"今日世界的百分之九十是由过去造成的，人们只在一个极小的范围内摆动，还自以为是自由的，负责的"，[2]进而还可以用既有的观点来审视之。但网络社会的逐步加深，各种线上纠纷解决机制的不断发力都是已然之事实。[3]据有关数据，"在2014年淘宝解决了710多万纠纷"，[4]而全国近370万人民调解员（专职调解员约50万）年约解决纠纷900万件。[5]尽管这二者遵循的逻辑不尽相同，但至少在效率上，前者要高出很多。在一定意义上，这至少可以说明即便是在国家指导很少的地方，民间社会同样可以基于具体纠纷而探索出非常有效而且当事各方都比较满意的纠纷解决方式。在当下的社会，一方面是线下社会的更加陌生化，范围也更大。另一方面是线上生活更为深入，当然，对于纠纷之多元解决来说可能将会出现新的转机，即通过在线的方式解决。线上所营造出的，在线下已经越来越难培育的商谈环境可能正在自然形成。但我们也不能盲目乐观，数字正义的问题可能已经迫在眉睫。

---

〔1〕 参见梁治平编：《转型期的社会公正：问题与前景》，生活·读书·新知三联书店2010年版；陆益龙：《转型中国的纠纷与秩序：法社会学的经验研究》，中国人民大学出版社2015年版。

〔2〕 ［法］费尔南·布罗代尔：《15至18世纪的物质文明、经济和资本主义——日常生活的结构：可能和不可能》（第1卷），顾良、施康强译，商务印书馆2017年版，第18页。

〔3〕 参见申欣旺："淘宝互联网纠纷解决机制——结构化维权及其司法价值"，载《法庭内外》2016年第3期；戴昕、申欣旺："规范如何'落地'——法律实施的未来与互联网平台治理的现实"，载《中国法律评论》2016年第4期。

〔4〕 龙飞："大数据时代纠纷解决模式之变革"，载《人民法院报》2016年11月2日；龙飞："中国在线纠纷解决机制的发展现状及未来前景"，载《法律适用》2016年第10期。

〔5〕 陈东升、王春："人民调解厉兵秣马再出发：全国人民调解工作会议代表热议新时代新作为新贡献"，载《法制日报》2018年5月12日；兰荣杰："人民调解：复兴还是转型"，载《清华法学》2018年第4期。

其三，就目前我国的社会发展来看，一种比较紧张的情形是，社会自身之发展在某种意义上依照的是某种"自组织""自发展"的自然逻辑。然则，社会管理却较多采用的是政治建构的方法。因此，在这种建构与自然逻辑之间存在张力也就很正常了。是以，一种思路便是，在国家建构种种纠纷解决机制的过程中，放宽民间社会自身纠纷解决机制的发展空间，留给其生存的土壤。但是，尽管国家也能意识到了这一问题，但是业已形成的国家治理惯性及其逻辑却恰恰是要防止或者控制这种民间规则和秩序自我修复的。一种最理想的状态是实现国家建构与社会自生长以及人民法院社会治理三方面的平衡。

在某种意义上，纠纷之解决体系的构建及当事人的实际选择，国家和社会所能做的达到一定程度，效果就不再那样明显了，因为个体生活世界之开放永远只是部分的，面对纠纷之解决方式也不必然存在进化某处或者有必然的优劣高下。[1]或许，社会就是如此。在这一点上，法学人更应有一个平常、开放的心态，社会学、心理学等研究对此不无助益。

---

〔1〕 参见〔德〕哈贝马斯：《在事实与规范之间：关于法律和民主法治国的商谈理论》，童世骏译，生活·读书·新知三联书店 2003 年版，第 242~243 页。

黔东南地区产权纠纷解决中的文书运用习惯

陈寒非 *

一、引言

　　清华大学法学院习惯法研究中心与锦屏县人民政府于 2016 年 5 月签订关于锦屏文书整理开发合作协议，每年定期到该县进行田野调查，这是笔者所在研究团队的固定田野调查点。锦屏县位于贵州省东南部，黔东南苗族侗族自治州东部，总面积 1597 平方公里，辖 15 个乡镇和 1 个省级经济开发区，2018 年末总户数为 65 394 户，总人口为 236 320 人，居住有侗、苗、汉等 24 个民族，少数民族占总人口 89.3%，是一个集少数民族文化、木商文化、红色文化、军屯文化于一体的多文化聚集地。锦屏县是中国南方典型集体林区县、贵州省重点林业县，森林面积 170 万亩，森林覆盖率 72.12%，于 2018 年被列为全国集体林业综合改革试验区。由于该县属于林区，因此林权纠纷在各类纠纷中比例相对较高，县里设有林权纠纷调处中心、乡镇人民政府设有林权纠纷调处委员会、行政村设有人民调解委员会，围绕林权纠纷大体形成三级纠纷调处机构。笔者在大同

　　* 作者简介：陈寒非，法学博士，首都经济贸易大学法学院副教授。
　　基金项目：本文系国家社科基金青年项目"乡村振兴战略下乡贤治村问题的法律对策研究"（项目编号：18CFX006）的阶段性研究成果。

乡、平秋镇、启蒙镇、河口乡等地调查时注意到，不少村民在林权纠纷解决过程中存在契约文书运用习惯。为什么经历了土改、林改之后还运用清代民国的契约文书来解决纠纷呢？这引起了笔者的好奇，于是运用人类学曼彻斯特学派的"拓展个案法"（Extended Case Method）[1]深度挖掘了三个典型案例，兹录如下。

二、"亮马坡案"

锦屏县大同乡秀洞村秀洞片一组与秀洞村密洞片之间地名为"亮马坡"的林地历史上就权属不清，但是一直搁置争议、共同管理，未产生大规模纠纷。2014年4月，大同至曲团公路改扩建，需经过锦屏县大同乡秀洞村秀洞片一组（原秀洞村一组）向立雄等四户和秀洞村密洞片（原密洞村一至六组）集体林地（"亮马坡"），因涉及国家征用土地补偿问题，遂再次引发两组之间山林权属纠纷。

申请方密洞片认为，"亮马坡"公路下方两块林地均归自己所有。第一块：以坐山为向，上抵老公路，下抵田，左抵白腊坳正冲，右抵秀洞一组山，面积约50亩，提交的证据有1981年6月20日县档案局提供的《山林所有证》（存根）（锦林权字第柒号）[2]、1990年1月25日秀洞村、密洞村与三江区联社万亩林场签署的《承包土地造林合同书》[3]、1990年7月27日《秀洞村、密洞村关于共同将亮马坡向三江区高老林场发包造林的联合协议》（以下简称《联

---

　　[1] 运用此方法研究的代表性成果可参见麦克·布洛维（Michael Burawoy）对"赞比亚化"现象的研究。Michael Burawoy, *The Colour of Class on the Copper Mines: From African Advancement to Zambianization*, Manchester: Manchester University Press, 1972; Michael Burawoy, *Manufacturing Consent: Changes in the Labor Process under Monopoly Capitalism*, Chicago: University of Chicago Press, 1979.

　　[2] 地名：亮马坡地带；树种：杉、松；面积：420亩；四抵：上抵白腊坳原高老公路为界，下抵远根屋背。

　　[3] 甲方：秀洞村民委员会、密洞村民委员会；乙方：三江区联社万亩林场。此合同系林场向两村承包"亮马坡"造林，承包期30年，造林收益分配甲方40%、乙方60%。此份造林合同载明，承包土地地名亮马坡，面积743.2亩，四抵以坐山为向，下抵锦榕公路11公里处，沿公路直上田冲至白腊坳（密洞坳）；上抵白腊坳顺高老林场公路，水倒茅流为界；左抵白腊坳，右抵高老林场第十分林场地沿防火线标示面下至锦榕公路十一公里处。

合协议》）[1]以及原密洞村六组组长袁继先（已过世）于1990年6月17日的山场踏勘记录[2]。第二块：以坐山为向，上抵凸田，下抵田冲，左抵小路，右抵秀洞村一组山，面积约10亩，有光绪二十二年（1896年）四月二十日[3]和民国丙寅年（1926年）三月初七日[4]的契约为证，此块林地一直都是密洞片所有。

被申请方秀洞村秀洞片一组认为，密洞片（原密洞村一至六组）主张争议土地所有权归其所有及要求将大同至曲团公路项目征收补偿款按《承包造林合同》约定分成并无事实和法律依据，密洞片对争议土地不享有任何权利，争议土地所有权应归自己所有。秀洞片一组提交的主要证据包括：1981年4月14日《山林所有证》（存根）（锦林权字第壹号）[5]、1984年5月3日《锦屏县三江区公所调查处理通知书》[6]、1985年5月7日秀洞村一组的《分山登记册》[7]、1990年7月27日《秀洞村、密洞村关于共同将亮马坡向三江区高老林场发包造林的联合协议》[8]、2015年1月27日《关于秀洞村一组向立雄等四户与密洞片集体为地名"亮马坡"山林权属纠纷调处意见书》（以下简称《调处意见书》）、2015年3月2日《大同至平江公路改造工程建设项目征地及损毁林木补偿费兑现协议书》、2015年1月13日密洞村下的《阻条》、2015年3月24日同意开封、

---

[1] 协议双方为秀洞村民委、密洞村民委。造林范围同《承包土地造林合同书》。两村联合发包造林的土地股分配比例，按照两村各自占总面积的百分比分配，秀洞村面积为329.3亩，密洞村面积为413.9亩。

[2] 个人作出的踏勘记录。载明：由密洞村出公路到白腊坳大公路下坎过亮马地，自主王泽兰、王泽榜，源主由小路中央平小洞破为界。

[3] 欧祁松将名为"亮马坡"的杉山断卖给密洞寨王昌江。

[4] 王昌江后人王怀忠将名为"亮马坡"的茶山断卖给本寨（密洞寨）姚锦泰。

[5] 地名：亮马坡；树种：杉、松、杂；无四抵；350亩。

[6] 三江区公所对大同乡章山村民委员会、秀洞乡秀洞村民委员会以及密洞村民委员会为亮马坡一带地盘和古树冲口等一带地盘的山林、土地、山界相互争议的调查处理通知书。该份《调查处理通知书》载明："密洞的亮马坡左边和秀洞坡的古树冲等一带地盘的划界问题，仍按秀、密两寨历史以来和新中国成立后的规划不变，各管各业，纳入林业'三定'档案。"

[7] 地名：亮马；四抵：上抵公路，下抵古树冲，左抵密洞荒山，右抵章山田冲；面积40亩。（系秀洞村自己的分山行为）。

[8] 证明内容与密洞方提交的相同。

1981 年《集体山林管理证》（林管字第肆号）（不完整复印件）〔1〕、《林权使用证》（复印件，无发证机关公章、无发证时间）〔2〕、2015 年 8 月 14 日《证明》〔3〕。

2015 年 1 月 23、24 日，秀洞村民委员会（大同乡相关领导参加）就双方山场权属问题进行第一次调解，由于双方意见分歧较大，未达成调解协议。为了化解矛盾，2015 年 1 月 27 日，秀洞村民委员会第二次调解并作出调解意见书，调解意见主要包括三点：（1）秀洞村出具的 1985 年 5 月 7 日秀洞村一组的《分山登记册》四抵吻合，密洞片集体提供的证据较为笼统，无明确四抵；（2）界线划分：秀洞村一组从章山田冲至上面水洞为界，密洞片集体由水洞至白腊坳（现在的加水站）为界；（3）亮马坡争议山场的林木收益按照原三江区两村协议执行。〔4〕此份调解协议比较倾向于秀洞村一组，将争议山场对半划分给双方。密洞片不服秀洞村民委员会的调处意见，遂向大同乡人民政府申请调处。大同乡人民政府会同锦屏县人民政府调处办工作人员先后于 2015 年 8 月 13 日、9 月 18 日进行了两次调处，因双方当事人的意见分歧较大，仍然调解无果。2016 年 6 月 8 日，

---

〔1〕 管理者：向立雄小组；亮马，无四抵，55 亩。

〔2〕 户主：向立雄组共四户；地名：亮马，上抵公路，下抵古树冲田，左抵密洞荒山，右抵章山田冲；面积 40 亩。（同 1985 年 5 月 7 日秀洞村一组的《分山登记册》所载范围）

〔3〕 兹有我秀洞村一组向立雄、吴定邦、吴定玲、龙开民等原来的四户，现在为 16 户，由秀洞村一组集体分给他们进行管理使用的这块山坐落地名"亮马坡"，该山的四抵为：上平公路、下平古树冲田冲、左抵密洞荒山（中夹密洞姚仁锋一小片），右抵章山田冲（包括龙建福大干田外岭脑一片）。除开密洞有一小地。该宗山地按照原秀洞公社秀洞大队 1966 年山林划片管理决定中已明确了界线。（秀洞村民委）

〔4〕 2015 年 1 月 27 日《关于秀洞村一组向立雄等四户与密洞片集体为地名"亮马坡"山林权属纠纷调处意见书》形成了五点调处意见，内容如下：秀洞方提供的证据有：1985 年的山林登记清册，地名"亮马"，上抵公路、下抵古树冲、左抵密洞荒山、右抵章山田冲。秀洞村密洞片集体提供的证据有：锦林字第柒号山林所有证，上评白腊坳元高老公路为界，下评（圹黄）远根屋背。根据双方举证分析：①秀洞村一组向立雄等户出具的证据对该纠纷山四抵吻合，其中该山内夹有密洞片姚纪元的茶油山，由该茶油山的山主认定界限为准。②密洞片集体提供的证据较为笼统，没有明确的左右抵，无法确定该方的具体位置。③经对双方举证情况作如下调处意见，秀洞村一组从章山田冲至上面水洞为界，密洞片集体由水洞至白腊坳（现在的加水站）为界。④现在争议的山场处在原三江区联社高老万亩林场两村规划造林的第五小班块内，其林木收益分成按原三江区两村协议约定的文字执行。未尽事宜双方进行协商。⑤龙建福大干田外岭脑有一小片属密洞村集体所有。

密洞村向锦屏县人民政府林木林地权属争议调处办公室申请调处。

此案的关键在于，双方均无法提供有力的证据证明"亮马坡"地的林权归属。申请方密洞片提交的证据中，用于证明其林权归属的是 1981 年 6 月 20 日《山林所有证》、1990 年 1 月 25 日《承包土地造林合同书》、1990 年 7 月 27 日《联合协议》、袁继先山场踏勘记录以及光绪二十二年（1896 年）四月二十日、民国丙寅年（1926 年）三月初七日的契约。在被申请方秀洞方看来，这些证据均无法证明林权归属，理由如下：1981 年 6 月 20 日山林所有证（存根）（锦林权字第柒号）四抵只有两抵，四至不清；1990 年 1 月 25 日《承包土地造林合同书》和 1990 年 7 月 27 日《联合协议》只是约定了造林收益分配比例，并不涉及林地所有权问题；袁继先的山场踏勘记录只是属于个人行为，不能作为证据使用；光绪二十二年（1896 年）四月二十日和民国丙寅年（1926 年）三月初七日的契约依法不能作为证据使用。

在被申请方秀洞片一组提交的证据中，用于证明其林权归属的是 1981 年 4 月 14 日《山林所有证》、1984 年 5 月 3 日《锦屏县三江区公所调查处理通知书》、1985 年 5 月 7 日秀洞村一组的《分山登记册》、1981 年《集体山林管理证》以及《林权使用证》。然而，申请方密洞方亦认为这些证据都存在瑕疵，无法证明所有权归属。具体言之，1981 年 4 月 14 日《山林所有证》（存根）（锦林权字第壹号）仅记录了地名、树种及面积，并无四抵。1984 年 5 月 3 日《锦屏县三江区公所调查处理通知书》并未划分双方界线，而且强调仍按原来的管理。1985 年 5 月 7 日秀洞村一组的《分山登记册》是秀洞村一组集体擅自分山行为（自己填写，无公章、封面），将争议山场分给村组的行为本身就无效。1981 年《集体山林管理证》只载有"亮马"（无"坡"），且无四抵。《林权使用证》系复印件，无发证机关公章、无发证时间，而且该证上载明面积 40 亩，而整个"亮马坡"争议山场的面积有 355 亩，因此密洞方认为秀洞方在争议山场中仅有 40 亩面积，且位于第二块地中，但是左抵与密洞方山场的界线不清楚。

由上可知，双方提交的证据均无法有效证明林权归属，主要原

因在于，既有权属证书四抵不清，如密洞片提交的 1981 年 6 月 20
日《山林所有证》和秀洞片一组提交的 1981 年 4 月 14 日《山林所
有证》、1984 年 5 月 3 日《锦屏县三江区公所调查处理通知书》、
1981 年《集体山林管理证》及《林权使用证》。尽管秀洞片一组提
交的 1985 年 5 月 7 日《分山登记册》四至分明，但是属于秀洞片一
组集体擅自分山行为，故无官方认可的证明效力。正因为双方在林权
归属上存在较大分歧，2015 年 1 月 27 日的《调处意见书》才采取了
模糊化处理，基本上是按照争议双方各一半的方式划定界线，但是双
方均不接受这一"各打五十大板"的调处方案。由于亮马坡地段在历
史上就属于争议地段，故 1984 年 5 月 3 日《锦屏县三江区公所调查处
理通知书》载明要按历史管理，后来的《联合协议》也表明了秀、密
两村对争议山场的共同管理事实，因此密洞片提出要"按照《联合协
议》约定的比例分配土地征收补偿款及产生的林木收益"也是情理之
中。既然 1984 年 5 月 3 日《锦屏县三江区公所调查处理通知书》载明
要按照历史管理，维持"秀、密两寨历史以来和解放后的规划不变"，
因此寻求历史权属证明就非常重要，于是，密洞方提交了光绪二十二
年（1896 年）四月二十日和民国丙寅年三月初七日（1926 年 4 月 17
日）两份契约。

　　　欧祁松断卖杉山并地契（光绪二十二年四月廿日）[1]
　　立断卖杉山杂木约人张寨欧祁松今因家下缺少钱用，无从得出，
自愿将到坐落土名亮马坡杉山并地一块，上平岭，下平买主，左平路
岭，右平岭，内有两垮，四至分明。自己请中上门，问到密洞寨王昌
江名下承买为业，当日凭中，三面议定，价钱八千三百八十八文，亲
手领足应用，其杉山并地自卖之后，恁从买主耕嫲管业，恐有来理
（历）不明，俱在卖主理落，不与买主相干，今幸有凭立此断字为处。
　　外批左平向广爕荒茶山、右平王本和岭荒茶山
　　凭中 欧祁鳌

────────────

　　[1]《大同乡密洞片与秀洞村一组关于"亮马坡"地块权属纠纷案卷》，锦屏县山林
权属纠纷调处办公室提供，案卷编号：JPSLTC-20160608，第 45 页。

光绪二十二年四月廿日家荣亲笔立

　　王怀忠立断卖茶山契（民国丙寅年三月初七日）[1]

　　立断卖茶山约人王怀忠，今因家下缺少钱用，无从得出，自愿将到坐落土名亮马坡茶山一块，杉木、维木、桐树一概在内，上抵王怀锦芳（荒）山、下抵姚锦灿、左抵洞、下抵买主，四至分明，自己请中上门，问到本寨姚锦泰名下承买为业，当日凭中，三面议定价钱贰仟伍百零八文整，亲手领足应用。其茶山钱自卖之后，恁从买主修理管业，卖主不得异言，恁有来理不清，俱在卖主理落，不与买主相干，今辛有凭，立此断字为据，承照发达。

　　凭中　王万泰

　　请笔　姚秀艳

　　民国丙寅年三月初七日　立

　　这两份契约是密洞片村村民历史上买卖亮马坡山场的过程记录，山场买卖契约是重要的产权凭证。从契约内容可以看出，亮马坡先后经过了两次买卖。第一次是光绪二十二年（1896年），张寨欧祁松将杉山并地断卖给密洞寨村民王昌江，凭中为欧祁鳌。第二次发生在民国丙寅年（1926年）三月，王昌江的儿子王怀忠因为家里缺少钱用度，故将亮马坡地又断卖给本寨村民姚锦泰名下。姚氏后人今属于密洞片，故密洞片提交此份契约以证明该地块历史上属于密洞所有。

三、"雄黄寿木纠纷案"

　　2015年7月11日，启蒙镇雄黄村高座自然寨九组村民罗某锡、罗某云、罗某钊等户将位于雄黄高座"长湾大坳左边中间岭"罗某松山上的两株寿木出售给木材老板陆某恒，两株寿木售价为30 800元（出售寿木所得价款在罗某能、罗某文后人六支公平分，每支后人分款5000元，另有800元为砍伐寿木的工钱）。双方签订合同后，

---

　　[1]《大同乡密洞片与秀洞村一组关于"亮马坡"地块权属纠纷案卷》，锦屏县山林权属纠纷调处办公室提供，案卷编号：JPSLTC-20160608，第46页。

罗某锡等人于 2016 年 1 月将两株寿木砍伐（后经贵州省林业科学研究院司法鉴定中心鉴定，1 号样本树龄为 87 年，2 号样本树龄为 98 年）。雄黄村高座自然寨十组罗某钊、罗某刚、罗某鑫等户得知寿木被砍后，认为被伐的两株寿木由其祖辈罗某炳蓄禁，其林木所有权应归罗某炳后人所有，要求罗某锡等人赔偿并返还出售所得价款。

罗某钊等人的理由是，"长湾大坳左边中间岭"山场在新中国成立前系其祖辈罗某炳的老油茶山，土改时仍分配归罗某炳的儿子罗某来、罗某德共同所有。早在新中国成立前，罗某钊等人祖辈在该山场内蓄禁有三株寿木树，在 1982 年分山时，村组将"长湾大坳左边中间岭"划给罗某松作自留山，但根据当地习惯，对村民在集体化以前在原自有山场内蓄禁的寿木树，仍认可属蓄禁人户所有[1]，因此罗某松户对罗某钊等人祖辈（罗某炳、罗某来、罗某德）蓄禁在其自留山内的两株寿木亦认可（原有 3 株，1990 年时罗某钊等人已砍一株），此两株寿木应属于罗某钊等九人所共有。

对此，罗某锡等人则认为，出售位于雄黄村高座区域内"长湾大坳左边中间岭"山里两株寿木并非偷砍，而是正常出售。理由是，民国三十三年（1944 年）二月，罗某钊等人的爷爷（罗某炳，即罗某来、罗某德的父亲）三十余岁，为了生活挑牛皮到湖南靖县去卖，中途被土匪抢劫，并被土匪杀害。当时罗某炳的堂弟罗某梅听说罗某炳被杀害，立马召集房族前往死亡地点收尸，请写申诉书向县政府要求侦破案件。房族中长房罗某能、罗某文立马召集族人前往，并向县政府要求立案调查处理，来回费用均由罗某能、罗某文垫付，但当时该案由于法制不完整等原因未能侦破。然而，罗某炳已经被害，终究要入土为安，当时罗某炳才三十多岁，根本没有备办棺材，在此情况下，罗某能、罗某文出于长房重任，借用棺材一副给罗某炳安葬，棺材木则用高座上长湾大坳的右边小冲边的两株杉树作禁木来抵还。现在两株禁木按照农村棺材料的规格已符合，罗某能、罗某文后人（即罗某锡等人）出售给木材老板陆某恒。罗某锡等人

---

［1］《雄黄寨寨规民约》（1988 年 11 月 8 日通过）第 2 条规定："田管山五丈，自留地管三丈，无论何人何山所育的寿材，均以八年分山时毛皮胸围圆周二尺五以上者算。"

指责罗某炳后人（即罗某钊等人）无视当时其祖父危难之时，长房罗某能、罗某文照顾援助的恩德，反而认为是长房罗某能、罗某文等人强行霸占，属于见利忘义、不讲良心道德的行为，是对其祖先罗某高（罗某炳之父）、罗某仲（罗某炳之叔父）立下的承诺不予以认可的行为。

根据罗某锡等人的说法，当时罗某高（罗某炳之父）向家族罗某能、罗某文借棺材一副，罗某高以长湾大坳左边中间岭两根小木作抵，无限期砍伐，立有字据，书据人罗某仲（罗某忠祖父），收据人罗某普（罗某能之子），后传至罗某云，但因1983年农历正月初九日发生火灾，涉及罗某云、罗某福二户（雄黄村民委证明），所有证据在火灾中被毁，遂根据对原借据的记忆重拟了一份借据存放。此外，罗某能、罗某文后人分别于第二次合作化时期、1957年、1972年打毛垮实行管理。

村里一些老人的证言证词也对此事予以认可，如罗某奇、罗某新、罗某忠等人表示曾听祖父说过此事。罗某忠指出，罗某高（1960年去世）及其胞弟罗某条（1978年去世）当时都未使用这两株寿木，而且罗某条也说过两株寿木是抵还长房罗某能、罗某文的。村民杨某荣表示：1981年至1983年搞山林三定时，因与甘塘林边界发生纠纷，大队长杨某金叫其到罗某云家看老字，当时罗某云拿出几十张老字，的确看到有一张借棺材的条子，但具体用哪里的杉树抵还记不太清。

2016年2月25日，雄黄村民委员会对此案进行第一次调解，但双方分歧较大，调解未果。村民委员会书面介绍申请人（罗某钊等人）到启蒙镇人民政府处理，但镇综治办接处人员建议申请人向法院起诉。申请人于2016年3月14日向法院起诉，法院立案后，经审查认为双方争议的两株寿木树的林木所有权属于政府行政确权范围，不属于法院受案范围，动员申请人撤诉后向镇政府申请处理，而在申请人又到镇政府申请处理时，镇政府又推给村民委调处。村民委于2016年5月11日作出调处意见，认为双方证据都不能充分证明两株木材的权属，故作出三个调处意见：（1）由被申请方拨付15 000元整现金给申请方；（2）剩余的现金为被申请方所有；（3）被申请方在接到调解意见书 5 日内拨付给申请方。雄黄村民委员会 5 月 11 日作出的调处意见"各打五十大板",将两株寿木出售价款对半平分。申请方不服,再次向镇政府申请行政裁决。启蒙镇政府于 2017 年 1 月 5 日进行调解,经调查后认定,由于原件被大火焚毁,罗某云后来凭借回忆写就的"出借棺材抵还寿木"凭据无效,后通过做罗某锡等人的思想工作,达成如下协议:(1)罗某锡等户自愿把卖寿木所得资金 30 800 元中的 30 000 元退还给罗某钊等户,剩余 800 元留给罗某锡等户;(2)罗某锡等户需在 10 日内(2017 年 1 月 5 日至 2017 年 1 月 14 日)将所退还的资金在规定时间内交给启蒙镇林业站,由启蒙镇林业站转交给罗某钊等户。

在此案中,双方争议的焦点在寿木的所有权归属问题,而且更有意思的是,该案涉及三个家族四代人之间的寿木偿还纠纷。罗某钊的爷爷(罗某炳)遭土匪杀害意外去世,由于去世时仅三十多岁,根本来不及置办棺材,因此罗某钊等人的曾祖父罗某高向房族中长房罗某能、罗某文兄弟借棺材安葬,以自己山上蓄禁的两株寿木抵还。罗某高蓄禁寿木的山场在 20 世纪 50 年代土地改革时分给了其孙罗某来、罗某德兄弟,1982 年分山到户时又分给了罗某松〔民国三十三年(1944 年)寿木抵还契约中人罗某仲的后人〕管理。根据当地的风俗习惯,罗某松虽然是分山之后的实际管理人,但是分山之前蓄禁的寿木仍归原蓄禁者所有。罗某锡等人(罗某能、罗某文后人)见寿木已长成材,根据先祖之间的约定,认为两株寿木归自己所有(罗某钊等人的先祖抵还给自己先祖),于是将其砍伐卖给木材商。罗某钊等人则否定此事,认为两株寿木原本就是自己的先祖蓄禁,一直生长在自己祖业山上,尽管该片山场后来分给了罗某松管理,但根据村规民约的规定,蓄禁寿木归原蓄禁者也就是罗某高所有。自己是罗某高的后人,当然是两株寿木的所有权人。究竟是否存在寿木抵还事实是确定两株寿木所有权归属的核心,因此,罗氏先祖之间签订的寿木抵还契约成了本案的关键证据。不仅当事人双方都承认此份契约的效力,乡镇政府和雄黄村的调解人员在访谈过程中也多次询问罗某锡等人该份契约的情况。然而,遗憾的是,寿木抵还契约一直由罗某普（罗某能之子）保管，后传至其子罗某云保管，但因 1983 年农历正月初九日罗某云家发生火灾，契约被焚毁。契约被焚毁后，罗某云根据记忆重拟了一份借据存放。

罗某高借棺材并以寿木抵还契（民国三十三年二月廿五日）〔1〕

民国三十三年甲申（闰）年二月廿五日，因罗某炳过世，无棺材埋葬，罗某高向家族罗某能、某文兄弟二人借棺材一副，用长湾上大坳的右边小冲边的两根杉树还。

民国三十三年二月廿五日

从该份契据的内容格式来看，此份凭据仅陈述了事实，并无体现契约效力的中人，亦无双方立契人的签名，故此份契约最终被认定为伪造（据罗某锡等人说是罗某云凭借回忆制作），尽管村里有一些老人知情并可作证，而且该两株寿木也一直由罗某能、罗某文后人"打垮"管理，但是最终仍作出了对罗某锡等人不利的调解结论。换言之，如果罗某能、罗某文的后人能妥善保管作为此案关键证据的原始契据，应该能够获得支持。

四、"魁胆宅基地案"

此案发生于锦屏县平秋镇魁胆村。民国三十二年（1943 年），孟寨〔2〕王某福用自己位于岑滥（地名，侗文为"jins lanl"，意为对

---

〔1〕《启蒙镇罗某锡等人与罗某钊等人寿木纠纷案卷》，启蒙镇调解委员会提供，案卷编号：QMTW-20170105，第 25 页。

〔2〕孟寨系魁胆之子寨。清乾隆八年（1743 年），魁胆王劳团支王老乔迁至凸寨居住看守和经营山场，后衍成村落。乾隆十七年（1752 年），魁胆高捧王堂桥支王乔应迁至孟寨居住看守和经营山场，后衍成孟寨。孟、凸两寨与魁胆村关系历来密切，视魁胆为母寨，称魁胆为"教懈"，侗语意为"我们的寨"。孟寨大多与魁胆高捧等王堂桥支王姓同宗。因宗族加姻亲，两寨与魁胆之间互视为一村，田地多有交杂，难以轮分。1942 年改九寨联保为九寨乡，原魁胆十六甲（第二保）分析成三、四两个保，魁胆与孟寨、凸寨为第三保，计有 15 甲。1953 年"民主建政"时，孟、凸两寨从魁胆析出联合成立行政村。2013 年撤孟寨行政村，两寨复并入魁胆中心村。正因为孟寨与魁胆之间在历史上形成的母子寨关系，使得两寨之间田地山场相互交错。王某福所出卖的位于"岑滥"的田历史上属于魁胆寨范围（今天魁胆中心村村民委员会所在地附近）。参见贵州省锦屏县平秋镇魁胆村志编纂委员会编：《魁胆村志》，方志出版社 2017 年版，第 18、28 页。

面山坡）的一小半田（大约九丈五）与魁胆寨王某求绝换，换来王某求的冲麻田一丘（图1中地块A），并"补洋贰仟陆佰陆拾八元八角"。此份契约原件现保存于锦屏县档案馆，契约内容如下：

王某福绝换田契（民国三十二年十月廿八日）[1]

立绝换田契字人孟寨王某福，今将岑滥有田一丘，兹将一小半以栽岩为凭，作换王某求冲麻田一丘，当凭中人议妥，除两平换外，承补洋贰仟陆佰陆拾八元八角，其洋当面亲手领足，其田交帛，立契互交，各自管业，此系两愿并无勒逼等情，嗣后其有田粮，仍归各其自理，自立换之后，任凭起屋耕种，各随其便，两无异言，恐口无凭，立有换字二纸，各持一纸为抵。

富贵双全

代笔 王某垣　凭中 王某菱 王某生 龙某钊

民国三十二年十月廿八日立

民国三十三年（1944年），王某福又将该田分卖五丈给魁胆寨[2]王某干（图1中地块B）。此份契约原件亦存于锦屏县档案馆，契约内容如下：

王某福分卖田契（民国三十三年四月初三日）[3]

立卖田契字人孟寨王某福今因要洋使用，无所出处，自愿将地名岑滥田一丘分卖五丈，其界上抵志科田及山，下抵贵求田，左抵山，右抵志宏田为界，四至分明，要洋出卖，先问亲房，无洋承买，自己请中上门问到大寨王有干名下，承买为业，当日凭中议定价洋壹仟捌佰捌拾元，其洋亲领足应用，其田契付与买主管业，自卖之后，不得异言，恐后无凭，立有卖字为据。

---

〔1〕《王某福绝换田契（民国三十二年十月廿八日）》，贵州省锦屏县档案馆藏，文书编号：JPWS-JP-王有锦-537-34。

〔2〕"王某福分卖田契（民国三十三年四月初三日）"中称为"大寨"，即指母寨魁胆。

〔3〕《王某福分卖田契（民国三十三年四月初三日）》，贵州省锦屏县档案馆藏，文书编号：JPWS-JP-王耀照-316-35。

凭中 王某庆

亲笔

民国三十三年古四月初三日立字

1951年王某福又将该地块分卖"肆丈玖尺"给王某发（图1中地块C）。此份契约原件同样保存于锦屏县档案馆，契约内容如下：

王某福分卖屋地字（一九五一年九月廿六日）[1]

立分卖屋地字人孟寨王某福名下，情因本村王某发缺乏屋基创造，特请中人向该志福分买屋基地名岑滥肆丈玖尺，凭中议定，补价人民币柒拾贰万捌仟捌佰元整。其界上抵王某林田坎，下抵王某根田坎，右抵买主，左抵王某干为界，四至分清，自分卖之后，不得异言。恐口无凭，特立分卖字一纸交与某发创造新房，人财发两，是实为据。

凭中 王某柱 王某吉

代笔 王某益

公元一九五一年九月廿六日 立

孟寨王志福地块

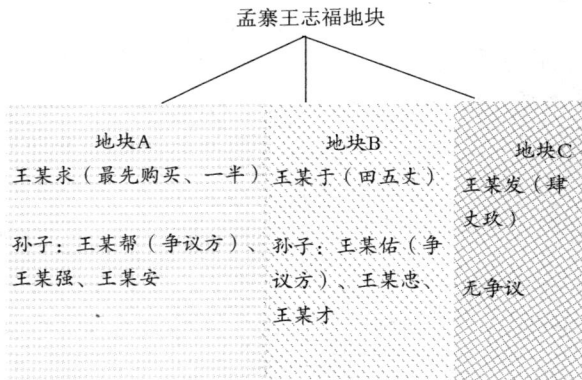

地块A
王某求（最先购买、一半）

孙子：王某帮（争议方）、王某强、王某安

地块B
王某干（田五丈）

孙子：王某佑（争议方）、王某忠、王某才

地块C
王某发（肆丈玖）

无争议

图1 孟寨王某福地块三次交易情况

王某发与王某干之间相邻的地块并无纠纷，均按照协议以栽岩

---

〔1〕《王某福分卖屋地字（一九五一年九月廿六日）》，贵州省锦屏县档案馆藏，文书编号：JPWS-JP-王必作-745-70。

为界，四抵分明。现在产生纠纷的是地块 A 与地块 B，即王某求与王某干之间边界存争议。王某帮、王某强、王某安三人是王某求的孙子，王某佑、王某忠、王某才是王某干的孙子。根据分家继承习惯，现在地块 A 又细分给了王某帮、王某强和王某安三人，地块 B 分给了王某佑、王某忠、王某才三人。王某帮与王某佑分得的地块相邻，王某强、王某安与王某忠、王某才之间的地块不相邻，故无争议。2015 年 1 月，王某佑准备在自己祖业地基上起房子，因地块边界问题与邻居王某帮产生了纠纷。王某佑盖房时以以前的栽岩为界，但由于先祖确定的栽岩界限已经不存在，王某佑在重新认定栽岩界限时引起了邻居王某帮的争议。当时王某帮尚未盖房，王某帮认为王某佑确定的栽岩界限过大，超出了原来的边界，两人产生争议并向魁胆村民委申请调解。2015 年 4 月 29 日，魁胆村民委员会进行调解，调解时主要根据争议双方提交的老契约重新确定栽岩边界，双方最终达成调解协议。兹录调解协议如下：

地土协议书[1]

前有魁胆村村民王某求于民国三十二年与孟寨王某福买地起屋。民国三十三年又有本村王某干与卖主买来田五丈。一九五一年又有本村王某发也与卖主买来肆丈玖。三家后人都提供对证契约事实。王某帮、王某强、王某安契约是以栽岩为界。据现情状况：按王某显屋墙角直线至王某荣田坎下水泥等为界。佐边属王某帮、王某强、王某安祖业管理，佑边属王某佑、王某忠、王某才按祖业管理使用。通过魁胆村民委协调，亲自澄清，双方共同上量立界，将后永无异言。特此协议。双方各执一份。

魁胆村民委 代理人：王某玖、王某明

参加协调人 王某炎、王某贵、王某作、王某友、王某灯

王某强 王某佑

二〇一五年四月二十九日

---

[1]《魁胆村王某帮与王某佑地土纠纷案卷》，魁胆村民委员会提供，案卷编号：KDCD-20150429，第 15 页。

五、案例评析：纠纷解决中的文书运用习惯

以上三个案件均属产权纠纷，无一例外都涉及晚清民国的契约文书。在关于"亮马坡"林地的权属争议中，申请方提供了"欧祁松断卖杉山并地契［光绪二十二年（1896年）四月廿日］"和"王怀忠立断卖茶山契［民国丙寅年（1926年）三月初七日］"；在关于蓄禁寿木抵还的案例中，申请方提供了"罗某高借棺材并以寿木抵还契［民国三十三年（1944年）二月廿五日］"；关于宅基地纠纷的案例中，当事人提供了"王某福绝换田契［民国三十二年（1943年）十月廿八日］""王某福分卖田契［民国三十三年（1944年）四月初三日］"以及"王某福分卖屋地字［一九五一年（1951年）九月廿六日］"。尽管当事人提供了老契约，但契约的证明效力在三个案件中并不一致。案例一直接否定了老契约的效力，认为属于非法证据，案例二承认老契约的效力（只不过该案原始契约已焚毁），案例三则完全根据老契约确定地基边界。黔东南地区锦屏县存在基于法律的产权秩序与基于契约的产权秩序，两套产权秩序生成的基础不同，从而导致对待老契约的态度差异，以老契约为中心的产权体系一直发挥着重要作用，进而在纠纷解决中形成了文书运用习惯。

从锦屏县的山林权属变革轨迹我们可以看出，新中国成立七十年来，集体林权制度历经数次变革，始终围绕着林农与集体林权关系进行调整。从产权结构类型来看，经过七十余年集体产权变革，目前农村集体产权大体形成了三种模式，即私有化模式、集体统一经营管理模式以及"公有私用"产权模式。[1]锦屏县1988年集体山林的股份制改革（分股不分山，分利不分林）以及后续2007年的集体林改实际上是上述三种模式的综合。其中，1988年的股份制改革是私有化模式和集体统一经营模式合一，即在推行林业资源私有化的同时又以股份制的方式强调集体统一经营，这主要是基于林业"集约经营、规模经营"方面的考虑，如果直接分散到户经营存在一

---

［1］ 桂华："产权秩序与农村基层治理：类型与比较——农村集体产权制度改革的政治分析"，载《开放时代》2019年第2期。

定风险和困难，也不符合林业发展规律。2007 年集体林权制度改革仍然秉承此思路，但根据不同山林采取不同的改革方式，从而导致不同的权属形态。例如，采取"均山到户"的集体山林，林地属于"公有私用"产权模式，而林木则属于私有化模式，即"林地所有权归集体，林地经营权和林木所有权归农户"，由家庭经营或联户经营；采取"均股到户"的集体山林，如同 1988 年林改一样，林木和林地都以股份制形式集体经营，属于私有化模式和集体统一经营模式合一，这也是最主要的产权形式[1]；采取"均利到户"的集体山林，流转至乡村林场实行集体统一经营模式，仅将收益分配给个人。此外，对于已分散到户的自留山，林地属于"公有私用"产权模式，林木则属于私有化模式；已分散到户的责任山、林地、林木都属"公有私用"产权模式。锦屏县通过法律（包括政策文件）最终构建出了复杂的集体山林权属结构，即"林地所有权归集体，林木所有权归造林者（含投资投劳），林地使用权归林地开发利用者，林木管护权归经营者（包括采伐出售）"。与农村其他类型生产资料集体产权改革不同，锦屏县集体林权改革实际上是多种权属形式的综合，而且集体统一经营管理模式一直占据主导性地位，同时，根据林业资源性质的不同兼具私有化模式和"公有私用"产权模式。换言之，改革开放之后锦屏县集体山林权属改革的思路是，在保证集体林地所有权的前提下，对于林地使用权和林木所有权不简单地分散到户，而是以家庭联营、联户经营或集体经营等方式实现集体统一经营管理。锦屏县集体山林产权格局和产权规则如同珠三角地区土地股份合作制一样，形成了"团体–共有型"产权秩序，同时也夹杂着"个体–共有型"产权秩序（如自留山、责任山等）。[2]

---

〔1〕 据统计，2007 年全县纳入林改的 175 万亩林地，采取"均山到户"的为 53 万亩，"均股到户"的为 105 万亩，"均利到户"的为 17 万亩。参见锦屏县地方志编纂委员会编：《锦屏县志：1991—2009》（上册），方志出版社 2011 年版，第 510 页。

〔2〕 桂华将农村集体产权实践区分为四种理想类型，即"团体–公有型""团体–共有型""个体–公有型"以及"个体–共有型"。从锦屏县集体林权改革实践来看，兼具第二种和第四种类型。绝大多数集体山林是"团体–共有型"，即林地由集体所有，林地使用权和林木所有权则以股份制方式分给农民，然后由集体统一管理经营，避免山林分散经营造成的矛盾。1988 年已分散到户的自留山、责任山等则为"个体–共有型"，即继续承认

产权实践中存在另一套产权秩序，这套产权秩序以"锦屏文书"为中心。历史上，黔东南地区清水江流域一直以山林契约为产权认定的主要凭证，而且大多以白契为主，依据宗族、房族势力进行山林管理。锦屏县第一阶段产权变革的任务是推翻以传统契约为中心的产权体系，建立以土地所有权证为中心的新的产权体系，但是这种产权变革方式并不彻底。1954年8月，锦屏县财委在排洞进行《土地证》的颁发工作试点，随后在全县分批进行颁发。至1955年8月，第一批15个乡镇中，有新化、新华、胜利、和平、铜坡、敦寨、寨早、蔡中等10个乡镇基本完成，平略、龙埂、潘寨、龙池、铜鼓只是做了一些初步的工作。随着1956年合作化运动高潮的到来，所有权证书被停止颁发，全县各乡村均组织合作社。土改数据显示，土改前后地主和贫雇农山林占比变化明显，地主从土改前的41.47%变为土改后的0.77%，而贫雇农从土改前的16.3%变为了43.47%。但是，富农和中农的山林占比在土改前后并无明显变化，富农土改前后均为6.14%，中农则从土改前的33.26%略升为35.23%。[1]这组数据表明，锦屏县土改中至少有40%左右的中农和富农的山林权属维持土改前不变，因此在产权管理上依然以旧有林木契约为主，现在契约保存得较完好的林农也大多是土改时期划定为中农和富农阶级成分的家庭。林木"三定"时期，分山到户，基本上也都是按照新中国成立前的老业来划分，此时的主要依据就是林木契约，在林权证上自己填写"四至"。正因为如此，山林权属变革并未改变传统林木产权秩序，因此在纠纷解决中传统林木契约仍然可以作为证据提交，尽管官方宣称此类证据属于无证明效力的非法证据，但是至少在村民的观念中仍然是有效的，而且在民间调解的场合基本上都认可其效力，并据其解决纠纷。这实际上是在提醒

（接上页）农户自主流转、经营权抵押的"个体性权利"，林地通过承包经营被农民分散控制，集体所有制成为"名义"，集体产权规则从公有变为共有，而林木收益归农户个人所有。参见桂华："产权秩序与农村基层治理：类型与比较——农村集体产权制度改革的政治分析"，载《开放时代》2019年第2期。

〔1〕表中数据根据《锦屏县志》记载整理。参见贵州锦屏县志编纂委员会编：《锦屏县志》，贵州人民出版社1995年版，第415~416、481页。

我们，当前农村土地确权、集体林权改革，应该充分认识到产权的双重构造客观情况，承认"习俗性产权"的存在并据此进行制度设计和安排。[1]在纠纷解决过程中，也应该注意运用契约文书来解决纠纷，不能对当事人提交的契约文书一律以"非法"为由拒绝，而应在一定程度上承认其证明效力。

---

〔1〕 何培生："争论中的农村空间：土地纠纷、习俗权与国家"，载裴宜理、塞尔登编：《中国社会：变革、冲突与抗争》，夏璐、周凯、阎小骏译，香港中文大学出版社2014年版，第106、119页。关于"祖业权"的讨论，可参见桂华、林辉煌："土地祖业观与乡土社会的产权基础"，载《二十一世纪》2012年第4期；郭亮："'祖业权'：地方社会的'非正式'产权"，载《中国社会科学报》2010年3月16日；陈锋："'祖业权'：嵌入乡土社会的地权表达与实践——基于赣西北宗族性村落的田野考察"，载《南京农业大学学报（社会科学版）》2012年第2期；陈锋："从'祖业权'到'物权观'：土地观念的演变与冲突——基于广东省Y村地权之争的社会学分析"，载《中国农村观察》2014年第6期；刘锐："地权界定中的宗族与国家"，载《思想战线》2018年第1期。

传统规范的活力：遵循藏族固有习惯法
解纷的现实表现
——以青海省湟中县西清镇光明村一起
意外伤害致死纠纷处理案为对象

一、引言

习惯法可以从国家法与非国家法两个角度进行认识。非国家法意义的习惯法是独立于国家制定法之外，依据某种社会权威和社会组织，具有一定的强制性的行为规范的总和。[1]我国的非国家法意义的习惯法历史悠久、内容全面、约束力强。

与其他少数民族地区相一致，[2]我国藏族地区存在物权、债权、秩序维持、纠纷处理等习惯法。这些丰富的习惯法涉及杀人、伤害、婚姻、奸淫、偷盗、抢劫、草原森林狩猎纠纷等各方各面，[3]体系

* 基金项目：国家社科基金重大专项课题"健全自治、法治、德治相结合的乡村治理体系研究"（18VSJ064，首席专家：高其才）。

〔1〕 高其才：《中国习惯法论》（第3版），社会科学文献出版社2018年版，第3页。

〔2〕 关于少数民族习惯法，详可参见高其才的《中国少数民族习惯法研究》（清华大学出版社2003年版）有关部分。

〔3〕 关于藏族习惯法的研究情况，可参见曾丽容："近三十年来国内藏族习惯法研究综述"，载《西藏民族学院学报（哲学社会科学版）》2012年第5期。

完整，是维系藏区政治经济和社会生活秩序的重要法依据。[1]

藏族固有习惯法的重要内容之一为赔命价规范，[2]这是藏族传统法律中惩罚犯罪、制裁社会越轨行为的一种独特的法律制度。[3]在藏族地区，其于生产生活的需要，人们出门时都持枪带刀，一有争吵纠纷往往白刃相加，因而杀人和伤害案件较多。发生这类涉及生命、身体健康的案件后，无论是被害人及亲属还是致害人及亲属，一般都按习惯法处理，自行息讼，最关心的是命价问题，被害人家属高额索赔，致害人一方也会主动请人调解付赔。[4]赔命价习惯法历史悠久，进入近代后大多数藏族部落还沿袭着这种习惯法。[5]

时至今日，这一藏族固有习惯法仍有重要影响。[6]在藏族现实

---

〔1〕 索南才让：《藏传佛教对藏族传统习惯法的影响研究》，民族出版社 2011 年版，第 34 页。

〔2〕 命价款的主要用途有以下几方面：(1) 调头金：主要用来使受害人家属不亲自或组织部落民众上门寻仇，其目的是为了防止事态的进一步恶化；(2) 丧葬费：凶手向被害人家属支付的用以安埋死者的费用，具体包括停尸铺垫、盖尸布、驮尸牛及鞍绳等项目；(3) 安慰金：支付给死者家属或亲属，如兄弟、姊妹、配偶和子女的一笔费用，包括兄弟失膀、本家失亲、寡妇拭泪和孤儿捶胸等；(4) 悔罪金：认罪伏法并不再犯，以罚金的形式表现；(5) 诉讼费：诉讼审理过程中所产生的酬金、伙食费和文书笔墨费；(6) 煞尾费：用一头犏牛（最好为白尾犏牛），在其尾巴上拴一把扫帚进行扫除，象征将不吉利的事一扫而光，实际上是一种恢复两家关系的仪式；(7) 超度费：凶手赔付给受害人家属，让其给寺院买经书、刻石板经以超度亡魂，使其不坠三恶趣的费用。参见穆赤·云登嘉措："藏区习惯法'回潮'问题研究"，载《法律科学（西北政法大学学报）》2011 年第 3 期。

〔3〕 匡爱民、黄娅琴："藏族习惯法中的惩罚性赔偿规则研究"，载《中央民族大学学报（哲学社会科学版）》2012 年第 1 期。

〔4〕 根据有关学者所收集和整理的资料，近代藏族有不少部落的习惯法中含有惩罚性赔偿的规定，包括莫坝部落、果洛部落、玉树部落、巴塘部落、汪什代海部落、德格部落、理塘落区、甘加思柔、仁青部落等。参见张济民主编的《渊源流近———藏族部落习惯法法规及案例辑录》（青海人民出版社 2002 年版）的有关部分。许多藏区如莫坝部落都有赔命价习惯，具体可参见张济民主编：《渊源流近———藏族部落习惯法法规及案例辑录》，青海人民出版社 2002 年版，第 18~20 页。

〔5〕 徐晓光：《藏族法制史研究》，法律出版社 2001 年版，第 340 页。

〔6〕 如青海省果洛藏族自治州三名罪犯轮奸一名妇女，被害人告发后，法院依法分别判处被告人 9 年、8 年、7 年徒刑，这本来已算从宽处理，但当地群众还说："依照藏俗，赔偿奸价就行了，何必小题大做，判处徒刑。"这样，判刑时只好一宽再宽。参见陈光国："藏族习惯法与藏区社会主义精神文明建设"，载《现代法学》1989 年第 5 期。如

社会生活中依然有种种表现，仍有着不可低估的影响。[1]在进行现代法治建设的当代中国，不少藏族地区仍然运用固有习惯法处理与生命、身体健康相关的纠纷。[2]2018 年 7 月，青海省湟中县西清镇光明村发生了一起意外伤害致死事件，具体处理也基本按照固有习惯法，体现了藏族固有纠纷解决习惯法的现实影响。[3]

光明村位于西宁市湟中县北部，在西清镇西北部，距县城 35 公里，距西清镇政府所在地 5 公里处，地处脑山地区，平均海拔在2520 米~2780 米之间。全村有 4 个村民小组，现有农户 256 户，926人，其中劳动力 605 人，主要有汉、藏两个民族，藏族占总人口的48%。全村耕地面积 1943.2 亩，其中浅山地 1454 亩、山旱耕地 489.2亩。农业生产主要种植油菜、小麦、蚕豆、洋芋、汉藏药材等。

光明村的藏族人口占全村的近一半，处于藏、汉混合区，藏族文

（接上页）青新边界 1984 年发生的"4·11 事件"，青川边界 1986 发生的"11·22 事件"，青甘边界 1988 年发生的"7·16 事件"，对双方械斗中死亡人员的抚恤问题，都是以传统习惯法的"赔命价"形式解决的。参见穆赤·云登嘉措："藏区习惯法'回潮'问题研究"，载《法律科学（西北政法大学学报）》2011 年第 3 期。甚至出现未发生交通肇事的"赔偿"案。如 2013 年 10 月，后宏伟一行四人亲历一起案件，在外办宴晚上返回合作市途中，因一个小孩横穿马路时司机紧急刹车避让，车没有碰到小孩，小孩滑倒在路上踝关节处擦破了点皮，被村民围住，不让离开。家属将小孩送到本村曼巴（即医生）家中进行检查后发现小孩仅踝关节擦破了点皮，其他没有任何问题。后宏伟一行四人准备离开，村民死活不让走，要让将 4000 元钱放下才肯放行，说自己村子上车辆碰死一只鸡都要陪 1000 元~2000 元，更不要说人了。最后，在四五十人的围攻下，对方看在后宏伟一行同伴中有一人是藏民而"给足面子"，"赔偿"2000 元后才在村民呼啸声中得以脱身。不仅如此，财产赔偿中也不乏其例。参见后宏伟："藏族习惯法回潮及其原因探析"，载《甘肃政法学院学报》2017 年第 4 期。

〔1〕 高其才：《中国习惯法论》（第 3 版），社会科学文献出版社 2018 年版，第426 页。

〔2〕 关于藏族习惯法的回潮及其原因，可参见文格："藏族习惯法在部分地区回潮的原因分析"，载《青海民族研究》1999 年第 3 期；穆赤·云登嘉措："藏区习惯法'回潮'问题研究"，载《法律科学（西北政法大学学报）》2011 年第 3 期等文。前文认为究其回潮原因，与藏族习惯法的历史惯性、藏区经营方式转变、社会控制减弱、相关国家机关的迁就，以及群众对传统文化的认同心理、国家制定法的相对陌生和相关国家机关执法和司法行为的不完全信任等直接相关。后文从维护藏族地区社会稳定的角度出发，从藏族习惯法的历史渊源入手，分析了它在现实社会中"回潮"的历史、文化、信仰以及社会方面的原因，提出了扬弃与调适的对策建议。

〔3〕 关于藏族习惯法的化解纠纷作用，可参见李虹："和谐社会视野下藏族习惯法化解纠纷作用的实证分析——以甘南藏族自治州某村的个案为例"，载《辽宁行政学院学报》2011 年第 12 期。

化、藏族的生活方式较为鲜明，藏族村民的行为受到固有藏族习惯法的明显影响。同村的汉族村民也或多或少地受到藏族固有习惯法的影响。

2018 年 8 月 16 日，我们到光明村对这起意外伤害致死依照固有习惯法进行处理的情况进行了调查。本文即为对此的初步整理和思考，以期引起学界对固有纠纷解决习惯法现实影响的进一步关注。

二、固有习惯法解纷的过程

光明村风景优美，空气清新，是距离西宁市区最近的原始林区和高山牧场。从 2015 年开始，光明村开始发展旅游业，引进"西宁农趣农业旅游有限公司"对光明景区进行整体开发和建设。光明村村民也通过举办农家乐、到景区务工等方式参与旅游产业，增加收入。其中，第二村民小组的张某茂（1962 年生人，藏族）、第四村民小组的李某朝（1973 年生人，汉族）等村民分别购买了马匹，在景区内为游客提供骑马、照相服务，获得了一定的报酬。

2018 年 7 月 12 日上午，张某茂与李某朝在一起牵马上山准备为游客服务时，想看一下李某朝两岁半马的马蹄铁掌，结果因为马比较年轻、比较胆小，因害怕而受惊，就踢了张某茂，使没有防备的张某茂在翻了一个跟斗后摔了下来，导致五根肋骨穿过肺而严重受伤。李某朝等村民急忙将张某茂送往附近的镇医院后又转院至青海省红十字医院，但张某茂终因伤势过重抢救无效而死亡。张某茂的医药费等共花费了一万多元。

光明景区与提供牵马服务的光明村等村的村民签订有协议，双方约定景区不收村民的管理费，而在发生意外情况时景区也不承担责任。而且景区一直强调村民要服从管理、遵守景区的有关规定。如景区要求只能在草地上牵马，不能到水泥路上牵。这天，张某茂、李某朝都没有听从管理，而将马牵离草地而走在水泥路上。因此，对张某茂的意外伤害致死，光明景区明确表示不承担任何法律责任。[1]张

---

〔1〕 出事以后，西清镇派出所也来警察调查，结论为按照民事案件处理，没有给予罚款、拘留等处理。

某茂家人也承认张某茂的死亡与景区无关。

张某茂意外伤害致死以后，考虑到双方家庭的情况，光明村的党员、村干部有七八人曾自发地向全村村民提出为张某茂家募捐的倡议。[1]不过，由于李某朝信仰天主教，不参与村里的闹神会；村里有社火会，其他村民每年都会捐款10元、20元，他一分钱也没有捐过。因而，光明村的村民对他不参与村的公共活动、不为村落共同体做贡献颇有看法，没有将其视为是村落共同体中的一员。此外，李某朝在村里的信誉也不太好。因此，村民考虑加害人为李某朝，这次募捐没有成功，一分钱也没有募到，没有能够为张某茂家提供一些帮助。[2]

张某茂家人感谢村里的好意，但是一直认为张某茂的死亡与李某朝有关，应该由李某朝承担责任。张某茂的家人（妻子、儿子、儿媳）向李某朝提出要求10万元的赔偿，即赔命价。李某朝不同意。张某茂的家人就来找光明村干部要求村里来处理、解决。

于是，光明村民委员会介入进行调解。光明村党支部书记、村委会主任、村文书、村妇联主任都参加了调解。光明村遵循藏族固有习惯法共主持了三次调解。

李某朝虽然是汉族，但本着尊重死者张某茂的态度，他同意按照藏族的固有习惯法解决这一纠纷。

调解时，各方都同意张某茂意外伤害致死是由牲口造成的，为李某朝方管理不善所致，不是人为的，所以，按照藏族固有习惯法，不能直接追究李某朝的赔偿责任。调解的核心问题为遵循藏族固有习惯法的赔命价规范，确定李某朝的具体补偿责任及其数额。

第一次调解在事发后张某茂还在医院抢救但生命垂危时。由于张某茂家人提出的补偿要求太高，双方意见不能统一，因此没有调解成。李某朝有十多年的白血病史，一直在吃药，手上只有六七千元积蓄。

---

〔1〕 光明村的村规民约第2条规定："讲文明、讲礼貌、尊老爱幼、和睦相处，正确处理好村民之间的相互关系，不惹是生非、拉帮结派，不聚众闹事，打架斗殴。"

〔2〕 王某成访谈录，2018年8月16日。

次日进行第二次调解。当时张某茂已经从医院回家，但是还没有完全断气。张某茂家人提出："最起码你李某朝的马把我的人弄死了，要补偿；也没要多少，就要求 10 万元，是本乡本村的，要是外地的就不是这个价了。"光明村的村干部经过给双方做工作后，促使双方达成一致意见，李某朝同意补偿 8 万元给张某茂家人，并签订了调解协议。

李某朝当时表示："我砸锅卖铁也要给 4 万元。"之后，李某朝将自己的两匹马卖掉得款 1 万元，连同积蓄，共给了张某茂家人 1.7 万元。

李某朝有两兄弟，都没有结婚，均为单身汉，并各自生活，住的是土木结构的房子。两兄弟的收入都不多。他哥哥没有什么钱可以借给李某朝。李某朝还有一个已出嫁的姐姐，生活也不富裕。尤其是李某朝自己，文化程度不高，基本为文盲，没怎么受到过学校教育，认识水平有限。因此，李某朝平时在村里没有什么朋友，没有人愿意借给他钱。

第三次调解是由于张某茂妻子要补偿款，到村委会哭哭啼啼，村干部没有办法，就将李某朝叫来，要他交钱。李某朝表示没有钱，实在拿不出来。张某茂家人不同意。李某朝表示："那你到法院告我去，我坐牢也行。"张家的人则回应说："我也不告你，我就要赔命价。"张某茂家人的主要目的是得到赔偿款，他们明白，到法院去起诉李某朝，可能会进一步恶化其与李某朝的关系，导致更难拿到钱。因此，张某茂家人坚持由村委会遵循固有习惯法进行调解，而不愿意通过国家的解纷途径解决纠纷。

由于李某朝实在没有经济能力，其亲戚、朋友、村邻也没有予以具体支持和帮助。对此情况，张某茂的家人也没有办法，非常无奈。光明村委会也实在爱莫能助。[1]

第三次调解后，张某茂的家人再也没有到光明村委会提出要求

---

[1] 光明村曾向镇政府等机构反映双方特别是李某朝的具体情况，希望能够给予一些救济。但是，镇政府等有关方面表示不符合政策规定，因病、因灾才有可能。光明村的村干部跑了好几次有关方面，都表示李某朝的情况哪一方面也套不进去。镇党委书记、镇长态度非常积极，多次表示在政策允许范围内能帮助就帮助一点。但是，按照现有法律、政策方面的规定，有关政府部门对李某朝的情况爱莫能助。

李某朝支付其余补偿款。李某朝则开一辆小面包车跑点生意，维持自己的日常生活。[1]

对于这起意外伤害致死事件，光明村委会基本依照固有习惯法进行了调解处理，最终结果限于当事人的经济状况在支付部分补偿金后就基本上不了了之了。

三、固有习惯法解纷的思考

光明村这起意外伤害致死事件总体上是按照藏族固有习惯法进行处理的，反映了藏族村民具有浓郁的习惯法观念，表明固有纠纷解决习惯法在当代中国仍然具有一定的效力，体现出了传统规范的活力。这表明，包括藏族固有习惯法在内的少数民族习惯法保留了人类社会许多本真的东西，不仅在历史上发挥着重要的调控作用，而且其蕴含的经验和智慧，对于健全自治、法治、德治相结合的乡村治理体系也具有启发意义。[2]

这起意外伤害致死纠纷的处理反映了光明村的藏族村民具有浓厚的固有习惯法观念、习惯法意识，村民对传统文化有着认同心理。[3]藏族固有习惯法的存在有着深刻的心理基础和社会条件。按照国家法律的规定，纠纷解决需要经过法律规定的程序，在金钱、时间等方面支出较多，成本较高。对于普通村民而言，国家法律内容丰富、规定抽象、理解不易，正确、全面地掌握国家法律的立法意图和具体规范颇为困难。在这种状况下，通过国家法律这一正式解纷方式解决纠纷本就难度极大，这就为遵循固有习惯法解决纠纷提供了一定的条件。

受到藏族村民的影响，光明村的汉族村民也有一定的藏族习惯法知识和意识。光明村的村干部在调解涉及藏族村民的纠纷时，也

[1] 后来，李某朝申请到西宁市的一个慈善基救助，资助其部分医药费。李某朝信天主教，但教会和其他教友也没有什么经济帮助。光明村有两三家农户信天主教。
[2] 郭亮："少数民族习惯法的双重特质及民族地区的治理困境"，载《西昌学院学报（社会科学版）》2018年第1期。
[3] 后宏伟："藏族习惯法回潮及其原因探析"，载《甘肃政法学院学报》2017年第4期。

要正视藏族村民的习惯法观念，尊重藏族村民的习惯法传统，尽量按照藏族固有习惯法解决纠纷。传统的习惯法和调解机制在解决藏区民间纠纷时仍然具有一定的优势。[1]

具体到 2018 年 7 月光明村这起意外伤害致死引起的纠纷：该纠纷由马这一动物所导致，具有非人为特点和一定的偶然性。虽然藏族固有的赔命价习惯法主要规范因故意导致的杀人和伤害身体行为，也兼及过失致人死亡或受伤行为，但通常不涉及由动物伤人等意外事件引起的人死亡或者受伤。但死者张某茂家人的观念仍然是要求按照固有习惯法予以赔命价处理。在一定意义上，张某茂家人扩大了藏族固有的赔命价习惯法的调整范围，固有习惯法在当今藏族地区在传承基础上有了某种发展。

固有习惯法具有现实效力与藏传佛教有着密切的关系。[2]虽然李某朝为汉族且改信了天主教，但由于李某朝信仰天主教的时间并不长，特别是当地只有极少数的村民信仰天主教，并没有改变整个地区的藏传佛教传统，因此，李某朝在面对另一方纠纷当事人为藏族的张某茂家人时，面对对方的死亡时，并不占主导地位，他的民族、他的信仰无法成为纠纷解决的关键性因素。李某朝只能遵循主

---

〔1〕 李虹："和谐社会视野下藏族习惯法化解纠纷作用的实证分析——以甘南藏族自治州某村的个案为例"，载《辽宁行政学院学报》2011 年第 12 期。

〔2〕 依照藏传佛教理论，人若要修成正果，在六道中首先要修得人身，所以，非常珍视人的生命。赔命价习惯法的基础为藏传佛教的人道主义观念，基于慈悲，尊重个人的生命权。索南才让认为，通过对我国藏族民间习惯法中"希董"法所受藏传佛教思想的影响以及与他国宗教有关命价的法律关系的比较研究我们可以发现，藏族民间习惯法在我国藏区当前的双文明建设中，对社会的稳定与发展具有积极的补充作用，我们可以用"扬弃"的思想方法对其加以继承和弘扬。参见索南才让："藏传佛教对藏族民间习惯法的影响"，载《西北民族大学学报（哲学社会科学版）》2004 年第 2 期。曹英的硕士学位论文"藏传佛教对藏民族习惯法的影响研究"（西北师范大学 2009 年）认为，藏族习惯法作为藏族文化体系的重要组成部分，从诞生之日起，就与宗教有着千丝万缕的联系，在其发展过程中形成了宗教与习惯法的紧密结合。论文首先梳理了藏传佛教与藏族习惯法的历史演变过程，进而介绍了民主改革前藏传佛教对于藏族法律的影响，分别从刑事、民商事、行政、环境资源以及程序方面进行了研究、分析。然后，着重从"赔命价"、生态环境保护以及民间调解方面分析论述了民主改革后藏传佛教对藏族习惯法的影响，通过研究分析得出藏传佛教对于藏族习惯法既有积极意义，也包含着不利因素。正确对待藏传佛教对藏族习惯法的影响对于巩固和发展民族团结，维护社会安定局面，促进社会主义法治建设有着深刻的意义。

流观念、遵循藏族固有的习惯法进行处理，依据社区认可的固有赔命价习惯法承担责任而进行赔偿。

在纠纷调解过程中，张某茂家人强调考虑到系本乡本村而提出10万元的命价赔偿要求，这体现了固有习惯法的某种个别性色彩。同样的行为、同样的后果，产生的责任和赔偿的义务却会根据习惯法而有所不同。习惯法的普遍性、一般性可能会针对不同的对象而有具体的呈现形态。

由于当事人的经济能力十分有限，按照习惯法进行调解而达成的赔偿协议因不能全部履行而无法完成。这表明，习惯法的效力也是有限的，也取决于习惯法之外的经济、社会等因素，受到行为人的社会地位、名声、交往圈等因素的影响。家族支持也根据具体情况不一而论。团体本位是藏族固有习惯法的特征之一。[1]它强调成员服从部落的整体利益、个体身份认同，追求内部团结互助。[2]光明村这起意外伤害致死纠纷的解决表明习惯法的团体本位、群体性特点在当今的社会情景下有了不同以往的某些变化。

四、结语

光明村这起意外伤害致死纠纷的调解过程为我们展现了藏族固有习惯法的现实表现。这对我们认识固有习惯法的传承、思考固有习惯法的发展具有一定的启发价值，对于我们理解现代法治建设中的乡村治理也提供了生动的事例。

对藏族固有习惯法，我们需要予以全面的认识，不能简单地视之为落后而进行否定，应当认真分析固有习惯法现象现实存在的社会文化基础，思考固有习惯法在当代存在的效力根源和积极作用。

由于社会发展的阶段性和地区发展的差异性，我国的纠纷解决

---

〔1〕 李可认为，恶劣的生存环境、落后的生产技术要求个体融入集体之中，依靠集体才能求得生存。这样一种存在状况决定了藏民族习惯法必然以团体为本位，团体神圣的观念深入人心。参见李可：《习惯法——一个正在发生的制度性事实》，中南大学出版社2005年版，第73页。

〔2〕 后宏伟："藏族习惯法中的团体本位特征探析"，载《青海民族研究》2014年第3期。

方式存在多元的特点，各地、各民族有着独具特色的纠纷解决方式。虽然国家审判是现代社会解决纠纷方式，但是固有的解决纠纷习惯法仍然在我国的某些地区、某些民族中客观存在，这是值得重视并进行全面分析的。

在当代农村的纠纷解决过程中，乡村干部在遵循国家有关法律的基础上，可适当按照和参考固有习惯法规范，特别是其中的良善规范、程序性规范，以使纠纷得到妥善的解决，消解社会矛盾，恢复乡村社会秩序，健全自治、法治、德治相结合的乡村治理体系。

作为纠纷解决方式的忍让
—— 非暴力情境下的理性与自由

魏小强 *

一、引言

纠纷是特定的主体基于利益冲突而产生的一种双边或多边的对抗行为，而纠纷解决则是指在纠纷发生后，特定的解纷主体依据一定的规则和手段，消除冲突状态、对损害进行救济、恢复秩序的活动。[1]无论城乡，只要是有社会关系存在的地方，就会有纠纷，只要有纠纷就会有纠纷解决。纠纷解决是维持社会关系、稳定社会秩序的必要条件。正因为如此，纠纷解决不仅是社会治理中需要关注的重要问题，也是法学、社会学、人类学、政治学等学科研究的重要领域。[2]

* 作者简介：魏小强，法学博士，江苏大学法学院副教授。

[1] 范愉：《纠纷解决的理论与实践》，清华大学出版社 2007 年版，第 70、71 页。

[2] 参见范愉：《非诉讼纠纷解决机制研究》，中国人民大学出版社 2000 年版；苏力：《法治及其本土资源》，中国政法大学出版社 2004 年版；何兵：《现代社会的纠纷解决》，法律出版社 2003 年版；赵旭东：《权力与公正——乡土社会的纠纷解决与权威多元》，天津古籍出版社 2003 年版；朱晓阳：《罪过与惩罚——小村故事：1931—1997》，天津古籍出版社 2003 年版；[日] 高见泽磨：《现代中国的纠纷与法》，何勤华等译，法律出版社 2003 年版；郭星华等：《法律与社会——社会学和法学的视角》，中国人民大学出版社 2004 年版；徐昕主编：《司法｜纠纷解决与社会和谐》，法律出版社 2006 年版；范愉：《纠纷解决的理论与实践——以中国社会中的非正式制度为对象》，清华大学出版社 2007 年

纠纷解决被视为是一个动态的过程，与现代社会的多元化相适应，纠纷解决的程序和手段也是多元化的，主要包括协商、调解和裁决三种基本方式及其组合构成的多元化纠纷解决方式。尽管从法治的价值导向上看，司法裁判、仲裁等通常被认为是解决纠纷的最佳方式，但是从实践经验来看，人们在面对纠纷时更需要有多元化的选择，忍让和回避也是当事人经常采用的理性解纷方式，是社会控制作用的具体过程和结果。[1]

但是，在现有有关纠纷解决方式的讨论中，忍让很少作为一个独立的学术范畴进入人们的研究视野。而涉及忍让的有关纠纷解决的研究，或许是司空见惯的缘故，人们也通常忽视或者消极评价这种纠纷解决方式的价值。比如，在当事人一方遭受对方暴力胁迫的背景下，将忍让归类为"无救济"的纠纷解决方式。[2]或者认为忍让只存在于纠纷解决的"前冲突阶段"，是纠纷当事人基于理性判断而选择的消灭潜在纠纷的单方面的行动。[3]或者虽然看到了忍让作为纠纷解决方式的事实，[4]甚至探讨了"忍让的艺术"，[5]但大都没有进一步揭示其中的价值蕴含。正因为如此，通过忍让的纠纷解决在很大程度上仍然是一种客观存在，并没有受到重视和积极对待。如果说发生在地位不平等的当事人之间或者实力对比悬殊的当事人之间的、以一方的压制和另一方的忍让为手段的纠纷解决是一种"暴力与屈辱"的纠纷解决方式的话，[6]那么从习惯法角度观察，发生于主体地位平等、意志自由、行为自主的纠纷当事人之间的忍让又是一种什么样的存在？其价值蕴含又是什么？这是本文要研究解决

（接上页）版；易军：《关系、规范与纠纷解决》，宁夏人民出版社2009年版；陈柏峰：《暴力与秩序——鄂南陈村的法律民族志》，中国社会科学出版社2011年版；罗兴佐等：《纠纷解决与基层治理》，上海三联书店2015年版。

〔1〕 范愉：《纠纷解决的理论与实践》，清华大学出版社2007年版，第79、226页。

〔2〕 陈柏峰：《暴力与秩序——鄂南陈村的法律民族志》，中国社会科学出版社2011年版，第178页。

〔3〕 范愉：《纠纷解决的理论与实践》，清华大学出版社2007年版，第76页。

〔4〕 高其才等：《乡土法杰研究》，中国政法大学出版社2015年版，第115~117页。

〔5〕 陈永学："邹阳村的纠纷解决机制"，中央民族大学2004年硕士学位论文。

〔6〕 陈柏峰：《暴力与秩序——鄂南陈村的法律民族志》，中国社会科学出版社2011年版，第127页。

的问题。基于本文所研究的问题，这里只讨论非暴力情境下的忍让。依照学术惯例，本文对事例所涉及的地名、人名都做了化名处理。

二、通过忍让的纠纷解决

让我们先来看三则事例。

事例1

丈夫章某和妻子李某都是某普通高校的教师，两人结婚多年，感情不错，但是也会为一些生活琐事而发生矛盾。2018年3月，两人又在家庭开支的问题上发生了冲突。李某网购了一些生活用品，章某认为这些东西没什么用，而且旧的还没用完又买新的，胡乱花钱，不可理喻。而李某认为她所买的东西都是换季的生活必需品，其中不少东西都是给章某买的，章某不但不念她的好，还指责她，实在让她伤心。于是，二人由语言冲突上升为肢体冲突，章某的脸被李某抓破了，李某也挨了章某几拳。一气之下，李某把买的东西扔进了垃圾桶，而章某也怒砸了家里的两件东西。两人都声称日子没法过了。接下来的几天里，两人互相不理，处于"冷战"状态。但是几天之后气消了，于是"冷战"结束，两人和好如初，家里的秩序又回归正常。对此，李某说，虽然章某的言行让他很受伤，但是想想自己有时花钱的确手大了一点，他那么说也是为了给家里省钱，退一步海阔天空，还能真不跟他过么？而章某的说法是，舌头和牙齿的关系那么好，还经常被牙齿咬，两口子过日子哪有不闹腾的，做男人的要大度一些，忍忍算了，较啥真呢！

事例2

李某诚和刘某辉是某地农村的村民，他们是住在同一条巷子里的前后邻居。李某诚家住在巷口，刘某辉家住在巷尾。刘某辉有一台农用车，他每天开着车子进出巷子，承揽村里的一些运输活。由于巷子不宽，以致刘某辉的车子进出很不方便，如果拉的东西体积较大，巷口李某诚家的一堵院墙就会成为通行的障碍。为此，两家还发生过争吵。刘某辉多次找李某诚商量，希望李某诚能把那堵墙往院子方向移一点以便他的农用车通行，而且表示如果李某诚同意移墙，他除了可以帮助拆墙及重新砌墙外，还愿意给李某诚一定的经济补偿。尽管李某诚家的那堵墙是老墙，没有占用公共空间，但是考虑到邻里关系，李某诚还是同意了刘某辉的请求。2017年6月，墙被拆掉了，但是刘某辉却不肯帮李某诚重新砌墙，也闭口不提之前承诺的经济补偿之事了。当李某诚找他理论时，刘某辉以自己很忙为由推脱，至于补偿，他说他咨询过懂法律的，邻居之间就应当互相提供方便，根本就不需要补偿。结果，两家人再次发生了纠纷，差点打了架。面对刘某辉的背信弃义，李某诚原本想把墙砌回原位去，但是考虑到那样做的话他与刘某辉的矛盾就会继续，以后麻烦的事情不会少。既然如此，墙已经拆了，自己干脆吃个亏算了，不就几尺宽的地方嘛，与其把时间耗在这些上，还不如出去多打几天工。经过此事，巷子口宽敞好走了，但是两家的关系却变差了，一度断了来往。

事例3

佟某扬和梁某珍、李某锋三位律师是南省大川律师事务所的高级合伙人和该事务所的实际控制人。大川律师事务所之所以能够在不到十年的时间里迅速发展为一家拥有多家分支机构、一百多名律师的知名律所，与这三人的努力付出是分不开的。但是，在事务所的发展过程中，他们之间的理念分歧逐渐凸显，以致以佟某扬为一方核心、以梁某珍和李某锋为另一方核心，在大川所内部形成了两个相对独立的利益集团，各自以内部承包的方式分别控制并独立经营事务所的若干分所，以致彼此在事务所的机构建设、经营管理、风险承担等事项上矛盾不断。2016年11月，梁某珍一方决心废除内部承包，改为全所统一经营管理，而佟某扬一方则坚决反对，坚持内部承包，以致双方矛盾一触即发。后来在合伙人会议上，佟某扬见大部分合伙人支持改制，保留承包制已无希望，遂决定带领该所的部分律师辞职离开大川所，另谋发展。但是离开就意味着要放弃对他们为之奋斗多年、已成为著名商标的"大川"这个法律服务品牌的权益，以及诸多大川名下的社会资源。比如，佟某扬曾列出了一份他为大川所的品牌发展所做的个人投入的账目，其中有 800 多万元的支出。尽管梁某珍等人认为这份账单只是佟某扬方面所列，未必经得起推敲，但是没有人否认佟某扬确实为事务所的发展建设做出了重要贡献。最后离开时，佟某扬虽然也获得了梁某珍方面的一些补偿，但主要是对其在事务所硬件投入上的补偿，而且数量有限，与其所称的 800 多万元的付出相差甚远。也就是说，这场律所内部利益集团之间的纠纷最终因为佟某扬的利益放弃而归于平息。一年多以后，梁某珍负责的大川所完成了内部改制。而佟某扬则依托其所带走的部分律师，新设了数家律师事务所，双方都发展得不错。

上述三则纠纷事例是笔者在这几年的田野调查中所收集的，其中的纠纷当事人都是笔者的亲戚或朋友。从不同的角度可以发现这些纠纷具有不同的特点。从纠纷发生的地域上看，有的发生于城市，有的发生于农村。从纠纷当事人之间的关系来看，有的是家庭内部纠纷，有的是邻里纠纷，有的则是单位内部纠纷。从纠纷内容来看，有的是情感纠纷，有的是经济纠纷，有的则是包含多方面内容的混合纠纷。从纠纷当事人的主体特点来看，有的发生于普通农民之间，有的发生于高级知识分子之间，有的则发生于法律专业人士之间。虽然有这么多的差异，但是这些纠纷也有一些共同点，比如纠纷当事人的地位平等、意志自由，用以对抗的实力也是大致相等的。同时，在有多种纠纷解决方式可以选择的情况下，当事人都选择了通过忍让来化解他们之间的矛盾。

尽管这些特定的、具体事例的代表性有限，但是我们从中至少可以发现，忍让并不必然意味着忍气吞声和委曲求全，通过忍让的纠纷解决并不必然意味着暴力与屈辱。在当事人地位平等、意志自由、行为自主的非暴力情形下，纠纷仍然有可能因为一方或者双方的忍让而得到解决。也就是说，在纠纷已经形成、当事人之间的冲突已经发生的情况下，忍让仍然能够起到有效解决纠纷的作用。结合生活经验我们进一步发现，忍让作为一种纠纷解决方式具有普遍性。但是仅有这样的判断，仍然不足以回答前述的问题，亦即通过忍让的纠纷解决究竟是一种什么存在，以及当事人在地位平等、意志自由、不受暴力胁迫的情境下通过忍让使得纠纷得以解决的价值蕴含是什么？下文将分别探讨这些问题。

三、忍让规范的构成要素

在现代汉语中，"纠纷"是一个名词，意即争执的事情，而"忍让"则是一个动词，意即容忍退让。[1]两者相结合的意象，就是通过纠纷当事人的容忍退让，以消除争执而让趋于紧张甚至已经遭到破坏的社会关系恢复到正常状态。那么，忍让作为一种纠纷解决的方式，其包括哪些构成要素？概言之，谁忍让、忍让什么、如何忍让以及忍让的后果是什么等都是需要弄清楚的具体问题。

（一）忍让的主体

忍让的主体当然是纠纷当事人，亦即与纠纷的解决具有利害关系的人。只是由于具体的情形不一样，纠纷当事人的情况也各不相同，从不同的角度可以对其进行区分。

第一，自然人主体与非自然人主体。由于是否决定忍让取决于行为人的独立思考和判断，因此，从主体的法律属性来讲，做出忍让行为的只能是自然人。由于法人和非法人的社会组织也可以成为纠纷解决过程中让渡利益的主体，所以非自然人也可以成为忍让的主体。但是，作为处理其纷争内容的忍让行为必须由代表其意志的法定代表人或者其他有权的自然人做出。

第二，地位平等、意志自由的当事人与地位不平等、意志不自由的当事人。在具体的纠纷中，当事人的地位既可能是平等的，也可能是不平等的，因此当事人既有可能是意志自由的，也有可能是意志不自由的，即一方受制于另一方。一般来讲，自然人之间的法律地位是平等的，彼此的意志也是自由的。但是，在特殊情况下（比如在监护人与被监护人之间），当事人的地位可能并不平等。再如，在行政机关与行政相对人之间、上下级行政机关之间发生纠纷，

〔1〕 中国社会科学院语言研究所词典编辑室编：《现代汉语词典》（第7版），商务印书馆2016年版，第696、1101页。

纠纷当事人之间的地位也是不平等的。

第三,实力相当的当事人和实力不相当的当事人。纠纷的发生通常意味着利益的冲突,纠纷解决的过程就是当事人之间利益博弈的过程。由于不同当事人所具有的博弈能力不一样,所以就存在实力相当的当事人和实力不相当的当事人之别。实力相当意味着当事人之间纠纷解决的能力及社会资源是大致相当的。实力不相当的情形则相反,意味着一方拥有比另一方多得多的能力和社会资源。两相比较,实力较强的一方在纠纷解决中将占据优势地位,而实力较弱的一方通常会处于弱势地位,但是,这并不意味着弱势的一方必然会是忍让的一方。

第四,彼此熟悉的当事人与彼此陌生的当事人。这种情形下的纠纷又被称为自己人纠纷与外人纠纷[1],或者"本地人"和"外人"的纠纷。[2]彼此熟悉的当事人之间基于纠纷解决的沟通成本要低得多,而彼此陌生的当事人之间则需要付出更多的沟通成本,但是,无论是熟人之间还是陌生人之间,一旦发生纠纷,其都有可能通过忍让来解决。而这也正是本文之所以认为忍让是一种独立的纠纷解决方式的原因所在。或者说,这一主题类型的划分为证成忍让作为纠纷解决的方式提供了一个具体的范例。

(二)忍让的内容

对于当事人而言,纠纷的类型不一样,彼此所争执的利益客体及利益内容也不一样。但是,不论是何种类型的纠纷,以及何种对象、内容的利益,当事人之间均存在一个忍让的内容范围及限度问题。

就利益的客体而言,当事人之间的纷争有物质利益和非物质利益之别。一般来说,诸如家庭矛盾、邻里纠纷等,通常是夹杂着物质利益和非物质利益的综合复杂的矛盾。而在市场活动中发生的纠纷则以经济纠纷居多,矛盾关系相对也要简单一些。因此,很难说

---

〔1〕 罗兴佐等:《纠纷解决与基层治理》,上海三联书店 2015 年版,第 91 页。

〔2〕 陈柏峰:《暴力与秩序——鄂南陈村的法律民族志》,中国社会科学出版社 2011 年版,第 129 页。

什么样的矛盾纠纷适合以忍让的方式解决。可以说，当事人所能处理和掌控范围内的一切利益纠纷，都在其可以忍让的范围之内。换言之，纠纷当事人基于纠纷解决而可以让渡的利益客体并不是固定的。

就利益的内容而言，在有的情况下纠纷当事人是进行全部利益的让步，有的情况下则是部分利益的让步。是放弃纷争的全部利益还是只放弃部分，取决于利益的要紧程度以及纠纷解决的需要。[1]比如在前述事例二中，作为纠纷当事人一方的李某诚在刘某辉违约的情况下，不仅放弃追究后者的违约责任，而且还把本可以不用放弃的自己的权利（将院墙恢复原状）也放弃了。而在事例三中，佟某扬只是放弃对律所无形资产的权利的主张，但是并没有放弃对其有形资产投入的补偿要求。因此，对于纠纷当事人而言，利益让步是解决纠纷的手段，让什么、让多少均以纠纷解决为目的。

纠纷当事人所能做出的让步，只能是属于其所有或应有的权益。所谓所有的权益，是指纷争的权益客体的归属是清楚的，当事人基于这类客体的利益让步实际上是其权利处分的行为。换言之，倘若当事人为了息事宁人而将别人的合法权益让与其发生矛盾的人，则显然不是本文所说的忍让的范畴。同时，对于一些权属不明的权利客体，只要做出让步的一方拥有对这些权利客体的合法的、正当的请求权，那么其放弃这些请求权的行为，也应当被认定为是处分自己合法权益的行为。

当然，有能忍让的，就有不能忍让的。[2]能据以做出忍让以解决纠纷的，必须是纠纷所涉及的纠纷当事人可以处分的属于自己的权利，比如财产权利的让步、人身自由的自我限制等。对于不属于自己的、不可以自己处分的权利，纠纷当事人就没有据以忍让的权利。除了前文所说的不属于自己的权利没有处分的权利外，对于法律禁止个人处分的权利，当事人也是不能据以作为"息事宁人"的

---

〔1〕 兰荣杰："'照章办事'还是'开口子'？——单位内部纠纷解决机制研究"，载徐昕主编：《司法｜纠纷解决与社会和谐》，法律出版社 2006 年版，第 193~211 页。

〔2〕 陈永学："邬阳村的纠纷解决机制"，中央民族大学 2004 年硕士学位论文。

处分对象的。比如，作为人的基本权利的人身权在受到暴力侵害时，当事人就没有权利同加害人"私了"。因为在这种情况下，加害人的行为通常已经违法，甚至已构成了犯罪，而对违法犯罪行为的追责是不以加害人和受害人的意思表示为转移的。职是之故，对于忍让的内容而言，又有不能忍让的和不可忍让之区别。前者在于相关权利客体不为行为人所掌握，其不具有实际处分的权利；后者则在于相关权利客体不能为行为所处分，一旦处分，不仅处分无效，而且还可能构成违法犯罪。

（三）忍让的规则

忍让是解决纠纷的行为方式，无论是何种情形下的忍让，当事人都是自发或者自觉依照一定的行为规则进行的。根据法律多元主义关于法的定义，法包括国家制定法和各种习惯法两类。[1]以纠纷解决为目的，忍让行为的规范依据既有制定法又有习惯法。本文所说的忍让是平等主体的纠纷当事人之间消弭、化解矛盾的行为，从本质上说是当事人在意志自由的情况下基于理性所进行的利益权衡和价值选择的结果。因为这种纠纷的解决并没有纠纷当事人以外的主体参加，甚至只是纠纷一方当事人的行为，所以，当事人的忍让行为通常并不是依照法律法规等成文规范所设定的模式来安排。换言之，在通过忍让所解决的纠纷中，当事人所认可并直接适用的并不是法律法规等国家法，而是通常被主流意识形态所压制的村规民约、民俗习惯、传统道德等习惯法。[2]

但是，这并不意味着行为人在面对与他人的矛盾纠纷时心里没谱，不知道自己权利的法律依据以及可以寻求权利救济的法律途径。情况可能正好相反，纠纷当事人正是因为清楚自己在相关事项上的法律权利和习惯权利，并在这一前提下选择了忍让而使纠纷得以化解。在这种情况下，法律等行为规范看似没有在相关纠纷的解决中发挥应有的作用，但这种法律多元情境下的法律规避实际上正是法

---

〔1〕 高其才：《中国习惯法论》（修订版），中国法制出版社 2008 年版，第 3 页。

〔2〕 左卫民："变革时代的纠纷解决及其研究进路"，载《四川大学学报（哲学社会科学版）》2007 年第 2 期。

律等正式制度发挥作用的一种特殊方式。[1]比如，在前文的几则事例中，"忍一时风平浪静""家丑不可外延""嫁鸡随鸡嫁狗随狗""床头争吵床尾和"之类的家庭伦理就是当事人处理家庭纠纷的规范依据。而在经济利益的衡量之外，当事人对"和为贵""远亲不如近邻"等价值理念的认同，是邻里纠纷得以解决的关键。而律师对彼此之间的利益争端不通过诉讼解决而选择了私了，则是因为他们作为法律职业者深知法律途径在解决这类问题上的"副作用"很大。

综上所述，对于通过忍让所解决的纠纷的规则依据，我们可以概括为如下方面：第一，法律的相关规定始终在这类纠纷解决中起着直接或间接的作用。无论是家庭纠纷还是一般的社会纠纷，法律的影响无处不在，纠纷当事人不可能无视法律的作用而纯粹按照自己的意愿行为。只不过，出于不同的行为策略，相关法律会成为当事人规避或者使用的对象。在法律规避的情况下，法律对这类纠纷的解决起间接作用；而在法律适用的情况下，法律则对这类纠纷的解决起直接作用。

第二，在可以自决的纠纷事项中，各类习惯法规范是纠纷当事人最为熟悉的，因而也是其优先考虑的行为方式。通过忍让解决的纠纷大都是生活纠纷，对于自然人而言，各类习惯法就是生活之法，也是其最熟悉的社会规范。[2]对于发生了纠纷的当事人而言，运用相关习惯法衡量其纠纷的性质及寻找解决纠纷的途径方法几乎是在纠纷发生或者尚未发生的时刻就自然而然地开始了。所以，促使当事人决定采取忍让的方式化解与他人的纠纷的，最直接、最经常的通常就是这类习惯法规范。而这些规范通常是不成文的，但是其对人的影响却是无处不在的。

第三，促使行为人最终选择以忍让的方式解决纠纷的，通常是其在法律途径和习惯法途径之间进行的利弊权衡。这种利弊权衡的标准就是法律和习惯法，亦即在两类不同性质的行为模式权衡的结

---

[1] 苏力：《法治及其本土资源》，中国政法大学出版社2004年版，第63页。

[2] 魏小强："法律多元视域中的都市习惯法——规范领域、规范类型与规范功能"，载谢晖、陈金钊、蒋传光主编：《民间法》（第17卷），厦门大学出版社2016年版，第10~26页。

果之间进行理性分析之后的选择。所谓两利相权取其重，两害相权取其轻。对于选择以何种规范作为自己行为忍让的依据，对于与对方当事人地位平等、意志自由、实力相当的纠纷当事人而言，其内心其实是最清楚的。

（四）忍让的方法

对于即将发生或者已经发生的纠纷，当事人要如何忍让以解决纠纷？纠纷与纠纷解决是由主、客观因素及关联因素等一系列复杂因素构成的，其中存在着不确定性，因此，通常认为，纠纷解决是一种沟通的过程。[1]但是，在忍让过程中，这种沟通通常是以消极的行为表达出来的。只要是纠纷，就不可能是一个人的事情，而是存在着两个或两个以上的当事人。在对彼此纷争的内容有了了解后，是否决定忍让，当事人心里其实是清楚的。只是对于纠纷当事人而言，是决定单方面忍让还是在一定的默契之下各方当事人均进行忍让，以及是主动忍让还是被动忍让，其中的具体方法是不一样的。

第一，相关当事人在彼此纷争的利益方面做出让步，即放弃自己的相关利益或者承受损失，是通过忍让解决纠纷的前提。无论是主动做出忍让的，还是被动做出忍让的，以及无论是单方面的忍让还是纠纷各方的忍让，当事人在利益方面的让步都是使纠纷得以解决的最重要的举措。比如，前述案例二中纠纷当事人放弃对对方违约责任的追究、案例三中纠纷当事人放弃补偿要求等，都是对纷争利益的放弃。正是这些放弃使得当事人之间据以冲突的对象消失了，纠纷也就没有了。

第二，做出忍让的当事人须以明示或暗示的方式让对方当事人知道自己"息事宁人"的目的。明示的方式就是通过口头或者书面的方式告知对方当事人其准备做出让步的意思表示，并声明其之所以这样做是因为不想跟对方在相关问题上保持矛盾关系。这是一种基于利益让步的主动的沟通，在通常情况下纠纷会就此解决。这种明示的沟通有的是由一方当事人单方面进行的，有的则是由彼此相向而为的。因为纠纷的发生通常是"一个巴掌拍不响"，纠纷的解决

---

[1] 范愉：《纠纷解决的理论与实践》，清华大学出版社2007年版，第79~80页。

也需要当事人彼此之间的配合，即便是在当事人做出忍让的情况下。但是在很多情况下，尤其是在一方当事人完全放弃纷争的利益或者承受相应损失的情况下，其可能会采取暗示的方式告知对方当事人其"息事宁人"的意图。无论是明示还是暗示，这种通过忍让以解决纠纷的意图都应当在纠纷当事人之间予以明确。

第三，忍让是纠纷当事人单方面做出的行为，无需征得对方的同意。所以，只要决定忍让的当事人以明示或暗示的方式做出消解纠纷的行为，另一方通常也会做出反应，包括也做出相应的让步，或者即便不让步，也不会再扩大纠纷。至此，因为一方或各方的忍让，原本存在于当事人之间的纠纷就会归于化解。对于忍让行为人而言，其主观方面是通过对所纷争利益的放弃或者对相关损失的承受以消除与对方当事人之间的纠纷，而在客观方面则是其实体利益的放弃或者损失的承受，以及作为结果的当事人之间的纠纷的消除。

第四，忍让以对等和适当为原则。发生在平等主体之间的忍让既是"息事宁人"的，也是"就事论事"的。纠纷当事人的忍让首先遵循的是对等的原则，亦即忍让行为指向的是具体的纠纷事实而不及其他。同时，忍让也不是无限的、无条件的。倘若忍让无法达到平息矛盾、解决纠纷的目的，反而有可能激化矛盾，或者导致对方当事人进一步提出过分要求，那么行为人就不会做出忍让的举动。反之，只要忍让能够消除纠纷，从而让纠纷当事人的利益不再受损，或者给当事人进一步扩大其利益追求提供有利条件，那么这种忍让就是"划算"的，是值得为之的。这其中也就体现了一种对等的、适度的原则。毕竟，任何一个理性的人，在条件允许的范围内，都不大可能做对自己一点益处都没有的事情。

（五）忍让的后果

尽管从理想意义上说，人们既然是为利益而纷争，那么在有人在利益上做出了让步时纷争不就应当消失了吗？理论上说确定如此。但是实践中的情况要复杂一些。在日常生活中，人们之间的社会关系的产生（尤其是交易关系的达成），通常需要双方的同意，但可以单方面中止。但是纠纷一旦发生，其解决便不是单方面所能决定的，而是需要双方的同意。忍让作为纠纷解决的方式，就其适用后果而言，具体又可以被分为三种情况，即纠纷得到解决、纠纷没有得到解决、纠纷得到部分解决。

因为一方或各方当事人的忍让而使纠纷得到彻底解决是忍让行为人所追求的最好的结果。无论是其在有利的情况下主动忍让，还是在对其不利的情况下被动忍让，当事人都希望据此化解与对方当事人之间的纠纷，使原本因为纠纷影响而受损的社会关系和社会秩序得到恢复。这是忍让这种纠纷解决方式的功能和价值所在。但是，在纠纷解决的实践中，事情的发展通常并不完全以当事人的意志为转移，至少不完全以一方当事人的意志为转移。不是说一方当事人做出利益让步了，当事人之间的纠纷就必然解决了。

也就是说，客观上还存在即便当事人做出了利益让步，但是纠纷依然没有得到解决的情况存在。这主要是由于另一方当事人的欲求没有得到满足，反而可能因为对方的让步而助长了其诉求，从而没有解决纠纷的意愿。比如，在前述事例二中，由于李某诚的忍让，虽然使他和刘某辉之间的矛盾没有进一步激化，使眼前的纠纷得以解决，但是从长远来看，彼此的矛盾并没有得到根本的解决，李某诚的让步甚至埋下了再次发生纠纷的种子。这种情况下的纠纷得不到解决在很大程度上与另一方当事人的品行有关。当然，在另外一些情况下，一方当事人在迫于形势而做出策略性的忍让后，彼此间的纠纷不但没有解决，而且有使矛盾进一步加深爆发的可能。[1]此时的纠纷就不是一方的忍让所能解决的了。

还有一种情况，就是在一方或双方都做出忍让的情况下，纠纷得到了部分的解决。比如，在前述事例三中，由于佟某扬的补偿诉求只得到了部分的满足，所以尽管由于其忍让使得他与梁某珍等人之间的矛盾没有爆发，并因为其退伙、辞职切断了彼此联系而使得纠纷消失了。但是，彼此之间同样因此而"结下了梁子"，多年以来"志同道合"的关系就此彻底破裂了。所以说，这种情况下的纠纷解决也只是部分的，并不彻底。

---

〔1〕 叶建平、陈锋："从权利到救济———完善我国农地征收纠纷解决机制的思考与建议"，载《法治研究》2007年第11期。

四、忍让规范中的理性与自由

无论是为了给追求更大的利益，还是为了止损，忍让作为纠纷解决的方式都普遍存在于人们的社会生活之中。通过忍让可以息事宁人，解决发生在特定主体之间的利益纷争纠纷，这是忍让的基本功能，也是其最基本的价值所在。结合社会观察与个人经验，我们可以发现生活中的诸多纠纷都是通过当事人的忍让而得以解决的。但是，倘若仅从利益层面来看，我们显然难以完全解释当事人在彼此地位平等、意志自由、不受胁迫的情况下何以仍然选择忍让——甚至是对当事人很不公平的忍让。很显然，这种情况下的忍让，解决利益纷争只是其最基本的功能，当事人的忍让行为中一定还有更高的价值追求。

（一）忍让是人们基于理性的行为习惯

所谓"天下熙熙皆为利来，天下攘攘皆为利往"，趋利避害是人的本性。一个理性的人做出某种行为，一定有其利益的衡量。在特定环境中，当某种行为能够反复、确定地给行为人带来其所预期的好处时，这种行为就可能演化为人们的习惯。忍让就是这类人们基于理性的行为习惯。马克思主义认为，在其现实性上，人的本质是一切社会关系的总和。[1] 在各种各样的社会关系中，有的主体之间利益关系处于相对平衡和稳定的状态，属于正常的关系状态。而有的主体之间的利益关系处于失衡和不稳定的状态，属于异常的关系状态。后者就是人们之间的纠纷状态。

人们在正常的社会关系中生活，不仅能够获得自由、安全、快乐等一系列其所希望的价值内容，而且，维系这种关系状态的成本也要低得多。从微观角度看，人们大都希望不与他人发生矛盾纠纷，而在安宁、稳定的环境中生活。从宏观角度看，人们大都希望其所处的社会不处于动乱状态而让其人身、财产安全得到保障。正因为如此，和平稳定才是现代社会人们所推崇的底线。邓小平所谓中国

---

〔1〕《马克思恩格斯选集》（第1卷），人民出版社1995年版，第56页。

的问题"压倒一切的是稳定",〔1〕所申述的就是这个道理。相反,倘若因为人们所处的正常社会关系不存在了,所生活的社会处于动荡、战乱的状态,那么小则正常的生活难以为继,大则作为人的基本权利的人身、财产权利难以得到保障,至少会受损。中国传统文化强调"礼之用,和为贵",〔2〕强调忍让谦和的无讼、息讼的理想。〔3〕一个理性的人会尽量避免让自己与他人的关系处于纠纷状态,而一旦自己与他人的纠纷不可避免地发生了,则需要以最低的成本和最好的效果予以解决。

面对已经难以避免的纠纷或者已经发生的纠纷,相比于其他任何纠纷解决的方式,比如谈判、调解、诉讼、仲裁等,经过理性权衡之后的忍让都是成本较低、效果较好的方式。只要所放弃的利益或者所要承受的后果是在当事人所能负担的范围内,只要这种放弃或者承受的后果比不放弃或者不承受的后果要好,那么进行忍让就是一笔划得来的"买卖"。不但不会赔本,还有可能因而"赚利"。前述三则事例中的当事人正是深谙这一道理,才决定把与他人的关系由"战争状态"转化为"和平状态"。毕竟,"家和万事兴"不仅是大道理,也是夫妻生活能够维系的基本条件。而"远亲不如近邻",不只是利弊权衡的结果,更是为人们的生活经验所证明了的真理。"和气生财"向来被经营者奉为圭臬,毕竟众人是为了求财而不是玩命,不到万不得已,他们是不会与合作者以及生意伙伴撕破脸皮的。所以,无论其在纠纷关系中的地位及实力如何,只要纠纷当事人能够进行独立的思考和判断,忍让都是人们的理性决策。

息事宁人通常是一个贬义词,意指不分是非地调和纠纷,平息事端,使人们之间相安无事。而忍让则更是具有无能、退让等负面的意象。但是,倘若这种通过忍让而息事宁人的后果是一个理性的人所希望的结果,那么其他人根据自身既定的价值目标对他人的这种否定的评价就可能是有问题的。倘若人们不是从想象出发,而是

---

〔1〕《邓小平文选》(第3卷),人民出版社1993年版,第284页。

〔2〕《论语·学而第一》。

〔3〕马小红:《礼与法:法的历史连接》,北京大学出版社2004年版,第229页。

从每个人所面临的生活实际出发，每个人需要什么难道不是只有其自身才是最清楚的么？为了满足自身的需要而采取具体的行为，难道不是每个人自己才知道什么是正确的做法么？一个显而易见的事实是，在现实生活中，很多人可以鼓励他人"为权利而斗争""拿起法律的武器"，但是一旦自己成为纠纷的当事人，则通常会成为自己所宣称的信条的背叛者，以忍让为特征的私了通常会成为他们解决问题的首选。[1]可见，我们说忍让是人们基于理性的行为习惯，所概括的其实是一种基于人们生活需要的事实。这种行为习惯有其产生、存在并发挥作用的现实基础。而在不受强迫的情境下愿意通过忍让以解决纠纷，反映了人们的理性，这种理性的背后是人的趋利避害的本性。

（二）忍让是基于意志自由的生活状态

倘若一方当事人所采取的作为纠纷解决方式的忍让是在对方当事人的强迫之下做出的，那么这样的忍让即便能够使彼此的纠纷得以解决——事实上很多忍让及其纠纷解决的后果就是如此[2]——其意义也是有限的，至少不符合现代社会人们行为的价值取向。比如，在夫妻纠纷中，倘若一方忌惮于另一方的家庭暴力而选择了忍气吞声，那么这种忍让固然也是行为人理性的选择，也确实消弭了当事人之间的纠纷，但这种非出于行为人自愿的忍让的纠纷解决的效果是有限的。原因就在于其虽然能使当事人之间外在的行为冲突归于消灭，但是当事人思想层面的冲突并没有因此而消除。久而久之还可能因为这种内在冲突的积聚而爆发比之前的冲突更为激烈的矛盾。这样的事例在各种因为忍受不了家庭暴力而将施暴者杀死的极端案例中表现得最为突出。[3]正因为如此，本文才强调在当事人的意志不受他人强制情况下的忍让，也就是基于意志自由的、自愿的忍让，

---

〔1〕 徐昕：《论私力救济》，广西师范大学出版社 2015 年版，第 2 页。

〔2〕 参见陈柏峰：《暴力与秩序——鄂南陈村的法律民族志》，中国社会科学出版社 2011 年版；叶建平、陈锋："从权利到救济——完善我国农地征收纠纷解决机制的思考与建议"，载《法治研究》2007 年第 11 期；梁宏辉："论我国消费纠纷解决机制之完善"，载《河北法学》2009 年第 7 期。

〔3〕 参见"多数家暴受害者选择沉默 举证困难成维权最大难题"，载新华网：http://www.xinhuanet.com/2019-02/20/c_ 1124138114.htm，最后访问时间：2019 年 5 月 30 日。

才是当事人自由处分其权益的结果，因而是一种具有积极意义的值得肯定和提倡的纠纷解决方式。

确保纠纷当事人的忍让是基于意志自由的行为，除了其与对方当事人地位平等、意志自由的主体条件，还应当有可供其选择的解决纠纷的多元途径。也就是说，当事人的这种决定忍让的意志自由是以其有其他可以选择的权利救济（即纠纷解决的多元途径）为前提的。这些纠纷解决途径可以是私力救济（如谈判、和解），也可以是公力救济（如诉讼、仲裁），以及社会救济（如调解）。这些多元的权利救济（即纠纷解决途径）的存在是现代法治社会的必要条件。只要符合规定的条件且纠纷当事人愿意，他们就可以通过这些途径寻求纠纷的解决。比如，在前文所举的三则事例中，纠纷实际上都可以使用诉讼的方式来解决。尽管当事人都没有选择这一公力救济的方式，但是其行为自由在客观上得到了保证。反之，在有学者所述的"屈辱与暴力"的情境下，当事人没有条件获得其受损权利的公力救济，也没有有效的私力救济，就只能通过忍让的"无救济"来进行尽可能的自我保全了。[1] 如果说这种情形下的人们被迫忍让的行为策略不过是一种适应弱肉强食社会秩序的暴力法则，那么在多元救济途径具备而任纠纷当事人自由选择的忍让情形则反映了现代法治秩序的进步。

进一步说，这种充分体现了当事人意志自由或者"意思自治"的忍让行为还在一定程度上体现了当事人自觉的主体性。能够理性而自由地处分自己合法权益的人，必定是具有独立意志和主体精神的公民。作为法治社会主体的人的自由并不意味着"为所欲为"，而是意味着在不损害国家、社会和他人合法权益的前提下，可以放弃自己所拥有的权利。纠纷当事人在纠纷解决中放弃属于自己的权利，或者主动承受可以不由其承受的利益损失，正是在其主体性支配下的意志自由的体现。在这种情形下，忍让与否取决于纠纷当事人自觉的主体性，忍让是其自由决定的结果，不受他人的胁迫。正因为

---

〔1〕 陈柏峰：《暴力与秩序——鄂南陈村的法律民族志》，中国社会科学出版社 2011年版，第 194~196 页。

如此，理性而自由的主体所采取的忍让就不是暴力情境下的息事宁人，而是一种具有积极意义的社会纠纷的解决方式，以及一种把传统的意识形态融入现代法治内涵的人的生活方式。

（三）忍让是实现社会和谐稳定的有效的纠纷解决方式

按照社会学的界定，社会是由相当数量的人按照一定的规范彼此联系而形成的生活共同体，人与人的关系（即社会关系）是社会的核心和本质，社会关系的总和构成社会。[1]社会关系是社会整体内容的微观单位，社会关系的和谐稳定是社会秩序得以建立和维系的基础。从社会关系的视角所展现出来的和谐是一种微观的社会和谐，它由社会主体之间的行为和谐、利益和谐与价值和谐等要素构成。在此意义上，社会和谐就是社会主体之间的行为规范、利益平衡及价值协调的有机统一。[2]

不论忍让是以何种方式做出的，也不论做出忍让的行为人的主观目的如何，对于发生矛盾纠纷的具体社会关系而言，忍让都可以在客观上消除或者缓解当事人之间的对立。既然当事人之间矛盾的根源是对具体利益内容的争执，那么当一方在所争执的利益上部分或者全部地做出了让步之后，实际上就从根本上消除了矛盾的源头。纷争既然无由得以维系，对立也就被消除或者缓解了。尽管存在即便当事人做出忍让纠纷仍然解决不了的情况，但是，这种情况通常比较少见，由于忍让而解决了纠纷的才是常态。事实上，人们在日常生活中之所以选择"忍气吞声"或者"让他三尺又何妨"的大度，都是缓和人际关系，让受损的社会秩序得以恢复的纠纷解决方式，其之于社会关系和谐稳定的意义不言而喻。

前已述及，社会关系的总和构成社会的整体，微观的、具体的社会关系的和谐稳定（亦即社会局部的和谐稳定）是社会整体和谐稳定的基础。在此意义上，夫妻之间的忍让产生了家庭关系的和谐，邻里之间的忍让产生了村庄或者城市社区的和谐，而经营者之间的

---

〔1〕 吴方桐主编：《社会学教程》（第 2 版），华中师范大学出版社 2000 年版，第162 页。

〔2〕 魏小强、刘同君："社会和谐的要素结构与规范调控——基于社会关系视角的分析"，载《社科纵横》2011 年第 9 期。

忍让产生了市场关系的和谐。如此等等，不一而足。由此推及，只要是基于人们的理性与自由的忍让，那么其对社会秩序而言，就是一种具有和谐稳定的价值内涵的纠纷解决的方式。

再则，在主张价值多元、倡导意志自由、确保人的基本权利得到有效实现的现代法治社会，倘若人们都能够理性地面对各种矛盾和纠纷，以协商、沟通而不是对抗、封闭的方式解决问题，那么这样的社会才是可欲的文明进步的社会。要想实现这种理想的社会状态，忍让作为一种纠纷解决方式的价值就应当得到正视和重视。在本文的语境中，忍让实际上是一种融合了传统价值观念与现代法治理念的纠纷解决方式，也是一种包含着和谐稳定的价值理念的人的生活方式。解决纠纷固然是其所具有的重要的功能，但是更加重要的是，与中国传统文化的模糊性相适应，其本身还体现了一种对非此即彼的法律意义上的纠纷解决机制的纠正。此时重温美国现实主义法学家霍姆斯"法律的生命不在于逻辑，而在于经验"的名言，或许能让我们明白这样一个道理，即纠纷是人们社会生活中绕不开的存在，而对于纠纷的解决，人们通常所需要的、所能提供的也只能是一个大致过得去的方案——忍让所提供的就是这样的纠纷解决方案，其未必好听、好看，但却很好用。

五、结语

在通过忍让的纠纷解决中，谁来忍让、忍让什么、如何忍让以及忍让的后果是什么等都是有规矩可循的、有习惯法可依的。忍让作为一种纠纷解决的方式有其独立性，人们通过忍让解决社会纠纷具有普遍性。如果说，发生于地位不平等的纠纷当事人之间或者实力对比悬殊的纠纷当事人之间的、以一方的压制和另一方的忍让为手段的纠纷解决不过是一种适应弱肉强食的社会秩序的暴力法则，那么在彼此地位平等、意志自由、不受胁迫的情况下，当事人在多元纠纷解决机制中选择了忍让，则是现代社会文明进步的法治秩序的体现。

通过特定的纠纷解决的事例并结合生活经验，我们可以发现忍让并不必然意味着忍气吞声而委曲求全，通过忍让的纠纷解决并不必然意味着暴力与屈辱。而在纠纷当事人之间地位平等、意志自由、行为自主且有多种纠纷解决方式可以选择的情况下，通过忍让的纠纷解决反映了当事人的理性和自由。正是基于这种理性和自由，忍让不仅是一种融合了传统价值观念与现代法治理念的纠纷解决方式，也是一种包含着和谐稳定的价值理念的人们的生活方式。在强调价值多元、意志自由、保障人的基本权利得到有效实现的现代法治社会，人们面对各种矛盾和纠纷，倘若主张以协商沟通而不是对抗封闭的方式解决问题，那么忍让作为一种纠纷解决方式的价值就应当被正视，这一习惯法应当被重视。

学术综述

当代中国纠纷解决习惯法研究综述

高成军 *

一、引言

"天下熙熙，皆为利来；天下攘攘，皆为利往。"利生勤动、亦造纠纷，于是纠纷及其纠纷的化解是任何一个共同体在承续发展中都要面临的重要问题，无论这种共同体是建制于各种政治构造单元之上的民族国家，还是在特定地理文化空间中的族群、社区、村落、家庭等人群联结。从纠纷化解的规范构造看，在特定的社群中，社群成员基于共同体团结的考虑和成员关系的拿捏，在长期的历史发展过程中通过不断的积累、发展逐渐形成了一种本土化的纠纷解决方式，这些方式通过代际的文化传递和承续的重复使用，逐渐成了社群成员在出现纠纷时习以为常的一种地方性知识和解纷规范，被共同体遵守和沿用，这些规范对社群秩序的维持和人群关系的处理发挥了重要作用。而我们当下的社会依然是一个矛盾纠纷丛生的社会，我们当下的公共治理依然面临着如何化解纠纷进而维护秩序的问题。因此，考察这些基于不同社群和文化的纠纷解决习惯法亦会

＊ 作者简介：高成军，甘肃政法大学法学院副教授，清华大学法学院博士研究生。

基金项目：本文系 2016 年甘肃政法学院科研资助重大项目《近三十年我国习惯法研究的再研究———一个学术史的考察》。（2016XZD13）阶段性成果。

在制度装置供给及治理实践方面对我们当下社会如何解决纠纷，维持安宁团结的社会秩序提供智识帮助。

就纠纷解决习惯法而言，既有的人类学家、法学家已经进行了非常深入的研究作业，这些研究主要通过不同文化社群对纠纷解决的方式、纠纷解决中的权威以及规则、纠纷解决习惯法的功能与价值、纠纷解决习惯法的制度构造、纠纷解决习惯法的存在机理、纠纷解决习惯法的变迁发展、纠纷解决习惯法与国家制定法的关系等展开。这些学术研究为我们了解纠纷解决习惯法的存在样态及发展变化提供了很好的研究基础，现阶段的习惯法研究应在对既有成果梳理的基础上再寻求发展突破。本文正是基于对这一问题的关切，以当代中国纠纷解决习惯法研究的已有成果为分析对象，主要从研究脉络和所涉问题方面进行粗线条的勾勒爬梳，以期厘清我国纠纷解决习惯法研究的分析理路、所涉问题及学术论争，检讨已有研究存在的不足和问题，进而就研究的深入发展提出粗浅的建议。当然，基于自身条件的限制，研究不可能穷尽所有的文献资料。同时，介于篇幅限制，研究亦不可能将每个论者的具体观点一一列举，只能进行一个面上的梳理分析。

二、文献及统计

在文献的检索搜集方面，首先需要说明的有三点：第一，在本文中对习惯法的界定，参照高其才先生的定义"习惯法是独立于国家制定法之外，依据某种社会权威和社会组织，具有一定的强制性的行为规范的总和"。[1]在这一意义上，对这一描述性概念在学界还有"民间法""习惯规范""民间规范"等指称。为了能全面了解现有纠纷解决习惯法研究的成果，本文在文献搜集方面亦收集了这些研究成果。第二，就文献搜集的内容而言，其实现阶段对习惯法的研究成果都或多或少地涉及了纠纷解决习惯法的内容，在如此浩如烟海的文本中，本文无力对所有成果进行研读分析，本文主要借助专门研究纠纷解决习惯法的文本进行分析，并兼顾其他研究中涉

---

〔1〕 高其才：《中国习惯法论》（第3版），社会科学文献出版社2018年版，第3页。

及纠纷解决习惯法的内容。虽然不能囊括所有文本，但是既有专门研究纠纷解决习惯法的成果也是在其他研究基础上开展的，所以本文的研究基本能反映现阶段关于纠纷解决习惯法研究所涉问题及现状。第三，就文献检索工具而言，对学位论文、期刊论文、学术会议论文的检索，主要运用中国知网的 CNKI 学术搜索库进行检索，在对图书资料的检索，主要运用国家图书馆联合公共目录查询系统（OPAC）进行检索。

1. 文献数量。就学术论文发表情况而言，截至 2019 年 6 月 27 日，本文在中国知网数据库按照以下检索条件：［（主题＝纠纷解决或者题名＝纠纷解决或者 v_ subject＝中英文扩展（纠纷解决，中英文对照）或者 title＝中英文扩展（纠纷解决，中英文对照）］并且［（主题＝习惯法或者题名＝习惯法或者 v_ subject＝中英文扩展（习惯法，中英文对照）或者 title＝中英文扩展（习惯法，中英文对照）］或者（主题＝民间法或者题名＝民间法或者 v_ subject＝中英文扩展（民间法，中英文对照）或者 title＝中英文扩展（民间法，中英文对照）））（模糊匹配），专辑导航：全部；数据库：文献跨库检索，共检索取得 410 篇文献；就学位论文而言，截至 2019 年 6 月 27 日本文在中国知网数据库按照以下检索条件：（（主题＝纠纷解决或者题名＝纠纷解决）并且（（主题＝习惯法或者题名＝习惯法）或者（主题＝民间法或者题名＝民间法）））（模糊匹配），专辑导航：全部；数据库：文献跨库检索，共检索取得 183 篇硕博士学位论文；就图书资料而言，截至 2019 年 6 月 27 日本文在中国国家图书馆馆藏数据库按照以下检索条件："主题词＝（纠纷）与主题词＝（习惯法）"和"主题词＝（纠纷）与主题词＝（民间法）"在馆藏中文及特藏文献书目数据总库共检索取得 45 本文献。

2. 研究趋势。从已经检索到的期刊论文和硕博士学位论文来看，通过中国知网计量可视化分析检索结果可以发现：纠纷解决习惯法的学术关注度和发文趋势呈现一个逐步上升又回落的趋势。20 世纪 90 年代末，随着法律多元理论、地方性知识和法社会学等理论和方法的逐渐引入，越来越多的学者把目光投视于中国基层社会的秩序维持权威及规范问题，基层社会纠纷解决习惯法也引起了学界的重视。但是这时候的研究只是一些零星研究，还没有形成一定的气候。但是，在 21 世纪初，随着中国法学研究对以往全面移植、引进西方法学知识的反思，以及对中国本土问题的关注和中国自身法学话语体系的主体自觉，越来越多的学者开始对中国社会的秩序维持和规范表达投入巨大的兴趣，纠纷解决习惯法也引起了学人的大量关注，导致这一时期对这一问题的关注呈现一个逐步上升的趋势，2009 年至 2013 年，学界对这一问题的关注达到了一个高峰。但是，2015 年后，学界对这一问题的关注又呈现一个逐步下降的趋势，究其原因可能既与现有的习惯法研究无论在研究范式还是在研究方法及理论探讨方面不能进行进一步的突破有关，也可能与现阶段法学研究及刊物发文偏重于法教义学有关。（见下图）

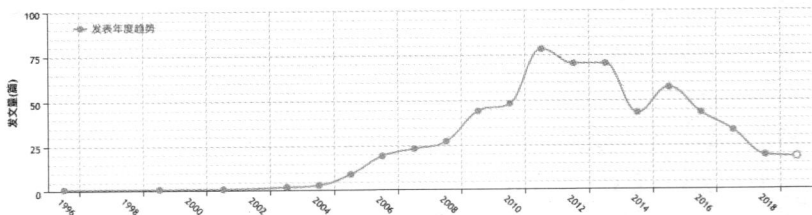

3. 主题分布。通过对既有文献的分析，我们发现关于纠纷解决习惯法研究方面，除了纠纷解决、习惯法、民间法这三个大类，其学术关注的主题呈现以下几方面特点：第一，就研究内容来讲，民间社会的纠纷解决机制样态、纠纷解决与法的理论、纠纷解决与国家制定法是研究主要所涉问题；第二，就纠纷解决方式而言，民间调解占据主要位置，在这一主题下衍生的主要关注点有人民调解、德古调解等；第三，纠纷类型方面主要围绕民事纠纷；第四，讨论的领域主要集中于乡土社会、民族地区和农村纠纷。而在民族地区，关于彝族习惯法与藏族习惯法的关注度最高，这方面成果也最多。（见下图）

4. 关系网络。从研究内容所涉关系网络来看，围绕纠纷解决这一主题，习惯法、国家法、民间法呈现出一级关系节点。而在此基础上又衍生出了纠纷解决机制、调解、民间调解等主要节点，在此基础上又衍生出了多元化纠纷解决机制、规范变迁、司法适用与法治等节点。从这一关系网络我们可以看到，在纠纷解决习惯法这一研究问题方面，围绕纠纷解决这一问题，既有的研究无法避免讨论习惯法（或者民间法）与国家法在纠纷解决方面的关系问题，而在习惯法研究中，纠纷解决又主要围绕纠纷解决机制，尤其是调解方面。所以，可以看出，调解在纠纷解决习惯法方面占有重要的位置。（见下图）

三、研究进路与方法

就纠纷解决习惯法研究而言，不同的学者基于自身的关注兴趣和学科属性进行了大量的研究，考察既有研究成果，我们可以发现其主要沿着两条研究进路展开。第一条研究进路是人类学的研究进路。从学术传统或学脉发展来看，围绕纠纷以及纠纷的解决是人类学长期以来较为关注的一个话题，究其原因，概与纠纷在人类社会的特殊地位以及纠纷背后涵摄的社会结构、文化样态、秩序规则等因素息息相关。"天下熙熙，皆为利来、天下攘攘，皆为利往"，利益生发矛盾、矛盾导致纠纷、纠纷危及秩序，因此，有人的地方必然有纠纷，有纠纷的地方必然要求纠纷的解决，这一普遍的社会现象不难进入人类学研究的视野。而更为重要的是看似稀松平常的纠纷，其背后可能涵摄着更为深刻的社会问题，而对这一社会文化现象的理解恰恰为人类学介入社会、了解社会提供了绝佳的机会和通道。因为，纠纷离不开自己嵌套的社会以及文化，纠纷的生发难免与其背后社会结构的紧张、利益平衡的打破等相关，而纠纷的解决亦不是一个干巴巴的处理过程，它暗含着置于这一场域中的行动者对什么是纠纷、他们需要什么样的纠纷解决、纠纷解决的前历史以及可能引致的问题是什么、纠纷解决中行动者的行动逻辑及行动策略是什么等地方性知识有关，而这些琳琅满目、引人入胜的东西恰恰是人类学较为感兴趣的地方。就人类学对纠纷解决习惯法的研究而言，它避免了将纠纷仅仅视为一个法律事实而沉入规则的一种单向度研究，而将纠纷视为一种社会事实更为注重从规则到事件过程的一种拉长时空的延伸研究，在这方面，其主要关注纠纷解决习惯法中的权力与权威、纠纷解决习惯法中的仪式与脸谱、纠纷解决习惯法中行动者的行动逻辑及行动策略、纠纷解决习惯法中的话语与博弈以及纠纷解决背后的组织、群体及相互关系等。其研究方法主要是一种经验主义的方法。正如霍贝尔所言："人类学对法的研究完全是行为主义和经验主义的。从其研究中我们认识到：一切人类的法律都存在于人的行为之中。它必须通过对人与人之间的交互行为以及各种自然力对它们的影响进行客观而认真的观察来加以辨明。"[1]
在这方面民族志的深描、田野观察、个案描述等都是其主要的研究
方法，这种研究进路和方法亦搭建了人类学对法律的一种进入方式。

对纠纷解决习惯法研究的第二种进路当然是法学的研究进路。
就学术使命及学科特点来讲，为利益的划分、纠纷的化解与秩序的
安顿提供一种规范指引恰恰是法学的使命所在。但是，这一共同体
看似对其研究对象及研究旨趣达成了基本的共识，实则，其内部的
问题比外在的关注更显得大相径庭、各执一词。其中对什么是法、
什么是法的效力来源、何种机构才能担当合法解决纠纷的角色并没
有达成共识，各种支持与反对，批判与反批判的声音分歧陈杂、不
绝于耳。凡此种种，不一而足，这也造成了法学在对纠纷解决习惯
法研究方面的困顿和非议。法教义学者将法仅视为出自国家的一种
行为规范，希冀通过对规范的明确性、稳定性厘定而形塑法学的科
学性品格，在此旨趣下，其排斥国家之外规范的法诉求，将其认定
为一种社会规范或者是一种法源。而社科法学强调法学研究不仅要
研究规范及其规范运行这一中间段，而且要关注社会生活中的主体
到底依据何种规范生活，以及法律规范之所以为规范应具有的品质
及司法产品输出后的社会效果这前后两段问题，这也使诸如纠纷解
决等习惯法研究进入了法学视野。就法学对纠纷解决习惯法的研究
来讲，目前既有的研究主要关注在一个实实在在的生活场景中发生
纠纷时是如何处理的、在纠纷处理中存在哪些规范、这些规范的构
造方式及支撑其运行的体系是什么、这些规范有哪些功能和作用、
为什么不同的社群会形成不同纠纷解决的规范、规范的社会基础在
哪里、这些规范在与国家法相遇时面临何种遭遇、多元化纠纷化解
与这些规范的关系等等。在研究视角方面又大概存在内外两种方式，
一种是对纠纷解决习惯法进行内部的微观观察，了解其规范构造及
运行原理，另一种是从外部对纠纷解决习惯法进行宏观的考察，了
解纠纷解决习惯法在解决纠纷时与社群各种关系的互动、了解纠纷

---

[1] [美] E. A. 霍贝尔：《初民的法律·法的动态比较研究》，周勇译，罗致平校，
中国社会科学出版社 1993 年版，第 5 页。

解决习惯法的历史变迁、了解纠纷解决习惯法的价值功能以及纠纷解决习惯法与社群的秩序结构等等。在研究方法方面，受人类学和社会学的影响，已有的研究主要采用以田野调查和个案剖析为代表的实证主义研究方法。

四、纠纷解决习惯法的主要表现形式

纠纷是习惯法得以产生的重要原因，正是因为纠纷的出现及纠纷对秩序的危及才导致了习惯法的产生和发展。在特定的社群中，社群成员基于共同体团结的考虑和成员关系的拿捏，在长期的历史发展过程中通过不断积累发展逐渐并形成了一种本土化的纠纷解决方式，这些方式通过代际的文化传递和承续的重复使用，逐渐成了社群成员在出现纠纷时习以为常的一种地方性知识和解纷规范，被共同体遵守和沿用，纠纷解决习惯法亦是通过纠纷解决方式这一外在面相和承载载体才得以在特定社群的纠纷解决场域中表现自己。因此，既有关于纠纷解决习惯法的研究主要通过对纠纷解决方式的关注而进入。

（一）民间调解

调解是人群生活过程中最主要的一种纠纷化解方式，通过对不同社群的观察，我们不难发现在社群出现矛盾纠纷后，真正上升到通过国家司法机关审判裁决的只是极少数，大部分矛盾纠纷恰恰是通过社群内部按照承续已久的方式，在社群习惯法权威的主导下、按照实体习惯法规范和先例，在查明事实的情况下通过说理、调解得以化解。因此，在纠纷解决习惯法研究中，通过对调解及充当调节者的民间习惯法权威的研究，我们才可以很直观地看到纠纷解决习惯法的运作方式及其对社群纠纷化解和秩序维持的作用，既有研究亦大多涉及这方面内容，其中对彝族社会德古解决纠纷的研究呈现得最多。如苏红丽运用法律人类学的研究方法，对凉山彝族社会纠纷调解人德古进行了系统的研究，认为"凉山彝族德古是彝族传统法律文化的代表者、彝族地区纠纷调解人。德古的存在实现了彝族法文

化和国家法关系上法治资源的整合，进而维护了社会和谐"。[1]巫洪才通过对彝族社会的观察，认为德古是彝族社会中的民间司法官，并就德古的产生方式、德古解决纠纷的受案范围、德古处理纠纷的程序等更为精细的问题进行了详细的论述。[2]瓦其石格通过详细的历史考察，通过对历史发展中民间权威起伏跌宕的描述，系统阐述了德古的起源和发展，并就德古解决纠纷所依据的规范和程序进行了研究。[3]杨玲等通过对德古调解方式的观察，阐释了其纠纷解决的社会作用，认为在构建多元化纠纷解决机制的今天，德古作为民间司法官和彝族社会的法律人，传承了彝族社会古老的习惯法规范和判例，展示了彝族社会的法律与秩序，是可资借鉴的一种重要资源。[4]这方面的成果还有很多很多，在此不再赘述。如果我们将目光转向其他族群的纠纷解决场域，我们亦会发现相似的场景、相似的纠纷解决习惯法及权威。如易军认为阿訇调解纠纷是回族社会的一项重要的习惯法，并认为阿訇解决纠纷具有典型的宗教风格、浓厚的民族性、式样多元化、"受案率"与调控效果的高效性等特点。作者认为阿訇调解通过官方的非正式承认达到"双重合法化"。[5]马敬通过甘肃临夏回族自治州的田野调查，通过大量纠纷解决个案，阐述了阿訇通过宣讲卧尔兹的方式调解纠纷，进而达到理解规范、强化认识和遵守规范的目的。[6]王银梅从民族地区纠纷解决特殊性的角度，指出阿訇调解是一种具有民族资源优势的纠纷解决方式，并就如何

---

〔1〕 苏红丽："世俗权威与纠纷解决：法人类学视域中的'德古'现象——以凉山彝族地区为分析对象"，载《求索》2011年第6期。

〔2〕 巫洪才："凉山彝族传统纠纷解决机制及其流变与法治化归引"，载《云南社会科学》2012年第3期。

〔3〕 瓦其石格："凉山彝族民间法官德古的历史、现状与未来"，清华大学2007年硕士学位论文。

〔4〕 杨玲、袁春兰："多元纠纷解决机制背景下的彝族司法调解人——'德古'"，载《宁夏大学学报（人文社会科学版）》2009年第5期。

〔5〕 易军："阿訇调解纠纷机制研究——以宁夏地区为主"，载《中南大学学报（社会科学版）》2011年第2期。

〔6〕 马敬："乡村纠纷解决中的实施教化——以甘肃临夏乡贤宣讲'卧尔兹'解决纠纷为例"，载《甘肃政法学院学报》2019年第3期。

发挥阿訇调解进行了制度设计。[1]刘顺峰则通过对甘肃东乡族的实证研究阐述了东乡族的"家伍"调解和阿訇调解，并就调解的习惯法规范进行了研究。[2]就藏族社会的纠纷解决，后宏伟详细论述了民间调解权威及其选择和介入方式、调解评价依据、调解的强制力、调解的适用与排除、调解的维系力量，作者认为"藏族习惯法中调解纠纷解决机制是一种以事实和习惯法为中介，以民间权威为桥梁的当事人双方之间相互妥协让步寻求纠纷得以解决的纠纷解决方式"。[3]王立志阐述了藏族地区寺院解决纠纷的定位及其问题。[4]而在苗族社会的纠纷解决中，大部分学者指出，由于苗族没有文字，在长期的历史发展过程中，苗族社会形成了以"议榔""理老""理词"为代表的纠纷解决习惯法。如徐晓光的研究通过田野调查和婚姻家庭纠纷的解决、刑事纠纷的裁定、土地纠纷的解决等个案详细探讨了黔东南苗族口承习惯法中的诉讼与裁定、苗族口承法状态下的纠纷解决与程序设定等问题。[5]潘海生从理词的概念、性质、特征，理词在解决苗族社会内部的民事诉讼与刑事诉讼的实现途径，理词的法律文化等方面进行研究，揭示了苗族理词在解决纠纷、维系苗族社会稳定与和谐中的作用。[6]关于民事调解纠纷解决习惯法的研究还有很多成果，比如高其才先生对瑶族调解习惯法的研究[7]、赵天宝对景颇族纠纷解决的研究[8]、陈寒非对黔东南锦屏地区苗侗村寨

---

[1] 王银梅："跨越式发展背景下民族地区社会矛盾纠纷的化解之道——以宁夏的做法为评析对象"，载《西南民族大学学报（人文社会科学版）》2013年第1期。

[2] 刘顺峰："关于甘肃东乡族纠纷解决习惯法的实证分析"，载《西南民族大学学报（人文社会科学版）》2013年第7期。

[3] 后宏伟："藏族习惯法中的调解纠纷解决机制探析"，载《北方民族大学学报（哲学社会科学版）》2011年第3期。

[4] 王立志："略论藏族寺院裁判与法院司法权的冲突及其解决"，载《西北民族大学学报（哲学社会科学版）》2009年第1期。

[5] 徐晓光：《原生的法：黔东南苗族侗族地区的法人类学调查》，中国政法大学出版社2010年版。

[6] 潘海生："苗族纠纷的解决方式研究"，贵州大学2009年硕士学位论文。

[7] 高其才："瑶族调解和审理习惯法初探"，载张中秋编：《2007中华法系国际学术研讨会文集》，中国政法大学出版社2007年版，第20页。

[8] 赵天宝：《景颇族纠纷解决机制研究》，法律出版社2013年版。

中房族组织调解纠纷的研究[1]等等。我们没有办法（也没有能力）进行一一梳介，只能进行一个面上的介绍。通过对既有关于民间纠纷解决习惯法的研究分析，我们不难看出民间纠纷解决习惯法大多是以经由民间权威的调解得以呈现和展开的，这方面的成果除了关注我们较为熟悉的邻里调解、家族调解外，更多地关注各少数民族习惯法权威如何进行纠纷调解，研究所涉问题主要有习惯法权威的产生方式、习惯法权威调解纠纷的范围、习惯法权威调解纠纷的程序、习惯法权威调解纠纷的特征、习惯法权威调解纠纷的作用等。研究成果琳琅满目，全面展现了不同文化、不同族群、不同地域下纠纷化解中的习惯法权威及其纠纷化解，为我们呈现了一幅"纠纷—权威—秩序"的民间社会纠纷化解与制度序造方式。

（二）刑事和解

在民间社会发生民事纠纷，通过民间习惯法权威进行调解的纠纷解决方式及规范序造在既有的观念认识和知识传统中往往显得稀松平常、不足为奇。但是，对于像杀人、伤害等刑事案件，是否也有习惯法进行纠纷化解的存在空间，可能会有不同的声音。随着现代国家建构过程中政治国家对暴力惩处权的垄断和独享，依照国家刑法及刑诉法对刑事案件进行审判惩处，往往被看作是国家宣示法律尊严、威慑犯罪的标志，这也要求对这类纠纷的解决排斥地方性权威及其规范的渗透。但是，无论是在历史上还是在现实的民间社会纠纷场域中，通过加害人与受害人（或者其家属）的刑事和解，达到化解矛盾、恢复社群关系的方式仍然是部分民间社会一种重要的纠纷解决习惯法表现形式，既有的研究亦关注到了这一方面，这方面的成果主要集中在对藏族地区赔命价、陪血价习惯法的关注和研究。如穆赤·云登嘉措通过对藏族社会的研究，认为赔命价习惯法作为一种活法，依然作用于现阶段的藏区社会。作者从历史、文化、信仰、社会方面分析了它在现实社会回溯的原因。[2]南杰·隆

---

〔1〕 陈寒非："房族组织、秩序生产与乡村治理法治化"，载《广西民族研究》2018年第4期。

〔2〕 穆赤·云登嘉措："藏区习惯法'回潮'问题研究"，载《法律科学（西北政法大学学报）》2011年第3期。

英强的研究也承认藏族赔命价习惯法至今仍然在藏区的故意杀人、故意伤害、误杀、误伤、过失致人死亡等刑事案件的处理中发挥着其他制度所不可替代的重要作用。[1]而熊征基于个体行动的视角，通过对藏区赔命价认同现状调查，认为"经过国家半个多世纪对藏区法律与司法制度的建设，藏族民众对传统赔命价法与国家制定法的权衡取舍产生了一些微妙变化——主要表现为后者的影响不断加大。尽管如此，由于刑事司法功能失调，基层组织的协同治理能力不足，传统赔命价依然占据权威认同的重要领域，命案处理的司法乱象问题随着功利主义取向的加深变得愈发复杂、突出"。[2]其实，在刑事纠纷解决习惯法中，不单存在藏族地区的赔命价、陪血价习惯法，其他民族也存在与之相似的制度规范。如有研究指出在壮族习惯法中，对于一些故意杀人的案件、谋财害命的案件以及一些误伤误杀的案件等，还可以通过赔偿命价、以钱赔命、对被害人家属父母和未成年人子女赡养负责、包医包养、开吊掩埋等方式处理。作者认为这正是壮族习惯法与刑事和解的契合之处。[3]有论者通过研究指出，蒙古族刑事习惯法中诸如刑事和解的纠纷解决习惯法仍然在蒙古族社会矛盾纠纷的解决中发挥着重要作用。[4]有研究通过对恩施鹤峰县土家族刑事和解典型案例的分析，全面展现了土家族刑事和解在现阶段纠纷解决重大存在状况和作用。[5]有研究通过对四川石棉彝族地区的田野调查，对当地纠纷解决中刑事和解产生的原因和表现形式进行了阐释。[6]就这种习惯法的地位，有研究从现阶段我们国家的刑事和解制度出发，认为从对被害人权益的保护和恢

〔1〕 南杰·隆英强："中国刑事法治建设的本土化路径——以藏族'赔命价'习惯法之积极贡献为视角"，载《政法论坛》2011年第6期。

〔2〕 熊征："藏区'赔命价'认同现状调查——基于个体行动的视角"，载《西北民族大学学报（哲学社会科学版）》2014年第4期。

〔3〕 黄祖合："广西壮族刑事和解特色研究"，载《广西民族研究》2017年第2期。

〔4〕 王丹："蒙古族刑事习惯法在当代的适用及调适研究"，载《云南民族大学学报（哲学社会科学版）》2019年第3期。

〔5〕 蔡世鄂、谭远磊："土家族地区刑事和解实证研究——以恩施州鹤峰县检察院的实践为样本"，载《湖北民族学院学报（哲学社会科学版）》2018年第2期。

〔6〕 赵琪、邓建民："乡村地区刑事和解探析——以四川石棉彝族地区为例"，载《河北法学》2010年第1期。

复社会关系方面考虑，刑事和解制度恰恰为民族纠纷解决习惯法引入刑事诉讼体系提供了通道，从而发挥了刑事纠纷解决习惯法的作用，减少了国家刑事法治在民族地区的阻力。[1]其他的研究也支持了这种观点。[2]但也有学者不同意这种观念。如韩宝认为用刑事和解制度来理解民族地区赔命价、陪血价等纠纷解决习惯法是一种误读，作者提出不能因为二者在案件事实处理结果上的相似性就推导出二者具有一致性。[3]其实这方面的研究成果还有很多很多，通过对既有成果的梳理，我们看到了一个虽然千姿百态却又异曲同工的纠纷化解习惯法表达，就其制度价值及形成机理，既有的研究也分析了这方面的内容，我们会在后文相关制度构造、形成机理及功能意涵部分介绍，这里只是提及有这种纠纷解决方式及规范表达。但是，有一点需要我们明确，亦即随着社会的发展和法文化理念的变迁，其实在现阶段少数民族的纠纷解决习惯法中，诸如赔命价、陪血价等习惯法，已经从以往的一种实体规范，变化为一种解决纠纷、化解矛盾、安抚社会关系的程序规范。

（三）神明裁决

神判作为一种"查明"事实、解决争端的裁决方式，在人类历史上由来已久。在科学技术不够发达、自然崇拜较为盛行的初民社会，这一纠纷化解方式占据非常重要的地位。后来，随着人们认识的提高和法律技术的发达，这一方式虽然逐渐减少，但是依然有其存在的空间和群众基础。在当今文明社会看来，这一裁判方式看似愚昧无知、不可理喻，但是在特定的纠纷化解场域中，其对于构建"法律事实"、评析社会矛盾、威慑潜在犯罪依然具有非常重要的作用，在当代中国纠纷解决习惯法中，其依然是一种表现形式，既有的研究亦关注到了这一习惯法表达方式。如高其才先生的研究指出，瑶族纠纷解决场域中主要有赌咒、砍鸡头、进社、装袋、烧香等神

---

〔1〕 方也媛："刑事和解在少数民族地区的地方化构建"，载《东北师大学报（哲学社会科学版）》2017年第5期。

〔2〕 冉羿："论刑事和解在四川藏区的适用"，载《民族学刊》2014年第4期。

〔3〕 韩宝："地域与认同之于纠纷解决的意义初探——基于我国西北地区的考察"，载《甘肃政法学院学报》2013年第4期。

判方式，作者通过金秀瑶族自治县一起烧香诅咒的堵路纠纷个案详细阐述了神判习惯法条件规范、程序规范、效力规范及存在基础，为我们了解当代中国神判习惯法的存在样态及规范内容提供了很好的研究。[1]牛绿花的研究指出，盟誓制度作为藏族法律文化的一个特色，在当今藏区农牧乡村的纠纷化解中仍然有不同程度的实践，作者认为盟誓具有结盟和解决纠纷的双重属性，并就其适用条件和种类进行了研究。[2]作者还通过实地调研，就盟誓主体的种类范围等进行了研究，并对当今藏区盟誓现象背后存在的法律问题进行了理论反思。[3]她在这方面的研究成果集中体现在其博士学位论文《藏族盟誓研究》之中。[4]其他的一些研究也涉及了这方面的内容。如龙大轩通过对四川羌族地区的研究，阐述了赌咒这一习惯法形式。[5]周相卿通过对黔东南雷公山地区苗族社会的调查，认为虽然现阶段苗族社会神判基本销声匿迹，但是在一些村寨还保留有通过杀鸡喝血酒方式进行神判的传统。[6]赵天宝通过对景颇族纠纷解决习惯法的研究，对神判的产生原因、种类特征及合理性进行了研究。[7]刘顺峰就东乡族地区还存在的对"真主"发誓和"伊玛尼"发誓来进行研究。[8]这方面的研究成果还有很多，总体而言，既有关于神判纠纷解决习惯法的研究，主要关注这一传统的纠纷解决方式在当代中国的遗存情况，并就其存在样态、规范表达和功能价值进行了梳理。

---

〔1〕 高其才："当今瑶山的神判习惯法——以广西金秀六巷和田一起烧香诅咒堵路纠纷为考察对象"，载《法制与社会发展》2016年第1期。

〔2〕 牛绿花："神灵信仰下的裁判——论藏族盟誓习惯法的神判属性"，载《西藏大学学报（社会科学版）》2013年第1期。

〔3〕 牛绿花："试析藏族习惯法之盟誓主体的历史变迁"，载《甘肃政法学院学报》2009年第2期。

〔4〕 牛绿花：《藏族盟誓研究》，中国社会科学出版社2011年版。

〔5〕 龙大轩、刘玲："略论西南少数民族地区的民事纠纷及其解决机制"，载《甘肃政法学院学报》2010年第6期。

〔6〕 周相卿："台江县反排寨苗族习惯法中的神判制度研究"，载《贵州民族学院学报（哲学社会科学版）》2010年第1期。

〔7〕 赵天宝：《景颇族纠纷解决机制研究》，法律出版社2013年版。

〔8〕 刘顺峰："关于甘肃东乡族纠纷解决习惯法的实证分析"，载《西南民族大学学报（人文社会科学版）》2013年第7期。

（四）其他形式

在纠纷解决习惯法中，除了民间调解、刑事和解、神明裁决这三类主要的表现形式，其实还有很多其他表现形式，这恰恰说明了纠纷是非常普遍的，应对纠纷的解决方式是多元复杂的。在对既有关于当代中国纠纷解决习惯法的研究成果进行析梳后，我们发现一部分学者也或多或少地关注到了这些习惯法表现形式。如高其才先生在广西金秀瑶族地区田野调查中，发现在这一地区发生涉及男女关系、诬告他人等纠纷时，普遍存在"挂红"习惯法。作者通过一个男女关系纠纷个案，详细阐述了这一"挂红"习惯法在纠纷解决中的作用。[1]李向玉的研究亦指出，在苗族社会，遇到强奸等案件时，当地也存在通过"挂红"的方式向受害人家属赔礼道歉的特殊规则，作者分析了这一习惯规范的功能作用及其在司法实践中存在的难题。[2]除了"挂红"习惯法，有的研究还关注到了私力救济。如徐昕通过对华南一个民间收债个案的观察，运用社会学、经济学、博弈论的方法，系统研究了私力救济问题。[3]有的研究关注到了单位内部纠纷解决。如兰荣杰认为："为实现对单位内部矛盾的整合，单位不得不设置一种科学意义上的安全阀制度，让其成员的不满和怨恨得到发泄，避免累积为更剧烈的冲突和内耗。作为这种制度安排的结果，相当部分社会冲突被单位内部纠纷解决装置所化解；只有激化的或与单位的资源配置功能无关的纠纷（如私人恩怨等），才外显出来并成为其他纠纷解决机制如诉讼、仲裁的调整对象。以内部消化为主要手段和特征，单位成为中国社会纠纷解决机制体系中的重要一环。"[4]也有研究注意到了网络平台纠纷解决习惯法。如有研究在对网络交易纠纷类型界定的基础上，认为在官方解决纠纷机制无力应对的情况下，民间纠纷解决方式发挥了重要作用。作者

---

〔1〕 高其才："习惯法的当代传承与弘扬——来自广西金秀的田野考察报告"，载《法商研究》2017年第5期。

〔2〕 李向玉："和谐司法语境下的民族习惯法困局——以黔东南苗族地区'挂红'司法个案为例"，载《原生态民族文化学刊》2012年第4期。

〔3〕 徐昕：《论私力救济》，中国政法大学出版社2005年版。

〔4〕 兰荣杰："'照章办事'还是'开口子'？——单位内部纠纷解决机制研究"，载《司法》2006年第0期。

以淘宝网的规则分析了其纠纷解决方式的特点及表现。[1]有的研究将淘宝网的纠纷解决经验称为互联网的"枫桥经验"。申欣旺面向互联网的纠纷解决模式是维权结构化，并从探寻原因——纠纷来源何处、结构场景——将双方无法解决的纠纷结构化、可预期——预告处理方向推动自行解决、统一标准——同案同判的技术性保障、智能质证——从传统面对面到线上非面对面的突破等方面进行了系统的论述。[2]总体而言，这方面的研究为我们展现了一个多元丰富的纠纷解决习惯法形式，但是不容忽视的是，与众多研究者集聚于前面三类研究相比，这方面的研究还很少。

五、纠纷解决习惯法的规范构造

纠纷解决习惯法不仅如上文阐述的通过民间调解、刑事和解、神明裁决等外在脸谱得以在所在社群的纠纷解决场域中行动自如，而且更为重要的是，其可以通过特定的规范构造，将系争的纠纷事实纳入以习惯法为解决途径的纠纷化解场域，进而按照其规范程式及相关制度操守解决纠纷。因此，前面的阐述仅仅是一种俯视的视角和面上的观察，就这一习惯法的外在表现体系及制度外观进行了介绍，而更为重要的是需要通过一种精细的、技术化的作业，就这一习惯法是依照什么样的内在规范构造化解纠纷进行析梳。这也是将关注的问题从宏大理论落实到具体规范研究的应有所涉，亦可以更为清晰地了解纠纷解决习惯法相较于实体规范，其实现从程序到秩序的内在品格。已有关于纠纷解决习惯法的研究亦关注到了这一领域，其主要围绕以下几方面进行论述。

（一）纠纷解决者的组成和权限

就纠纷解决习惯法的规范构造来讲，首先面临的就是谁能充当这种化解者抑或裁判者？其权限是什么？我们知道大部分纠纷的解决都是在系争双方当事人之外的第三方权威的主持参与下得以化解

---

〔1〕 罗秀兰："网络交易的纠纷解决机制探析——基于民间法与国家法互补的视角"，载《河北法学》2010年第8期。

〔2〕 申欣旺："淘宝网的纠纷解决经验及其司法借鉴价值"，载《浙江审判》2015年第11期。

的，无论这种权威是民间社会的习惯法权威还是以国家司法机关为代表的国家权威。正如上文梳理所揭示的，在民间社会纠纷化解场域中，能胜任这一角色的往往都是一些民间习惯法权威，如彝族的德古、回族的阿訇、藏族的活佛、苗族的理老、壮族的寨老等等。而关于习惯法权威解决纠纷的范围和权限，既有的研究亦关注到了这些问题。如高其才先生的研究指出，在彝族社会，德古作为调解者，其处理纠纷的权限主要集中在以下几个方面："第一，土地使用权及财产所有权；第二，各项人身权利侵害；第三，典当、租佃、债务、买卖等民事活动；第四，婚姻、家庭及继承关系；第五，盗窃、抢劫等财产类犯罪。"[1]易军的研究指出在回族社会阿訇调解纠纷中，阿訇一般通过独立调解、多位调解、参与调解三类形式参与纠纷的解决，其解决纠纷的范围往往又受"属地性""属人性"和"属物性"三方面的限制，"属地性"主要指阿訇调解的范围大部分集中在一个自然村，很少逾越村落边界。"属人性"主要指阿訇大多为信仰伊斯兰教的纠纷双方当事人进行调解。"属物性"主要指纠纷类型的限制，一些刑事纠纷、行政管理纠纷阿訇解决得很少。[2]后宏伟的研究指出，藏族习惯法调解不仅在婚姻家庭、交易买卖等民事纠纷中适用，而且在杀人、伤害、盗窃、交通肇事等刑事纠纷中适用。但是对于活佛、僧侣、寺院等方面排除适用。[3]周俊光的研究指出，在傣族纠纷解决习惯法中主要由寨老充当这种权威，其任职标准主要有个人的品德与社会评价、调解纠纷的经验、出家经历。[4]这方面的研究成果还有很多，但是通过对既有成果的分析我们可以看到，纠纷解决习惯法就是在习惯法权威的主导下进行的一种纠纷解决方式，习惯法权威可以解决纠纷的权限可谓丰富多彩，除了一部分刑事案件，其他纠纷基本都可以得到解决，而其能独当

---

〔1〕 高其才：《中国少数民族习惯法研究》，清华大学出版社 2003 年版，第 8~11 页。

〔2〕 易军："阿訇调解纠纷机制研究——以宁夏地区为主"，载《中南大学学报（社会科学版）》2011 年第 2 期。

〔3〕 后宏伟："藏族习惯法中的调解纠纷解决机制探析"，载《北方民族大学学报（哲学社会科学版）》2011 年第 3 期。

〔4〕 周俊光："民间法的权威研究——以傣族寨老纠纷解决机制为视角"，载《民间法》2015 年第 2 期。

这一重任的资格不仅在于个人在社群中的道德地位和个人品行，也在于社群文化的一种传承和发展，这恰恰印证了权威的社会来源及效力。

（二）解决纠纷援引的依据

除了担当纠纷解决的习惯法权威及权限，纠纷解决习惯法的规范构造还涉及这些习惯法权威在纠纷解决中依照什么规范解决纠纷，通过梳理既有研究成果，我们看到，这种规范依据主要是特定社群的习惯法规范，如有论者指出彝族社会的习惯法不仅是民众在日常生活过程中遵守的行为规范，也是纠纷化解的裁判规范。作者认为，在彝族社会，德古解决纠纷要依照习惯法的实体内容来明确责任、分配权利，在彝语中，这种用来调解各种纠纷的习惯法被称作"节威"。[1]有研究指出，在回族社会阿訇解决纠纷的过程中，援引的规范依据主要有古兰经、习惯法实体规范、事理、阿訇积累的经验和官方规则等。作者指出，阿訇在解决纠纷援引上述规范的时候还存在援引的先后顺序和各援引因素的重要程度。作者认为，虽然这些规范可能被同时援引，但是权利义务划分、纠纷解决的关键因素恰恰是极少数的规则。[2]徐晓光通过对西南苗族村寨的观察，认为苗族的纠纷解决是以理师的"摆古说理"来完成的，理师在纠纷的裁定过程中以口头传承下来的古理和先例为裁判依据，并形成口传的理词而使习惯法内容固定化。[3]其他的研究大多也支持了这一观点，在此不再赘述。但是，在这些援引依据中，有部分学者的研究关注到了既有判例对纠纷解决的作用，研究较为精细深入。如李剑的研究指出，判例是彝族习惯法的重要组成部分，在彝族纠纷解决习惯法中，"伍波"可以被理解为是"判例"，而"伍兹"可以被理解为是由"伍波"引申出来的规则。作者指出，抽象规则与判例之间是一种相互制约、相互作用的关系，而判例在纠纷解决过程中的逻

---

[1] 杨岗营："彝族法律思维的定位及其价值"，载《政法论丛》2017年第5期。

[2] 易军："阿訇调解纠纷机制研究——以宁夏地区为主"，载《中南大学学报（社会科学版）》2011年第2期。

[3] 徐晓光："看谁更胜一'筹'——苗族口承法状态下的纠纷解决与程序设定"，载《山东大学学报（哲学社会科学版）》2009年第4期。

辑结构类似于普通法系国家根据遵循先例进行裁判。但是，这些判例没有形成书面的文字记载，它依赖"莫"或者"德古"的记忆来传承，并随着历史发展不断革新。[1]吕由的研究也指出，彝族纠纷解决习惯法在运作方式方面与普通法系的遵循先例有些相似。作者指出，作为第三方的"莫"或者"德古"会援引"伍波"中的"伍资"来平衡双方的社会关系，同时，这一社群纠纷解决的习惯法规则大多从判例中提炼出来，但会在规则的运用过程中根据新的社会因素和情理通过解释得以不断修正。[2]李毅的研究也支持了这一观点。[3]通过对既有成果的梳理我们可以发现，虽然不同的社群纠纷解决习惯法的表现形式不同，但是在对纠纷解决的时候，其援引的依据大多是社群习惯法及情理。当然，先前判例亦是援引的一个依据，这无不说明纠纷解决是一个讲理的过程，这个理就是所在社群长期传承发展过程中形成的道理、事理、情理、法理。

（三）解决纠纷的程序

程序问题是纠纷解决习惯法规范构造中非常重要的一个方面，和国家通过司法审判机关进行的诉讼裁判一样，民间社会依照习惯法解决纠纷也有其内在的程序，这些程序是社群民众在长期的社会发展过程中根据实践理性总结形成的，它在纠纷解决过程中亦有内在的拘束力。就像瓦扎·务谦·尔铁的研究指出的，凉山彝族纠纷解决习惯法的程序主要包括四个：作为当事人的家支和家支的"吉尔"、作为控诉的"紫惹"和"酒""莫"的介入及其活动、作为结案标志的"若"仪式。作者指出，这种程序规范虽然不像现代诉讼程序那样非常刚性，但是违反这些可能导致调解无效，调解者不遵守这些程序也会受到惩罚。[4]冯露的研究认为，德古调解过程无论在程序的启动上还是在过程及结束上都具有很强的合意性，其从更

〔1〕 李剑："论凉山彝族的纠纷解决"，中央民族大学 2010 年博士学位论文。

〔2〕 吕由："凉山彝族的纠纷与纠纷解决研究"，中央民族大学 2012 年硕士学位论文。

〔3〕 李毅："传统德古：纠纷解决权威的式微"，载《甘肃政法学院学报》2013 年第 2 期。

〔4〕 张志强（瓦扎·务谦·尔铁）："'无需法律的秩序'何以可能——凉山彝族纠纷解决程序之初步研究"，西南政法大学 2007 年硕士学位论文。

为精细的角度就德古调解纠纷的程序概括为五个步骤：选择德古、选择调解地点、进行事实调查、提出解决方案、举行结案仪式。[1]高其才先生就金秀瑶族自治县发生的一起烧香诅咒堵路纠纷为田野个案，就神判习惯法中相关时间、地点、参加人、用品用具、具体过程等程序规范进行了详细的阐述。作者认为，神判习惯法在程序方面有一定的规范，这保证神判的权威性。[2]刘振宇的研究指出，在回族纠纷解决习惯法中，其程序一般是先由当事人双方或亲友陈述事实和证据，接下来由习惯法权威通过阐述教法和习惯法规范进行调解，再由双方根据调解者意见进行协商，最后达成调解方案并要求纠纷双方对古兰经盟誓以保证履行。[3]周俊光的研究将傣族社会寨老处理纠纷的程序概括为"嘿事情"（听清事情）、"宁哲懂"（查明真相）、"梅开来劝"（调解）和"京哩好"（处理完由理亏的做东请吃饭）四个方面。作者认为，这一程序主要适用于解决私人之间的纠纷活动，而涉及村寨公共事务程序往往比较简化。[4]有研究亦认为，在黎族纠纷解决过程中，无论是调解组织的确立，对系争事实的调查，还是当事人双方的对抗和最终结果的效力确认都有一套较为完整的程序规范。[5]这方面的成果还有很多，总体而言，既有成果都指出纠纷解决习惯法并非是一种很随意的处理过程，其对于纠纷处理的组织及人员、事实陈述与证据、调解过程、纠纷解决方案的达成、纠纷解决中的仪式等都有一个规范性的要求，这也使其更具有法的内容。

（四）纠纷解决中的事实、话语与策略

就特定场域中的纠纷化解而言，裁判者在基本的权限要求下按

〔1〕 冯露："法律多元视角下的凉山彝族民间调解研究"，载《湖北民族学院学报（哲学社会科学版）》2017年第2期。

〔2〕 高其才："当今瑶山的神判习惯法——以广西金秀六巷和田一起烧香诅咒堵路纠纷为考察对象"，载《法制与社会发展》2016年第1期。

〔3〕 刘振宇："回族习惯法与回族地区法律多元秩序的构建"，载《回族研究》2014年第3期。

〔4〕 周俊光："民间法的权威研究——以傣族寨老纠纷解决机制为视角"，载《民间法》2015年第2期。

〔5〕 董鹏："黎族纠纷解决习惯法及其当代启示研究"，海南大学2016年硕士学位论文。

照特定的程序指引，通过援引相关实体规范及先例实现纠纷的解决，这恰恰是一个基本的纠纷解决过程，纠纷解决习惯法的规范构造也基本包含这三方面的内容。但是，通过对既有文献的梳理我们发现，有部分学者从更为精细、独特的视角，就民间社会纠纷解决场域中的事实、话语、策略等方面进行了深入的研究。这种研究相较于传统的研究，显得视角更为独特，也更凸显出了法社会学、法人类学在研究问题方面的特色。如李剑的研究指出，不同规范由于其价值判断和认知模式不一样，其在构建所谓的"法律事实"方面亦不一样。作者通过对比彝族习惯法与自然法对自然事实的不同关切，认为在纠纷解决习惯法的运作过程中，"法律事实"对自然事实的构建存在一个剔除和保留的过程，因此"法律事实"不是自然产生的，而是有文化和社会的逻辑建构的。尤为让人感兴趣的是作者通过个案阐述了同一个自然事实中生成不同法律事实的原因，作者指出在习惯法解决纠纷的过程中由于纠纷解决的目的是促和，妥协精神贯穿于全过程，因此，在追求和解的目的驱使下，事实真相有时反倒成了次要因素，也正是由于对自然事实的淡化和模糊化，才使纠纷各方不至于沉迷于所谓的案件真相，而是通过构筑起来的法律事实使纠纷得以解决。[1]吕由的研究指出，在纠纷解决场域中，行动者展现的并不是事实本身，而是对事实的描述和解释。作者认为，事实在被纠纷各方建构的同时，纠纷本身也被建构。[2]也有研究就纠纷解决中的话语及策略进行了研究。如有的研究指出，在纠纷解决中，由于各方动机不同，他们适用的话语模式和策略也不同。吕由指出，纠纷解决中合意点的形成、解决方案的拟定、最终结果的达成都是在不同话语的转换下从隐蔽到实现。作者认为，每一次话语的转换都意味着对纠纷的解决提供了一次新的契机。[3]不可否认，这方面的成果在既有文献中相较于其他研究不是很多，但也正是因为其独特的视角和精细的切入点使得研究显得非常有意思，研究不

---

〔1〕 李剑："论凉山彝族的纠纷解决"，中央民族大学2010年博士学位论文。

〔2〕 吕由："凉山彝族的纠纷与纠纷解决研究"，中央民族大学2012年硕士学位论文。

〔3〕 吕由："凉山彝族的纠纷与纠纷解决研究"，中央民族大学2012年硕士学位论文。

经意间亦可以生发出一些让人耳目一新的东西，这需要后续的研究贴合个案从更为精细的角度进行分析，从而拓展习惯法研究的领域并提升其理论深度。

六、纠纷解决习惯法的存在机理

无论是对纠纷解决习惯法外在表现形式或制度外观的介绍，还是对其内在规范构造的析梳，就其本质来讲依然是就制度谈制度的一种扁平化分析。而为什么不同的社群会产生不同的规范表达？为什么这一看似传统甚至保守落后的制度在今天的民间纠纷解决场域中依然有其存在的空间和活力？其规范得以运行的依赖力量又在哪里？凡此种种，这些问题才是我们理解、认识民间社会所谓真实的、"无需法律的秩序"的根本。这就需要我们从外在表现到内在构造进而到背后存在机理进行分析。通过梳理既有研究成果我们不难看到，大部分学者都关注到了这一问题，既有研究认为，多元的社会空间及文化产生了多元的纠纷应对方式，其背后的存在机理既与纠纷所置场域特定的地理、历史、社会结构有关，也与生活在这一场域中的人所秉持的关于纠纷的观念、关于正义的观念、关于秩序的观念，乃至面子、尊严等意义世界的东西及其象征体系相关，还与共同体成员在长期的生活实践过程中的理性算计有关，它是一个各种缘由交织互动的结果。

（一）社会结构决定的行动逻辑

在既有的关于纠纷解决习惯法的研究中，大部分学者都注意到了社会结构对纠纷解决习惯法的影响，究其原因是社会结构是一个社群、一个文化得以铺陈其生活的决定因素，不同的社会结构决定了社群交往得以开展的空间约束，也决定了社群在进行社会控制中能动员的资源和行动体系，也决定了像纠纷解决习惯法这类社会控制手段的面相和行动逻辑。如赵旭东指出，纯粹法理学的法律规范设定，对于面对面生活的社区而言，是没有什么现实意义的。作者认为，在特定社区中面对日常发生的纠纷，其应对力量是地方性的，其解决途径和依据往往也是地方性的习俗和惯例。究其原因作者指出，社区正是通过社区内部特殊人群的区分与建构，使共同体日常生活秩序得到保证的，这种区分与建构的行动逻辑正是合法性的地方性途径。[1]有研究更明确地指出，作为一种默会知识，族群成员之所以会选择本族群的纠纷解决习惯法来解决纠纷，内因是其契合族群社会的生活逻辑和行为规范，外因是国家法律的虚无主义和功利主义对族群社会常规性交往逻辑的背离。[2]有研究通过对作为习惯法的赔命价现象的描述和对法理进行分析，认为"作为一种关于秩序规则的民族记忆，赔命价习惯法尽管存在着野蛮、无序、稍逊文明等不足，但也存有合理的价值和生存空间。我们不能机械地运用一般性的、现代的法治标准对此武断地做出全盘否定的评价。赔命价习惯法是一种非正式的民间社会规范，和国家法分别代表着两种不同的规范系统，国家法在规范意义的绝对优势不可能完全淹没这种关于规则的民族表达。根本原因就在于，它根植于一个情理社会而非法理社会之中，在这个情理社会里，维系人们的是充满人情味的、鲜活的传统、伦常和礼俗。从某种实在意义上讲，这就是真正的鲜活的法"。[3]有的研究通过对华北平原回族聚居区的实地考察认为回族社会大分散、小聚居、围寺而居的状况，决定了这一社会内部的秩序是长期稳定的、规则化的，回族社会发生纠纷时，民众更加倾向于从其熟悉的规则和权威中寻求正义。[4]也有研究认为，血缘性与熟知性是藏族农牧区的特点，在这一熟人社会中，将争议和纠纷诉诸法院或者通过官方途径解决，往往被认为是关系极端破裂的标志，而且可能会造成当事人之间关系的破裂和永久的仇恨。这一特点决定了社会主体在发生纠纷的时候，在法律规则和诉讼策略的选择方面与城市不同，也决定了社会必然要求根据主体之间的亲疏远近设

---

〔1〕 赵旭东："族群互动中的法律多元与纠纷解决"，载《社会科学》2011年第4期。

〔2〕 韩宏伟："生存性智慧视阈下的民族习惯法研究"，载《广西社会科学》2015年第8期。

〔3〕 衣家奇："'赔命价'——一种规则的民族表达方式"，载《甘肃政法学院学报》2006年第3期。

〔4〕 梁利华："民族习惯法在多元化纠纷解决中的运用——基于华北平原回族聚居区D县的实地考察"，载《中南民族大学学报（人文社会科学版）》2019年第2期。

计不同的纠纷解决机制。[1]安静的研究也指出,藏区生产力相对较低和交通不便等因素导致发生纠纷的当事人大多是熟人关系或伙伴关系,在这一特殊的社会关系下,当事人的纠纷都倾向于通过协商调解解决。[2]通过梳理既有成果,论者都将社会结构视为是纠纷解决习惯法得以形塑的重要机理,我们无意(也没有必要)探究其与马克思主义经济基础与上层关系的交涉。但是,有一点是很清楚的,任何纠纷以及纠纷中的行动者都无法逃脱特定地理、特定空间的束缚。在这一意义上讲,纠纷必然是地方性的,纠纷的解决也是地方性的,对纠纷的解决除了恢复地方性秩序,也建构了纠纷解决规则的地方性。

(二) 权威结构及其社会认同基础

另一些研究则发现,在社会结构的影响下,特定社群的权威结构又是纠纷解决习惯法得以运行的一个存在机理。如赵旭东认为:"从理论上来说,每一种权威应当对应于一个场域,这种场域实际就是指一种权力格局下的关系类型。在这样一个场域中,核心的原则是由相应的权威类型来界定的。在这种核心的原则之下,还会渗入其他场域的核心原则,并成为此一场域的非正式运作规则,而一起纠纷恰是在某一种权威的场域中,通过正式的核心原则与非正式的附属原则共同运作而获得解决的。"[3]淡乐蓉认为,在全民信教的藏区,民众对宗教权威的遵从远胜于对国家机关尤其是司法机关的信赖,这也导致僧侣在不经意间实施了社会管理上的文化渗透和熏染,请僧侣调解纠纷、决断权利和义务之争就是顺理成章的事情了。[4]徐合平则通过对仫佬族习惯法实施现状的调查,认为相较于个体主义社会,在一个以血缘、宗族为纽带的相对封闭的熟人社会

---

〔1〕 牛绿花:"藏族农牧民厌诉的经济分析——基于对甘肃省舟曲县拱坝乡先锋村的调查",载《西北第二民族学院学报(哲学社会科学版)》2006年第2期。

〔2〕 安静:"民族地区民间法律秩序构建——以藏区为例",载《河北法学》2013年第10期。

〔3〕 赵旭东:"习俗、权威与纠纷解决的场域——河北一村落的法律人类学考察",载《社会学研究》2001年第2期。

〔4〕 淡乐蓉:"藏族'赔命价'习惯法运作之基础及其批判",载《山东科技大学学报(社会科学版)》2014年第4期。

中，世代相传的祖训和族规具备了神圣的光环，而村长和房族老人的地位也得到了人们的认可，从法的内容到执行主体都具备了"合法性"的地位，其权威不容置疑，不由得人们不自觉遵从。[1]而魏晓欣、李剑通过对回、彝、藏等地区的田野调查发现，关系距离是人们在发生纠纷时得以选择解决规范及解决方式的基准。当发生纠纷时如果关系距离较近，人们倾向于选择民间的宗教或世俗权威，以宗教规范或习惯法规范作为基准进行调解。这既是对传统和习惯的尊重，同时也是为了尽量维系纠纷中破损的社会关系。相反，当事人之间的关系距离越远，人们就越倾向于选择强制力更强的国家法，民间权威能够发挥的作用也就越少。[2]而王林敏通过对赔命价习惯法的运作模式、角色分化、权力支配、制约关系进行分析，认为赔命价习惯法在运行中产生了高度的角色分化，藏区民间的"能人"居于纠纷解决的核心地位，并对纠纷当事人产生了一种事实上的权力支配关系。正是这种权力支配关系在某些命案中架空了官方力量，使命案的解决成了无须官方力量参与的刑事司法。这是当前藏区赔命价与刑事司法相互冲突的要害所在。[3]关于这方面的研究还有很多，梳理既有成果我们可以看到，特定社群的权力结构及权力支配方式恰恰塑造了纠纷解决场域中的规范及其话语，这就不难理解在法律及其法律的运作之中，背后的权威才是重要的一个线索。

（三）社群文化机理与社会心理

除了将纠纷解决习惯法的存在机理归因于特定社会结构下的行动逻辑，以及社群权威结构及群众认同基础，也有研究将目光聚焦于社群的文化机理以及其社会心理。认为不同的社群有不同的关于纠纷的观念、关于正义的观念，正是因为这些社群价值观的不同，才造成了纠纷解决规范的不同。如李剑的研究认为，凉山彝族社会

---

[1] 徐合平："仫佬族习惯法实施现状调查与思考——以纠纷解决方式之'冬头裁决'为对象"，载《中南民族大学学报（人文社会科学版）》2013年第5期。

[2] 魏晓欣、李剑："宗教权威型纠纷解决机制的运作实践——以西部少数民族地区为例"，载《甘肃政法学院学报》2015年第4期。

[3] 王林敏："无需官方参与的'刑事司法'——藏区赔命价运作机制的法社会学解读"，《山东科技大学学报（社会科学版）》2015年第5期。

在长期的历史发展过程中，逐渐形成了一些特定的价值观念和认识，正是这些观念和价值决定了共同体成员对纠纷以及解决纠纷的看法和选择。作者以"和谐""尊严""羞"等概念为例详细论证了其在彝族文化中的地位价值，并分析了这些观念对这一社群纠纷解决方式的影响。同时，作者从"灵"与"肉"的角度分析了彝人对犯罪和权利的理解。作者认为，在彝人的观念世界中，纠纷要得以圆满解决，除了要通过金钱和实物进行赔偿，人们还非常在意受害者及其家族的名誉、尊严、吉利、信仰等象征层面的利益。其不是一个用金钱摆平一切的单一过程，而是包含惩罚、赔偿、和解、仪式等丰富事项在内的系统工程。[1]龙大轩也从名誉、面子的角度探讨家法族规问题，认为打官司会毁了家族的名誉，因此，纠纷发生时族人会选择族内解决，以维护本族在该地区的名望。[2]韩宏伟则以生存性智慧视角探讨民族习惯法问题，认为面子问题关涉一种利益性互惠，任何族群成员都不会轻易打破。鉴于此，族群成员之间发生纠纷，大都会选择以和解方式解决，并非完全按照国家法的规范去处理。即使案件进入司法环节，法官也往往会凭借自己的经验和精明，发展出某种技巧。[3]嘉日姆几则以彝汉法律文化在认知上的差异为切入点来分析其纠纷解决方式，认为汉族平分了权利，通过一分为二来达到平等，而彝族是模糊了权利，通过合二为一来达到平等。作者提出，人们之间的纠纷实际上是认知的纷争，认为这样有利于我们对纠纷处理的理解。作者指出："当我们相信认知的差异可以导致纠纷时，我们就开始怀疑法律的普遍标准了，就不会用'法盲'来描述、批评有争议的人们。人们会关注发生争议的原因，更加尊重他们想要达到的目的，这个目的不一定就是可以用物质来衡量的利益，也许仅仅就是那么一句发自内心的话。"[4]作者关于认

---

〔1〕 李剑："论凉山彝族的纠纷解决"，中央民族大学2010年博士学位论文。

〔2〕 龙大轩、刘玲："略论西南少数民族地区的民事纠纷及其解决机制"，载《甘肃政法学院学报》2010年第6期。

〔3〕 韩宏伟："生存性智慧视阈下的民族习惯法研究"，载《广西社会科学》2015年第8期。

〔4〕 嘉日姆几："彝汉纠纷中的身份、认知与权威——以云南省宁蒗彝族自治县为例"，载《民族研究》2008年第4期。

知差异与纠纷及其纠纷解决的理解，为我们了解不同族群纠纷解决习惯法提供了很好的视角和切入点，值得我们关注。其实，无论是国家法律还是习惯法，其不仅立基于特定的社会结构，其还与特定社会的文化机理有很大的牵扯。正是因为民族、族群文化以及其观念、价值和思维方式等差异才产生了规范制度的不同构造，也影响了生活在这一文化屋檐下的个体对规范的理解和遵守。这就要求我们从文化意义的完整性方面去认识、理解不同社群的规范构造问题，进而对不同文化下的规范构造抱有一种同情式的理解，这样才能在相互对话中明白对方是什么，对方为什么是这样，进而形成重叠共识。

（四）实践理性的经济算计

作为一个实实在在的个体，行动策略及其行动逻辑也与经济算计不无关系。从原因来讲，所谓的纠纷以及纠纷的解决，恰恰也是个体因为利益的不平衡进而为了利益选择的一种行动策略，但是如果既有的纠纷解决通道和规范不能给其带来经济，甚至不经济，那行动者选择其他的策略也很正常，如果我们在这一情况下还强调国家法律司法的权威和垄断性，何尝不是限制了个体寻求纠纷解决的通道和机会。也正是在这一意义上，有学者从经济理性的角度分析了纠纷解决习惯法的存在机理。如高其才先生通过对神判习惯法的分析指出，政府治理半径的反应速度和国家法律的成本效益核算也是造成村民选择神判习惯法的原因之一。作者指出，民众选择神判、遵循神判习惯法规范也是基于理性判断和思考。在发生纠纷时政府权威不能及时提供救济，而国家法律对证据的要求，以及诉讼程序和法律理解在金钱、时间等方面的高昂成本都为神判习惯法提供了一定的存在条件。[1]淡乐蓉用法社会学和经济社会学的理论和方法分析了赔命价习惯法，认为赔命价习惯法中的赔付行为和较大金额的财产支付"渊源于农业资源匮乏之边缘环境不稳定、自然资源的游牧经济生产方式中的'劫略以济'的经济形态和生态策略；其于

---

〔1〕 高其才："当今瑶山的神判习惯法——以广西金秀六巷和田一起烧香诅咒堵路纠纷为考察对象"，载《法制与社会发展》2016年第1期。

当下藏区民间的选择适用是基于传统文化中纠纷解决知识的重构、运用和行为偏好的经济实践逻辑所致"。[1]且增遵珠等从权利厘定与非合作博弈两个方面分析了藏族传统调解的发生机制,认为身处惯例经济体中的牧民对传统习惯存在路径依赖,倡导以国家正式组织系统为代表的制度权威与以民间社会组织系统为代表的民间权威之间的良性互动。[2]这方面的成果还有很多,毫无疑问,人的行动选择不仅关涉意义,也关涉算计,任何制度事实的发生和发展无不取决于生活事实以及生活事实之下行动者的实践理性。

七、纠纷解决习惯法的功能作用

任何制度都是特定共同体的民众在长期的生活实践过程中,为了应对共同体承续发展所设计的一套装置,其立基于特定空间、地理、时间,经由民众在实践理性下形成的生活事实进而上升到制度事实。因此,正是制度所能承载的功能价值导致了制度的生成,也是制度所担当的功能作用延续了制度的存在空间和活力。就纠纷解决习惯法研究而言,既有研究成果在论述相关问题时,都或多或少地将纠纷解决习惯法的功能作用作为一个方面进行阐述分析。就既有成果来看,大部分论述都看到了纠纷解决习惯法基于其广泛的群众基础和契合人们的生活逻辑和社群文化,其有利于社群纠纷的解决和秩序的维持。而且,相较于国家制定法及其司法实践在应对纠纷时有可能会只看到了纠纷所涉的法律问题而忽视了纠纷背后更为重要的社会、文化以及人们的认知等因素,纠纷解决习惯法对纠纷的彻底解决和社群关系的恢复具有更为明显的优势。当然,在既有研究看到了纠纷解决习惯法积极作用的同时,也有论者看到了其消极作用,并进行了深刻的反思。

（一）积极作用

考察既有研究成果,就纠纷解决习惯法的积极作用而言,大多

---

[1] 淡乐蓉:"青海藏区'赔命价'习惯法的经济实践逻辑分析",载《甘肃政法学院学报》2018年第4期。

[2] 旦增遵珠、多庆、索南才让:"从习俗与惯例中考察藏区草场纠纷行为",载《中国农村观察》2008年第2期。

数论者主要从以下几方面进行阐述：一是化解社群矛盾纠纷，维持社会秩序；二是弥补国家的治理空缺，减轻治理压力；三是为国家制定法的优化、完善提供智力支持；四是减轻社群成员化解纠纷的成本压力。既有关于纠纷解决习惯法的研究都认识到纠纷解决习惯法在及时有效的化解社群矛盾、维持社群秩序方面具有非常重要的意义。如有研究认为，彝区的大调解在程序和场景上多以传统习惯法为依据。这些场景、程序和仪式被彝族人熟悉和认可，这有助于压制双方的怒气，避免械斗冲突，也能够更好地促进纠纷的和解，同时提升和解协议的有效性。[1]又有研究通过对侗族习惯法在解决侗族地区林权纠纷中的功能研究，认为侗族地区林权纠纷具有普遍性、多发性、广泛性、情节复杂、法律后果严重等特点。周世中、杨和能认为，侗族习惯法在解决林权纠纷中仍起到国家法不能替代的作用，利用好这些习惯法，对促进侗族地区的林权改革与和谐稳定是大有裨益的。[2]

除了在纠纷解决和秩序维持方面的重要作用，也有论者看到了纠纷解决习惯法在弥补国家治理空缺、缓解国家治理压力方面的积极作用。如王丽娟等在对藏族"戒亢"的解读中认为"戒亢"有效地弥补了政府在化解纠纷上的"缺位"，少数民族民间社区制度应成为实现国家法价值取向和判断标准的平台，而国家法律应当成为"戒亢"解决纠纷的重要依据和保障。[3]杨岗营的研究认为，尽管随着国家普法教育的进展，彝族人民对国家法的认识有所转变，但彝族传统的法律思维仍然影响着彝族社会发展的进程，在一些国家法没有明文规定的领域，人们仍然按照传统的彝族法律思维来解决纠纷。作者认为，彝族法律思维在推行全面依法治国的今天仍具有

---

〔1〕 李剑、杨玲："民族地区多元化纠纷解决机制的构建——以当代彝区的法律实践为例"，载《法学杂志》2011年第8期。

〔2〕 周世中、杨和能："侗族习惯法在解决侗族地区林权纠纷中功能及路径选择——以广西三江侗族自治县林权改革为例"，载《山东大学学报（哲学社会科学版）》2011年第6期。

〔3〕 王丽娟、丁鹏："传承、更新与借助：对藏族'戒亢'的解读——以甘肃省甘南藏族自治州夏河县麻当乡为例"，载《民族研究》2008年第6期。

弥补国家法律不足的积极作用。[1]

当然也有研究将纠纷解决习惯法的功能与国家制定法的整合完善联系起来进行分析。如曾代伟、谢全发对巴楚民族文化圈纠纷解决机制的研究认为，渝湘鄂黔毗邻地区巴楚文化圈内的各民族人民，在长期的社会生活实践中积累了一系列的习惯法规范和程序，构成了颇具特色的纠纷解决机制，并在国家法制与各民族传统习惯法的冲突、调适、整合过程中呈现出多元化发展趋势，形成了多种纠纷解决模式，即自我约束模式、习惯法调解模式、国家法介入模式、习惯法与国家法共同作用模式。作者认为，这些纠纷解决机制的运行整合了习惯法、传统习俗、道德力量、宗教因素各方面的资源，最终实现了社会控制的目的。[2]魏红则以民族习惯法在刑事和解中的价值为例，认为深受熟人社会结构影响的民族习惯法，其诉讼文化促使人们往往以实质理性的和解或调解作为解决纠纷的最终选择。作者认为，民族习惯法与刑事和解具有共同的价值取向，通过提倡多元化纠纷解决理念、实现软法互补、增强法律规范对民族群众的教育，以及通过民族自治纠纷解决方式加强社会的非正式控制等方面，能够充分发挥民族习惯法在国家构建矛盾纠纷解决多元化机制中的积极与重要作用。[3]易军认为，当前中国社会转型出现的问题和矛盾与社会发展交叠纠缠，通过一套源自于族群内部的民间权威来解决矛盾，不但能处理好本民族的内部关系，避免小事变大以及延展或滋生出更多的社会问题，也能降低国家维持社会秩序所需的制度成本，减少因正式制度执行导致的民族地区的不适应，弥补制度缺陷及其不足。[4]

也有部分学者从纠纷解决成本的角度分析了纠纷解决习惯法的

〔1〕 杨岗营："彝族法律思维的定位及其价值"，载《政法论丛》2017 年第 5 期。

〔2〕 曾代伟、谢全发："巴楚民族文化圈纠纷解决机制论略——在历史文化视野下的考察"，载《贵州社会科学》2009 年第 3 期。

〔3〕 魏红："论民族习惯法在刑事和解中的价值"，载《云南大学学报（法学版）》2016 年第 6 期。

〔4〕 易军："阿訇调解纠纷机制研究——以宁夏地区为主"，载《中南大学学报（社会科学版）》2011 年第 2 期。

积极功能。如杨勇认为，侗族民事纠纷解决习惯法具有程序灵活、成本较低、民间精英参与调解、易于得到人们的信赖、解决纠纷的方式较为柔和、合意的纠纷解决方式、有利于传统习惯与国家法的互动等作用。[1]这方面的成果还有很多，在此不再赘述。通过考察既有成果，我们可以看到纠纷解决习惯法在解决纠纷、维护秩序、补充空缺、整合制度等方面的积极作用。其实，考察纠纷解决习惯法的积极作用，我们不难提出什么是纠纷的很好解决或哪样的制度设计才能更好地解决纠纷这一问题。就这一问题，日本学者棚濑孝雄在论及审判制度的解决功能有效性的标准时，认为有四大标准：纠纷的终结、满意的程度、社会的效果和代价。其中，就满意的程度这一标准而言，他认为，即便通过某种纠纷解决过程使纠纷得到了最终的解决，但如果一方当事人对内容抱有强烈的不满，则该纠纷解决过程恐怕很难说是成功的。作者认为，当事者不满不仅在于本身所不希望的东西，而且还可能成为将来发生纠纷的原因，或者积累起来，传播开去，导致对特定纠纷解决过程的回避与拒绝。在谈到社会效果标准时，他认为，在某种社会里，友好关系的恢复被作为审判过程最重要的目标。[2]其实，反观我们的纠纷解决习惯法，其何尝不是因为契合这些功能价值才具有生命力。

（二）消极作用

当然，亦有学者看到了纠纷解决习惯法的消极作用，并进行了深入的反思。既有研究的关注点主要集中在以下三方面：一是纠纷解决习惯法挤占现代国家及其司法的治理空间，危及国家法律与司法的权威；二是纠纷解决习惯法中一些旧有的观念不能被很好地遏制，不利于公民权利的平等保护；三是纠纷解决习惯法容易导致二次惩罚。如淡乐蓉的研究指出，当下藏族牧区社会"赔命价"习惯法发展演变为国家法对当事人在杀人或伤害刑事案件中民事诉讼部分的调解协商过程不管不顾的权力缺席状态，在判决书中对高额的

---

〔1〕 杨勇："侗族民事纠纷解决机制研究——以黔东南州侗族村案为例"，中央民族大学 2011 硕士学位论文。

〔2〕 ［日］棚濑孝雄：《纠纷的解决与审判制度》，王亚新译，中国政法大学出版社1994 年版，第 27~30 页。

死亡赔偿金和精神抚慰金予以认可，并以此作为减轻加害人刑责的依据。同时，对进入诉讼程序的伤害、杀人案件，在藏区法院司法过程中，法官们对藏区地方性知识亦有一定的认同，虽在案件判决书中并未有任何文字表现此种意识，但往往以注重案件解决的"社会效果"为主要理由。但是，作者认为，其"社会效果"是经得起推敲的，指出它涉入了国家必须介入的有关严重的刑事犯罪和影响广泛的经济纠纷和社区纠纷，而这些是国家法社会控制的重点领域。[1]王杰、王允武的研究指出，纠纷解决习惯法的适用在某种意义上也是对国家法治的规避，不利于国家法治在民族地区的开展，会极大地削弱司法的公信力、国家治理的有效性、执政党的权威性等等。尤其是对于刑事案件，少数民族群众选择民族习惯法"私了"后，往往会销毁犯罪证据，给公安机关的侦查造成了很大困难。作者认为，国家的刑事处罚权在某种意义上存在着不可让渡性，这种情况会给国家刑事法治和犯罪的社会治理带来巨大冲击。[2]张邦铺的研究认为，德古在处理矛盾纠纷、维护社会稳定的同时，在一定程度上也阻碍法制宣传进程，架空了国家法。[3]杨勇的研究认为，侗族民事纠纷解决习惯法在现代化背景下的局限性表现在传统的解纷主体缺乏合法性、程序的混乱、纠纷解决依据的不合理性、极端的纠纷处理结果与国家法律产生激烈冲突。[4]李剑、杨玲也指出，在四川凉山彝区，德古领导下的民间调解将习惯法与国家法结合起来，把矛盾化解在基层，维持了社会稳定，收到了较好的社会效果，但容易导致正式制度和司法程序被表面化、边缘化。[5]

---

〔1〕 淡乐蓉："藏族'赔命价'习惯法运作之基础及其批判"，载《山东科技大学学报（社会科学版）》2014 年第 4 期。

〔2〕 王杰、王允武："少数民族习惯法司法适用研究"，载《甘肃政法学院学报》2014 年第 1 期。

〔3〕 张邦铺："论彝族'德古'文化的意义及其规制"，载《西北民族大学学报（哲学社会科学版）》2014 年第 4 期。

〔4〕 杨勇："侗族民事纠纷解决机制研究——以黔东南州侗族村寨为例"，中央民族大学 2011 硕士学位论文。

〔5〕 李剑、杨玲："民族地区多元化纠纷解决机制的构建——以当代彝区的法律实践为例"，载《法学杂志》2011 年第 8 期。

也有研究指出，纠纷解决习惯法助长了一些恶俗，不利于公民权利平等保护。如蔡富莲通过对凉山彝族家支的研究指出，部分家支在聚会中讲等级、讲势力，在民间调解纠纷中，公然宣扬等级观念，部分调解员在算人命赔偿金的时候，对黑彝、白彝等不同等级采用不同标准。讲等级、讲势力不仅扰乱了社会治安，给等级低微、势力弱小的家支带来了极大的心理压力。尤为重要的是，作者指出，在实际的民间调解中，若两家支势均力敌的，调解可能较为公平，否则便是弱肉强食，致使势力弱小的家支处于一种无安全感的状态，为了生存，一些势力弱小的家支和汉根彝族不得不寻找他们从前的奴隶主主子，以依附于主子的势力来保全自己。[1]有研究通过对藏族纠纷解决习惯法的分析指出，国家权力在藏族社会运行中借助民间权威的支持得以推行，这导致民间权威社会地位的凸显，进而导致藏族习惯法回潮，也不利于当事人正当权益的切实保障，社会正义不一定能得到实现。[2]

还有研究揭示了纠纷解决习惯法导致的双重处罚问题。如郭婧、吴大华通过对侗族地区刑事纠纷解决机制的研究，认为多种纠纷解决机制的滥用以及机制之间的冲突会导致"双罚"现象，侵害人的一个违规行为或犯罪行为却因两个语境中的规范受到了两次惩罚，尽管这两次处罚在两个规范语境中都是正常、合理的。但双重处罚的事实已超出了这个目标实现的价值，导致另一个秩序发生了颠覆。[3]王刚通过分析民族地区刑事案件的调解案例，指出民族地区基层纠纷的解决是在现行法与民族习惯、习惯法相互影响与挤压过程中的一种妥协，主要表现是对现行法的规避及制裁上的双重司法。这种不论适用范围、不加甄别地利用本土资源的做法，不能与法律

---

〔1〕 蔡富莲："市场经济体制下凉山彝族家支、习惯法与彝区社会治安问题研究——以彝族聚居县美姑、昭觉、布拖为例"，载《贵州民族研究》2006年第6期。

〔2〕 后宏伟："藏族习惯法中的调解纠纷解决机制探析"，载《北方民族大学学报（哲学社会科学版）》2011年第3期。

〔3〕 郭婧、吴大华："当代侗族地区刑事纠纷解决机制研究"，载《贵州社会科学》2012年第11期。

进行有效沟通，纠纷的解决也难以实现公正合理。[1]有研究指出，在少数民族地区，由于某一社会纠纷在不同救济模式中处罚方式不同、追求的目标不同，于是出现了国家层次上的司法救济实现的是国家目标，当地民族社会纠纷要得到恢复还得通过民间的、非正式的方式。作者指出，此现象在彝族、藏族、苗族、哈尼族等少数民族中都存在。作者指出，一些民族间的特定纠纷解决可能会导致社会关系的冲突更加紧张，甚至出现民事纠纷向刑事纠纷转化。[2]这方面的成果还有很多，梳理既有成果我们发现，相较于对纠纷解决习惯法积极作用的论述，就纠纷解决习惯法消极作用的论述来看，大多数论者并不是否定其积极作用，而是在看到其积极作用的同时，很警惕也很敏锐地看到了其可能存在的潜在风险和负面作用。就其整体来看，大多是从对国家权威的守护和公民权利的把持为切入点展开的，视角也多为一种国家主义的视角。毋庸置疑，在现代民族国家替代传统国家，现代法治取代传统治理的今天，对国家权威和国家法律的强调并不为过，但是这种强调的目的不是加强国家法律的傲慢和单向强制，而是考虑如何使其更能维护社会秩序、保障个体权益。而这就涉及对地方社群自生自发秩序的一个尊重和借鉴问题，亦存在一个对地方秩序维系规则的一个筛别剔除问题。

八、纠纷解决习惯法与多元化纠纷解决

诚如埃尔曼指出："任何人类社会都不具有单个统一的法律制度，有多少发挥作用的从属集团，便有多少种法律制度。反过来讲，社会中每个发挥作用的从属集团都以其特殊的法律制度调整其成员的关系，在不同的从属集团中，各自的法律至少在某些方面存在着必要的差异。"[3]因此，就纠纷解决而言，其必然是（也应该是）

〔1〕 王刚："正义的妥协——从程序、效力和利益分配结果看民族地区基层纠纷的解决途径"，载《青海民族研究》2005年第4期。

〔2〕 胡兴东："西南少数民族地区多元化纠纷解决机制的构建"，载《云南社会科学》2007年第4期。

〔3〕 [美] H. W. 埃尔曼：《比较法律文化》，贺卫方、高鸿钧译，清华大学出版社2002年版，第84页。

多元的，面对来自国家的、社群的多元化纠纷解决方式，现在的问题是除了就这种多元纠纷解决方式各自的表现形式、制度构造、存在机理、功能价值等进行单向度的研究外，还应该从关系比较的角度就在社会的秩序把控中如何认识这种多元化的纠纷解决方式，以及如何在多元化纠纷解决方式中看待纠纷解决习惯法并进行协调处理展开研究。这些问题才是把纠纷解决习惯法看作是一个整体在与其他解纷机制比较时面临的问题。既有关于纠纷解决习惯法的研究亦将这一问题作为一个重要问题进行阐述。

（一）多元化纠纷解决与纠纷解决习惯法的关系

既有一些研究成果都指出了多元化纠纷解决机制的重要性，并强调在这种多元化的纠纷解决机制中习惯法的重要位置。如有论者指出司法诉讼方式、诉讼替代性纠纷解决方案和私力救济是文明时代纠纷解决的三种主要方式。作者认为，在这三种方式里，习惯法又呈现出不同的作用和特色，在司法诉讼方式中，规范运用的特点是以法律为主，以习惯法为辅，而在诉讼替代性纠纷解决方案中，在法律、习惯法的选择上，难分彼此，说不上谁主谁辅。在这种纠纷处理中，当事人本身具有规范适用的选择权和权利处分的选择权，这就使规范的运用要灵活得多，更多时候，当事人之间还通过主持人自己协商处理规范，亦即制定纠纷解决协议。而在私力救济中，其规范运用反倒是以习惯法为主，国家法最多只为辅助。[1]有论者指出，纠纷的解决并不倚仗于单一化的法律及其司法方式，单一化的法律及其司法方式也不能解决全部纠纷。作者认为，突出纠纷进入诉讼程序并通过法律解决，其恰恰遮蔽了社会中大量存在的没有通过诉讼解决的纠纷。作者指出，在社会纠纷化解场域中，国家的法律及其司法应该为其他解纷方式留有一定的空间并保持距离，这是由于社会生活复杂下的规范多元，也是法律规范局限性的内在使然。[2]有研究认为，在中国的乡土社会中，国家的法律条文、政府

---

〔1〕谢晖："论民间法与纠纷解决"，载《法律科学（西北政法大学学报）》2011年第6期。

〔2〕韩宝："地域与认同之于纠纷解决的意义初探——基于我国西北地区的考察"，载《甘肃政法学院学报》2013年第4期。

的权力运作、民间的习俗惯例以及村庙的超验权威都对民间的纠纷起到调解和平息的作用。作者认为，在现时代，试图通过所谓现代化的法治或立法来建构一种新的社会秩序，可能只是建构这种新秩序的一种途径。其他方面，诸如国家的政府调解机构、民间的习俗惯例还有宗教的社会控制力都应当是建构这种新秩序所必不可少的。作者认为，纠纷的解决是多元权威参与下才能实现的，只谈国家的法律或只谈民间的习俗或许都是不全面的。[1]还有研究指出，司法一元纠纷解决机制存在的司法一元化忽视了习俗惯例等民间法的作用、司法一元化忽视或难以兼顾形式合理性与实质合理性的统一、司法只注意到了法律的技术与工具价值而忽视了法律的伦理价值、和谐价值等问题。[2]有学者提出了"社会司法"概念，认为司法不仅包括国家司法，还包括社会司法。作者认为，"社会司法"是一种由社会组织根据社会规则进行的化解纠纷的活动，它对基层社会秩序的稳定起着至关重要的作用。[3]有研究指出，不同类型的纠纷有其相适应的或可供选择的救济途径，任一解纷机制皆须遵循相应原则和规范，否则必引致机制衰退并影响结果的合法性。作者指出，国家法在任何社会里都不是唯一的和全部的法律，无论其作用多么重要，它们只能是整个法律秩序中的一个部分。传统民族习惯形成的有效解纷资源与国家法触碰无可避免，但不能因此强化司法解纷的普遍垄断，要以各种解纷机制适用规则、程序方式和社会效能的契合性为限度，发挥社会组织推进自治、自主的多元化解纷方式的作用，减小司法裁判的现实压力，满足当事人不同的利益诉求和价值取向，维护纠纷解决生态平衡并促进民族地区法治建设的可持续发展。[4]有研究从甘南藏族自治州民间纠纷解决的个案考察为切入点，指出藏区民间纠纷的解决方式中存在各种法律资源、文化传统

〔1〕 赵旭东："习俗、权威与纠纷解决的场域——河北一村落的法律人类学考察"，载《社会学研究》2001年第2期。

〔2〕 王亚明："多元纠纷解决机制的法文化探析"，载《安徽大学法律评论》2006年第2期。

〔3〕 崔永东："社会司法的理论反思与制度重建"，载《学术月刊》2017年第6期。

〔4〕 石光乾："契合与转进：西部民族地区解纷机制建构路径"，载《中央民族大学学报（哲学社会科学版）》2012年第1期。

和知识体系的博弈争斗的流动场域，同时，也是各种纠纷解决方式和制度进行博弈争斗的过程。对于藏区民间纠纷的解决，任何纠纷解决方式都是既有优点又有缺点的，它们分别代表了不同的文化传统和知识体系，有自己的适用空间和发挥作用的社会基础。实际解决问题的出路在于实现各种解决纠纷方式的相互协调和分工合作，从而形成有效的多元化纠纷解决的运行机制。通过协调、商议，以合作代替对抗，寻求使各方都获得正当利益的最佳全赢博弈策略。[1]

也有研究从更为精细的角度就纠纷解决习惯法与多元纠纷解决的逻辑勾连进行了分析，如有研究指出，多元化纠纷解决机制的建立在一定程度上为民间法运用创造了制度条件：一方面，在诉讼领域，通过强化诉讼调解，促使法院积极寻求民间法与国家法之间的沟通与协调，并努力探索民间法在审判中的积极意义；另一方面，进一步完善诉讼外纠纷解决机制，充分发挥诉讼外纠纷解决机制所具有的灵活性。也正因如此，民间法以其易为当事人和社会大众接受的优势而在纠纷解决中发挥着重要的作用，司法应对此给予应有的尊重。[2]有研究把着眼点放在民间规范与替代性纠纷解决的内在关联研究上。作者认为，一方面，民间规范是替代性纠纷解决方式的重要准据；另一方面，替代性纠纷解决方式也为民间法提供着发挥作用的重要场域。[3]有研究则对环境习惯法与环境纠纷解决替代方案的关系进行了探讨。作者认为，在环境纠纷解决的替代方案（ADR）中，环境习惯法则发挥着异常重要的作用。一方面，环境习惯法是环境纠纷 ADR 方案的主要规则支持系统。环境纠纷 ADR 方案不同于国家正式司法机制，其运行所依赖的规则是非国家制定法的其他民间规则，其中，以环境习惯法为主要代表。如果没有环境习惯法的支持和"规范"，环境纠纷 ADR 方案将无从展开。另一方面，在环境纠纷 ADR 方案中，环境习惯法既可按照三段论逻辑推理

---

〔1〕 李虹："藏区民间纠纷解决方式的困境与出路的博弈分析——以甘南藏族自治州某乡的个案为例"，载《青海民族研究》2010 年第 3 期。

〔2〕 张晓萍："民间法司法运用的制度建设"，载《甘肃政法学院学报》2011 年第 5 期。

〔3〕 张琳琳："论民间规范与替代性纠纷解决的关联"，载《原生态民族文化学刊》2013 年第 2 期。

的过程达到适用和规范的目的，也可以按照地方环境习惯法的特殊适用方式，如"神判"来发挥规范作用，尽管此类特殊方式在当下环境法治中被以审慎的态度对待。[1]

（二）如何协调纠纷解决习惯法与多元化纠纷解决

其实，在纠纷解决习惯法与多元纠纷解决的研究中，如何协调纠纷解决习惯法与多元化纠纷解决方式的关系，是研究必须回答的问题，既有研究在这方面也进行了深入的探讨。如魏晓欣、李剑的研究认为，目前西部少数民族地区"民间权威"型纠纷解决机制的纠纷解决主体仍然主要为宗教权威与世俗权威，只是两种权威在各地发挥的作用与影响有所不同。作者认为，纠纷解决乃至社会改革都不宜以强力的方式实现，过度强制只会引起民众的抵制、不合作，甚至产生永久的仇恨。在多元化的权威或规范之间，引导、合作与对话始终是明智的选择。作者认为，随着西部少数民族地区世俗化与现代化的进程，国家权威及其纠纷解决机制势必在世俗领域发挥越来越大的作用，而传统宗教权威的影响将变迁并存留在民众的精神与信仰领域。[2]也有研究就西部民族地区解纷机制建构的路径进行了探讨。作者认为，应该从四方面进行：第一，重构多元化解纷机制价值理念——秩序至上性；第二，发挥非诉解纷机制主导作用——本土资源的现代化转进；第三，形成非诉机制多元化格局——维护解纷生态平衡；第四，多元化纠纷解决机制构建与契合——四级层次相衔接。[3]有研究从规范化水平方面谈了纠纷解决习惯法与多元化纠纷化解的协调。作者认为，应该从以下几方面进行：第一，将民间习惯法权威调解纳入人民调解体系之中；第二，将民间习惯法权威调解纳入法院调解体系中；第三，通过诉讼与调解有效对接，以

---

〔1〕 郭武、党惠娟："环境习惯法及其现代价值展开"，载《甘肃社会科学》2013年第6期。

〔2〕 魏晓欣、李剑："宗教权威型纠纷解决机制的运作实践——以西部少数民族地区为例"，载《甘肃政法学院学报》2015年第4期。

〔3〕 石光乾："契合与转进：西部民族地区解纷机制建构路径"，载《中央民族大学学报（哲学社会科学版）》2012年第1期。

实现对少数民族程序习惯法的深度改造。[1]有研究则认为：第一，
应改变认为法治来自国家的观点，认识到法治绝非大词化或通过官
方建构形成的系统，而是可整合各种社会资源的制度结构。第二，
基层社会对解决纠纷的诉求是功利与现实的习惯机制而不是我们设
计的一套理想。他们需要什么样的方式解纷主要考虑经验、传统及
本地情景，官方系统要顾及这个层面。第三，要充分对各民族、各
地区的民间个人调解的合理性、实用性与合法性进行研究分析，通
过扬弃选择，吸收符合法治精神、法律规定并有利于社会和谐与稳
定的民间个人调解成分加以改造，把这些民间资源运用到法治建设
中。第四，对纠纷当事人而言，制度供给的权力性质及其来源差异
并不重要，只要是符合低成本高收效、方便简洁、熟悉实用、灵活
多样的制度供应原则，都可能被优选。第五，通过民间个人调解诱
致正式制度的变迁，在人民调解、民事调解、民事附带刑事调解、
行政调解等方面与民间个人调解合作，把民间个人调解的过程、技
术与策略运用到官方系统中，从而引致正式制度在考虑民族地区的
特殊情况方面进行一种契合当地情景的改良。[2]有研究认为，在社
会和文化基础尚不成熟的情况下，不应该追求与都市社会相同的那
些难以企及的目标，而在于尊重"主体"的创造性，建立不同规范
体系之间平等对话的商谈渠道，同时构建相互弥补、相互合作的多
元化纠纷解决机制。作者认为，基于纠纷解决的视角，我们应当超
越二元对立的思维，着力于促进大调解和民间调解逐步实现规范化，
并合理配置各种调解之间、调解与审判之间的关系，促使它们通过
分工合作，充分发挥各自的功能，并获得良好的社会效果。[3]有研
究实地考察华北平原回族聚居区某县的社会纠纷解决现状，以及民
族习惯法在多元化纠纷解决中的运用，作者就地方社会多元化纠纷

---

〔1〕 杨永清、王定国："论少数民族民事纠纷解决机制的法治化改造"，载《思想
战线》2015 年第 2 期。

〔2〕 易军："阿訇调解纠纷机制研究——以宁夏地区为主"，载《中南大学学报（社
会科学版）》2011 年第 2 期。

〔3〕 李剑、杨玲："民族地区多元化纠纷解决机制的构建——以当代彝区的法律实
践为例"，载《法学杂志》2011 年第 8 期。

解决机制的完善路径提出三点：第一，充分发挥民族习惯法的解纷作用；第二，实现调解资源的多元整合；第三，重视对民族习惯法行为主体的规制与法律知识的培养。[1]

（三）纠纷解决习惯法与国家法

而在如何协调纠纷解决习惯法与多元化纠纷解决机制的关系中，纠纷解决习惯法与国家法的关系问题一直是研究不能回避的一个方面，既有的研究在这方面进行了大量的探讨。通过梳理既有成果我们可以看到，其主要围绕以下几方面进行探讨：第一，纠纷解决习惯法与国家法的冲突；第二，纠纷解决习惯法与国家法的合作；第三，如何在制度机制建构方面化解二者的关系。在纠纷解决习惯法与国家法冲突方面，既有研究都指出了二者在纠纷解决场域中的矛盾和张力。如有研究认为，国家法定纠纷解决机制与民族民间纠纷解决机制的矛盾冲突主要表现在以下几方面：解决纠纷的依据有冲突；纠纷解决的主体有冲突；纠纷解决的程序有冲突；纠纷解决的公信力有冲突。[2]有研究认为，在一般情况下，国家与民间的纠纷解决就如两条平行线一般各守自己的"阵地"，它们在总体上并无太多的接触和冲突；只有当案件涉及国家设定的"禁行线"周边的"模糊地带"时，权力领地的争夺，规范与价值观念的冲突才集中地表现出来。面对不同的文化和知识体系带来的似乎无所不在的差异，国家法与习惯法的二元分离与对立似乎无法避免。[3]

但是，也有大部分研究指出，二者在纠纷解决场域中又存在相互借力并合作的场景。如易军的研究认为，阿訇解决纠纷与国家法有一个双重合法化的过程。作者认为，这种合法化主要来自于基层法律实践中，吸收阿訇的积极作用，辅助正式制度解决纠纷，形成国家主导下的与民间机制共同解决纠纷的合作局面。作者认为，双

---

〔1〕 梁利华："民族习惯法在多元化纠纷解决中的运用——基于华北平原回族聚居区 D 县的实地考察"，载《中南民族大学学报（人文社会科学版）》2019 年第 2 期。

〔2〕 陈宜："论西部和谐社会语境下民族纠纷解决机制的完善"，载《西南民族大学学报（人文社科版）》2009 年第 6 期。

〔3〕 李剑、严文强：" '真实' 与 '建构' 的二元对立——论国家法与彝族习惯法的断裂与合作"，载《民族学刊》2012 年第 4 期。

重合法化是阿訇调解纠纷机制进入官方系统的主要途径，它在获得民间社会承认的基础上，再次获得官方的认可甚至接受，从而取得了来自民间与国家两方面的认同。[1]有研究认为，我们惯于使用静态的、结构性的"国家法—习惯法"这些规范体系的代称来描述，这是造成表述困难或者表述矛盾的根源。作者认为，在"纠纷解决"的过程中，不同规范在形式上的断裂和冲突时常不是问题，因为人们关心的不是形式或者规范的渊源，而是矛盾的化解、利益的获取。而在这一过程中不仅是当事人，第三方德古甚至包括国家司法机关在内，都不会囿于二元化的思维模式。当遭遇难以化解的纠纷和矛盾时，民族地区的司法机关通常会求助于民间权威共同调解，在"大调解"模式下，多元化的规范、不同的权威体现出相互配合、相互弥补的趋势。而国家权力对民间权威的需求也不是单方面的，在当今的凉山彝区，民间权威同样乐于受到国家权力的肯定。[2]有研究以西南少数民族婚姻纠纷解决为例，认为很多学者倾向于把"国家法—习惯法"看成是一种二元对立的关系，认为随着国家法在少数民族地区的强制推行，习惯法的影响将越来越小，最终被彻底取代。作者指出，很多西南少数民族地区婚姻纠纷解决过程中，围绕着"最大限度促成案件尽快妥善解决"的目的，有时国家法和习惯法会同时"在场"，或轮番"上场"，甚至以一种不在场的"在场"方式出现，在冲突之余也表现出一种合作关系。作者认为，国家法与习惯法的跨界合作成了婚姻纠纷解决的客观需要。[3]而对于如何解决国际制定法与纠纷解决习惯法的关系，有研究认为，在国家刑事制定法一统天下的局面下，少数民族刑事习惯法的地位显得非常尴尬，但其仍然保持着较强活力的事实却不可否认。由于少数民族刑事习惯法与国家刑事制定法遵循着不同的法理念、人们对罪刑法定原则

---

〔1〕 易军："阿訇调解纠纷机制研究——以宁夏地区为主"，载《中南大学学报（社会科学版）》2011年第2期。

〔2〕 李剑、严文强："'真实'与'建构'的二元对立——论国家法与彝族习惯法的断裂与合作"，载《民族学刊》2012年第4期。

〔3〕 陈翠玉："跨界合作：国家法与习惯法的关系图景——以西南少数民族婚姻纠纷解决实践为例"，载《理论与改革》2015年第1期。

之形式侧面的过分强调以及对法治形成机理和少数民族习惯法的简单理解，使得少数民族习惯法与国家制定法存在着不可调和之处。作者指出，从国家刑事制定法的立场出发，少数民族刑事习惯法确实存在着诸多不尽人意之处，但在补偿被害人、限制死刑和贯彻刑法的谦抑性等方面却发挥着国家刑事制定法难以发挥的作用。通过强制适用国家刑事制定法来革除或破除少数民族刑事习惯法的做法是不合适的，也是危险的。只有建立刑事和解制度，将少数民族犯罪纳入刑事和解的范围，才能为国家刑事制定法渗透与整合少数民族刑事习惯法提供有效途径。[1]有研究则认为，国家对多元化纠纷解决机制的建构就存在一个统合二者关系的努力，作者对2008年后四川省凉山地区对传统纠纷解决机制德古的承收和吸收，以及贵州黔东南州苗族地区《阳芳村村规民约》中大量把传统处罚机制如对产生特定纠纷采用罚财物请全村人吃饭都写入进行分析。作者认为，西南民族地区纠纷解决机制中通过此种方式吸收传统纠纷解决机制的因素构成了社会纠纷解决建设中的重要发展趋势。[2]这方面的成果还有很多，在此不再进行赘述。

九、纠纷解决习惯法的变迁

如果将纠纷解决习惯法作为一个整体放在长时段的历史发展过程中审视，其又是一个动态的变化发展过程。诚如有学者所言："综观人类历史，纠纷解决大抵经历了一个从权威到规则的过程。神明裁判是几乎所有初民社会都曾广泛使用的纠纷解决手段，这也成为最早的纠纷解决的权威审判方式。随着社会的发展和生存经验的不断积累，神明的权威逐渐隐去，而代之以氏族首领这一新的权威，在纠纷解决过程中发挥着重要的作用，也进而成为最早的法官。在纠纷解决过程中所形成的习惯因其被普遍承认而固定下来，成为规则，规

---

〔1〕 苏永生："国家刑事制定法对少数民族刑事习惯法的渗透与整合——以藏族'赔命价'习惯法为视角"，载《法学研究》2007年第6期。

〔2〕 胡兴东："西南民族地区多元纠纷解决机制研究"，载《中国法学》2012年第1期。

则也逐渐限制了权威的自由评断,成为纠纷解决的依据 。"〔1〕就纠纷解决习惯法变化过程而言,其主要表现在三个方面:一部分纠纷解决习惯法随着历史的发展逐渐消灭、一部分纠纷解决习惯法又随着社会环境的变化发展在内容和形式方面发生了改观、一部分纠纷解决习惯法随着社会的发展又出现。因此,除了前面就纠纷解决习惯法进行横向的外部、内部、背后及作用、关系的考察外,就其整体的发展进行纵向的历史考察也是一个重要方面。既有研究亦注意到了这方面的内容。

就纠纷解决习惯法的消失而言,大部分学者都关注到了神判在民间社会纠纷解决中的消失。如郭剑平的研究认为,在侗族地区,传统的纠纷解决主要依靠款组织与寨老的作用来体现。款组织参与纠纷解决主要有人判和神判两种,后者主要是针对一些疑难的刑事案件,人判即款组织根据多数意见进行处理,如果还是难辨是非,则由神判解决。作者认为,随着中华人民共和国基层组织的成立,村委、法院等解决方式也参与其中。两种方式进行了协同和分工,传统方式在不断萎缩,现代方式对传统方式进行了有益的借鉴。〔2〕无独有偶,有学者通过对云南 25 个少数民族村寨习惯法的考察,亦发现神判原来是少数民族普遍使用的一种审判方式,在哈尼族、独龙族、景颇族、瑶族、壮族、阿昌族、傣族、拉祜族、布依族的村寨调查中,都记录了神判的变迁。作者指出,在现阶段,除了被调查的独龙族、瑶族和拉祜族村寨尚保留着神判传统外,其余各民族村寨中神判已经成为历史。〔3〕

就纠纷解决习惯法变化而言,大部分学者的研究都指出随着社会的发展,纠纷解决习惯法在内容和形式方面发生了变化。如有研究认为,在国家权力不断向边疆扩张的趋势下,藏边多民族聚居区

---

〔1〕 刘志松、于语和:"神·人·法:纠纷解决模式从权威到规则的演进",载《山东大学学报(哲学社会科学版)》2010 年第 3 期。

〔2〕 郭剑平:"侗款的变迁及其与侗族地区纠纷解决机制研究",载《现代法学》2012 年第 5 期。

〔3〕 张晓辉、王启梁:"民间法的变迁与作用——云南 25 个少数民族村寨的民间法分析",载《现代法学》2001 年第 5 期。

民族纠纷解决机制也在适时调整，体现在民族纠纷解决主体、方式、规范、程序等方面。主体在国家、寺院、民间的互动中形成了国家主导下的新的平衡；方式分为"合意"与"决定"两种；规范则在冲突与融合中以国家法、习惯法、宗教法为依据不断进行着调整、变革。[1]有研究以藏族盟誓主体的种类、范围变化为视角，基于实地调研认为，历史上盟誓主体的范围和当今实践中盟誓的主体已有了很大的不同，都发生了很大的变化。作者认为，随着历史的发展和新中国建立后的民主改革，作为古代盟誓团体主体的王朝、王室、贵族、奴隶主等特权等级已经不存在了。国家政策法律上的人人平等思想观念对藏族乡村产生了巨大的影响，不论是"差巴"还是"佣布"都取得了平等的地位，个人主体的范围比古代扩大。[2]有研究指出，早期的侗族的刑事纠纷主要受《约法款》中所说的"六面阴""六面阳"调控，传统解决方式是依据侗族习惯法罚则的规定进行解决。当代侗族社会刑事纠纷解决机制以一种既有别于传统刑事纠纷解决机制，又有别于汉族地区刑事纠纷解决机制的方式存在并发挥作用。[3]有研究认为，在西南少数民族地区纠纷解决中传统的习惯和村规民约起到的作用整体在下降，特别是2000年以后，传统习惯和村规民约的作用十分有限。[4]

也有研究关注到了随着社会的变迁，民间社会纠纷解决习惯法中权威形态的变化，这是一个非常好的研究视角和切入点。如有论者指出："目前西部少数民族地区'民间权威'型纠纷解决机制的纠纷解决主体仍然主要为宗教权威与世俗权威，只是两种权威在各地发挥的作用与影响有所不同。非制度化的宗教权威解决纠纷的作用已慢慢弱化，如羌族的端公、彝族的毕摩等。即使是制度化的宗教权威，如藏族的活佛等，一般也是受当事人的委托而被动介入纠

---

〔1〕 胡小鹏、高晓波："国家权力扩张下的近代藏边民族纠纷解决机制——以甘青藏边多民族聚居区为例"，载《西北师大学报（社会科学版）》2012年第1期。

〔2〕 牛绿花："试析藏族习惯法之盟誓主体的历史变迁"，载《甘肃政法学院学报》2009年第2期。

〔3〕 郭婧、吴大华："当代侗族地区刑事纠纷解决机制研究"，载《贵州社会科学》2012年第11期。

〔4〕 胡兴东："西南民族地区多元纠纷解决机制研究"，载《中国法学》2012年第1期。

纷解决的，并不是所有纠纷都要邀请宗教权威介入。"[1]有论者指出，德古在历史上是重要的世俗权威，是彝族习惯法最主要的传承者，彝区的绝大多数纠纷和矛盾都由德古依据彝族习惯法解决，德古是彝区最重要的稳定力量。现代社会，彝区纠纷解决的权威出现了多元化，与国家权力有关联的乡村政治精英、乡村派出所、人民法院及其派出法庭等都涉足纠纷解决，纠纷解决不再是德古的专利。彝区的政治、经济、文化等方面发生了翻天覆地的变化，传统德古与国家权力没有关联，再加上其知识固有的局限性，解决纠纷的数量显著减少，解决纠纷的种类明显变窄，使得传统德古的纠纷解决权威式微。[2]还有研究认为随着社会的发展，新型德古调解是彝族地区人民调解的新模式。作者认为，新型德古调解是国家与社会共同参与并由国家主导的"公共领域"进行了现代化政权与传统社会精英走向联合的"会通治理"。[3]张邦铺的研究也支持了这一点。[4]有研究从西北某县两起典型民间纠纷调解案例所反映的解纷人角色、权威来源的变化，以及调解实体及程序要素的变化入手展开研究。作者认为，现阶段这一地区纠纷解决习惯法主要从阿訇调解变为更符合政治话语需要的能人调解，但能人作为混合性权威的载体同时也需要借力回族习惯法的效力去实现纠纷调解、社会治理的目的。[5]如有学者通过对侗族社会的观察，指出在纠纷解决中侗族习惯法主要是以村寨内部的调解来实现，而随着社会的发展，侗族社会中调解方式变得更加多元，除了传统的村寨内部寨老调解以外，村委会调解、派出所调解、司法所调解不断出现，他们往往共同作用于侗

---

〔1〕 魏晓欣、李剑："宗教权威型纠纷解决机制的运作实践——以西部少数民族地区为例"，载《甘肃政法学院学报》2015年第4期。

〔2〕 李毅："传统德古：纠纷解决权威的式微"，载《甘肃政法学院学报》2013年第2期。

〔3〕 何真："合意与治理：彝族地区的纠纷解决机制——新型德古调解的实证分析"，载《四川师范大学学报（社会科学版）》2013年第1期。

〔4〕 张邦铺："论彝族新型'德古'调解——以小凉山彝区'德古'调解为例"，载《原生态民族文化学刊》2013年第1期。

〔5〕 梁利华："从阿訇调解到能人调解：回族习惯法在纠纷调解中的'变'和'不变'"，载《中央民族大学学报（哲学社会科学版）》2017年第3期。

族社会的纠纷解决。而且，尤为值得关注的是，论者注意到了由于寨老一般是村寨中具有权威的老人，因此，村委会的组成人员中寨老也占有很大的部分，这导致侗族社会的村委会逐步有取代老人协会的趋势。[1]韦慧昌的研究亦指出，水族社会的调解由过去的寨老和三家六房的家族调解发展为寨老、三家六房、村委会、乡镇政府、派出所、派出法庭等多种调解方式相结合。[2]而陈寒非的研究提出了"乡土法人"这一权威类型，指出随着社会的变迁发展，使乡土社会中的精英类型多元化，出现了"乡土法人"这一新型的精英类型。作者指出，"乡土法人"通过不同的权威类型，进而灵活处理社群纠纷，正是由于他们的存在，才能使乡土社会自洽地应对变化了的社会现实，进而维护其交往秩序。作者认为，乡土精英身份的多元化也导致了其权威来源多元化以及秩序维持方式的多样化。[3]王俊娥的研究指出人民调解的民间自治性质决定了其解决纠纷必须依靠自身力量，但是现阶段其不可避免地受到现代社会的影响。现阶段，农村人民调解的过程是一个相对复杂的问题。作者指出，相对于村组织、村干部的政治色彩和家族力量的狭隘性质，精英力量在人民调解过程中处于更加中立和超然的地位，也正因为如此，更容易得到民众的支持和信服。但是另一方面，精英力量缺失了来自政权和家族的支持，单凭自身的力量或人格魅力进行调解，遇到简单的纠纷或者当事人双方通情达理的情况，比较容易达成协议，但是，遇到重大利益的调整或者无赖式的当事人，则难以达成调解协议。[4]

〔1〕 张小川、郭剑平："民族习惯法变迁与民族地区纠纷的解决——以广西壮族自治区三江侗族村寨为例"，载《人民论坛》2014年第32期。

〔2〕 韦慧昌："三都水族习惯法的变迁及其纠纷解决研究"，西南政法大学2016年硕士学位论文。

〔3〕 陈寒非："从一元到多元：乡土精英的身份变迁与习惯法的成长"，载《甘肃政法学院学报》2014年第3期。

〔4〕 王俊娥："论农村人民调解过程中的力量博弈"，载《甘肃政法学院学报》2014年第3期。

十、讨论及反思

诚如有学者主张用纠纷的概念来替代法律的概念，认为"法律的概念被认为与文化有着十分紧密的联系并深深地根植于西方法理学之中，因此它难以解释不同社会中的人们处理冲突和纠纷的各种不同方式。纠纷这一概念将关注点从法律条文和制度转向了行为、纠纷的社会背景以及纠纷解决的过程，从而避免了由民族中心主义所造成的偏见。现在的问题不再是是否所有的社会都有法律，而是在不同的社会条件下处理各种纠纷或冲突过程如何？所有的社会都有纠纷，重要的问题是它们怎样产生、怎样被表达以及怎样解决的。纠纷具有普遍性——因为所有的社会都有纠纷——并可以做跨文化比较研究"。[1]因此，从纠纷及其纠纷的解决了解法、认识法是一个很好的切入点。既有关于习惯法的研究，无论是有意为之还是不期而然，都或多或少地从不同方面关注到了纠纷解决习惯法的种种议题，为我们提供了一个琳琅满目、异趣横生的纠纷解决习惯法世界。通过对既有研究成果的梳理分析，我们认为存在以下几方面特点，值得我们特别关注：

第一，在研究内容上，既有关于纠纷解决习惯法的研究为我们呈现了一个全面的、立体的、丰满的、全景式的当代中国纠纷解决习惯法画面。既有研究成果不仅深入不同的族群、不同的地域，不同的文化就民间调解、刑事和解、神明裁决等纠纷解决习惯法的种种活动样态及表现形式进行了全面的呈现和展示。而且，从外在的表现形式进入内部的规范构造，就纠纷解决习惯法内在组成方面纠纷解决中的"法官"及其权限、纠纷解决的援引依据、纠纷解决的程序、纠纷解决中的事实话语与策略等进行了分析。同时，既有研究超越于对规范表现及其构造的本体论展示，而进入规范后面的社会文化场域，就纠纷解决习惯法与社会结构及其行动逻辑、纠纷解决习惯法与社会权力构造、纠纷解决习惯法与社会的文化心理等存

---

〔1〕〔美〕萨利·安格尔·梅丽：《诉讼的话语：生活在美国社会底层人的法律意识》，郭星华等译，北京大学出版社2007年版，第122~123页。

在义理进行了深入的分析，为我们展现了规范与规范背后更为深层的东西。同时，既有的研究就纠纷解决习惯法的功能作用，纠纷解决习惯法与多元化纠纷解决等外部关系进行了深入的研究，使我们对其在社会场域中的功能价值及能量交换关系有了一个清晰的认识。同时，既有的研究还超越了横剖面上的静态分析，从一个历史发展的纵向维度，为我们展现了纠纷解决习惯法在社会发展过程中自身的发展变迁。通过这些研究作业，使我们对当代中国习惯法的变迁有了一个全景式的了解，使我们对习惯法与社会系统的互动关系有了一个全面的认识，使我们后续的研究有了丰富的知识积累和理论奠基。

第二，在研究方法上，既有的研究也呈现了一个多种方法并用的知识探求方式。通过对既有研究的分析，我们看到不同的研究学者，基于自己的知识构成、学科体系和方法喜好，在纠纷解决习惯法研究方法方面也丰富多样。既有的研究主要是借用人类学、社会学的田野考察和社群参与，就不同族群、不同文化下的纠纷解决习惯法进行了深入的田野调查，通过对事件、规范、权威等纠纷场域中不同因素的分析，非常实际地呈现了纠纷解决习惯法的规范样态和活动场域。而且，除了田野调查外，既有的研究也不乏规范分析、学理探讨、历史考察、比较分析等研究方法的运用，就纠纷解决习惯法的不同侧面进行了多学科、多角度、多方法的研究。这些研究方法的综合运用，无不证明在一个以问题为中心的知识生产过程中，不同学科的协同研究、不同研究方法的综合运用才是推进研究深入发展的必要选择，也证明习惯法研究是一个丰富的、复杂的、鲜活的研究议题，它需要不同的研究进行深入的联合作业。

但是，不能不承认，现有的纠纷解决习惯法研究或多或少地在以下几方面还存在一些问题，这些问题是我们后续研究需要注意或需要特别突破的地方。

第一，研究不够系统，还有一些地方需要关注。通过对既有研究成果的梳理我们发现，研究大多集中在对各个少数民族纠纷解决习惯法的介绍挖掘方面，而对其他方面的研究明显不足。单就少数民族纠纷解决习惯法研究而言，研究成果也大多集中在民间调解方面。毋庸置疑，民间调解是纠纷解决习惯法的主要呈现形式，但是我们不能忽视在民间纠纷解决场域中，其实还存在许多纠纷解决的规范构造方式，这些方式亦应引起研究者的关注，但是这方面还是不尽如人意。同时，既有研究对纠纷解决习惯法表现形式的研究多于对其内部规范构造的研究，对传统纠纷解决习惯法的研究多于对新生纠纷解决习惯法的研究。这一研究格局难免造成如下问题或疑惑：一是大多研究只是泛泛地介绍了纠纷解决习惯法的外在呈现形式，但是其作为一个法、作为一个规范，其本身的规范构造是什么，这需要我们进行深入的厘清分析，唯有这样才能很信服地把它看作是一个规范；二是我们既有的研究大多介绍传统的纠纷解决习惯法，那就必然会产生一个问题，即难道习惯法就仅仅是传统的、保守的，如果是这样那习惯法研究只能当作一种对民族传统法文化的研究而研究，其也必然预示着随着文化的创新和更替，习惯法必将慢慢地退出历史舞台。因为，存在的不一定就是合理的，如果仅仅是传统的，我们为什么不能进行规范的替代。问题是这样吗，这需要我们的习惯法研究者反思，这就需要我们对习惯法真正的义理和规范构造进行分析，这也是我们寻求自己出路的一个地方。

第二，研究呈现知识的碎片化，理论性提升不足，还远远没有形成自己的研究范式。通过对既有纠纷解决习惯法研究成果的分析，我们一个非常直观、非常忧郁的感觉是，除了地域不同、材料不同，好像其成果都似曾相识，研究给读者有一种明显的视觉疲劳感。这一问题与现阶段习惯法研究的碎片化和理论性提升不足有很大的关系，现有的习惯法研究大多集中在对不同族群、不同文化习惯法的一种调查呈现，研究成果也大多通过一种白描的手法对习惯法的内容和过程进行一种资料的呈现，研究大多是一种个案性的、经验性的现象描述，而缺乏更深层次的学理分析。但是，问题是除了这种调查我们能得出什么？如果我们把这些材料、这些实例都抽取掉，我们的研究又剩下了什么？这才是需要我们反思的。毋庸置疑，事实非常重要，如果我们将基本的事实都没有搞清楚就去做所谓的理论研究，那所得出的理论研究也仅仅是一种研究者自以为是的臆想罢了，这种研究也只会被社会生活中活生生的制度事实打脸而毫无意义。但是，除了事实我们应该非常清楚，所谓的研究，所谓的研究者能在社会分工中得以立足并展现自己的价值。它不仅要看到生活中的事实，更重要的是要发掘事实背后更为重要的东西，它也绝不仅仅是一种材料的收集和演绎，而更重要的是在材料收集的基础上进行概括抽象，进而产生对人类思想、人类文明、人类发展有智识贡献的思想火花和理论输出，这才是研究的价值和研究的目的。不然，单从材料方面来看，那些生活在习惯法活动场域中的普通民众可能比我们更为谙熟。

第三，我们既有的研究或多或少地依然是套用西方的话语体系去进行自己问题的分析。从原概念到分析框架到制度析梳，都不由自主的受其影响。就如上文提到的在现代国家建构过程中，随着国家对暴力惩处权的垄断和独享，如何认识这种习惯法，如何对其制度机理和价值意涵进行理解，如何在现代国家的法律体系中对其进行安顿和收束，可能是我们在面对这一制度序造时应主要考虑的问题。对于这一问题，如果我们只是按照既有的理论和知识体系考虑，这种张力、这种困惑、这种纠结必然是一直存在的。从国家主义的视角及其知识体系很难理解这种纠纷解决方式，甚至会将其看作是不可理喻的。其实，从社群内部的眼光看，我们以国家制定法为代表的外来制度，何尝又不是"不可理喻"的。其实，要真正理解认识纠纷解决习惯法，必须要将其放逐于其所在的特定社会场域，放逐于其所在场域的地方性知识和社群文化网络中加以认识，从他们的文化、他们的信仰、他们的意义世界理解什么是人与人好的关系，什么是纠纷，什么是纠纷的真正解决，什么是权利，什么是秩序，凡此种种，只有这样我们才能进而理解什么是法。但是，我们这一方面做得还远远不够。

第四，研究的主体反思性不够。包括纠纷解决习惯法研究在内的习惯法研究已开展了很多年，也有一批又一批的学者投入研究，但是通过对既有成果的分析，我们不能不对下面的问题进行反思，也就是我们的研究到底是为了什么？我们是为了揭示在中国普通人的生活中法呈现出什么样式，还是希冀国家的基层治理和社会控制尊重这种民间活态的法的内容，还是为这些习惯法进入国家的立法或者司法寻找制度通道和缝隙。凡此种种，虽然我们可能或多或少地有一种学术追求和价值企及，但是我们能肯定地说，我们所有的研究都在清晰自己目的定位的基础上进而坚守突破吗。单就习惯法研究兴起的背景和观念谱系来讲，一个深深的痛楚和关切恰恰在于对传入已久的法学知识结构、话语体系不能解释、解决、维系中国人生活的一种反思，恰恰也是为寻求中国自己的法学话语进行的一种规范序造和主体性建构努力。但是，经过这么多年的发展，我们达到这一目的了吗，或者靠近这一目的了吗。我想答案可能是不尽如人意的。已有的研究还缺乏研究应有的分析框架和研究范式，研究者或者套用西方理论模式和分析框架来研究中国的问题，或者囿于零散的自我认知，各说各话地进行分析，而没有很好地提出一种立足中国问题、拥有中国话语、体现中国特色的法理论学说。已有的研究亦缺乏对核心概念、研究领域、知识框架、分析模式、研究方法等研究基本框架体系的共识，研究的低水平重复明显，对话整合不足，独特的理论模型和分析范式还远远没有形成。确实，我们完全可以反思西方那套话语体系，并主张我们自己的法学知识表达，但是我们是否反问过我们自己，为什么西方那套话语体系能在世界各地传播并接受，我们是否反问过我们自己，我们主张形成自己的法学话语体系，那我们的话语体系是什么，我们提出了什么从概念到制度到架构到体系的法学话语及知识体系，我们贡献了什么，这也是我们需要反思的问题。

后 记

Afterword

　　本辑的选题、组稿、修改完成前后经历了两年多的时间。2017年6月，我确定了本辑的主题后，考虑了若干具体题目并开始约稿。之后，我陆续收到相关文章，分别与各位作者讨论文章的修改事宜，进一步统一认识，理解文集的主题和要求，提出进一步调查的建议。

　　2019年7月，我们集中时间对文章进行最后的审阅、修改，完成了全稿。

　　本辑主要以田野调查为基础进行当代中国纠纷解决习惯法的事实描述，在理论分析方面较为薄弱，需要进一步的思考和研究。对当代中国纠纷解决习惯法的发展、变化，我们需要更深入的观察和探讨。

　　本辑的完成和出版，首先需要感谢各位作者的认真撰写。执行主编协助我做了大量的具体工作。

　　本辑为研究阐释党的十九大精神国家社科基金专项课题"健全自治、法治、德治相结合的乡村治理体系研究"（批准号：18VSJ064，首席专家：高其才）的阶段性成果。感谢全国哲学社会科学规划办公室的研究资助。

　　本辑为清华大学法学院习惯法研究中心学术成果之一。清华大学郑裕彤法学发展基金对本辑的出版提供了资助，特此致谢。

由于论题较为专门，加之我们的能力有限，本辑肯定存在不少错误和不足之处，欢迎读者诸君批评指正。当然，作为主编，我对存在的所有问题负责。

高其才

2019 年 7 月 9 日于清华园明理楼